한국어로 내려온
New Bible

새로운
성 경

제135권

9부 | 총10부

하얀마음

하나님 말씀 중에서

1. 사랑의 하나님

- 세상을 창조하신 하나님은 모두를 사랑하신다. 인간만 특별히 더 사랑하지 않고, 우주 만물을 다 똑같이 사랑하신다. 그러니 하나님이 창조하신 천지 만물과 화친하고, 미물까지도 소중히 대하라.

- 하나님은 특정 종파나 민족만을 더 사랑하지 않으신다. 자기 자신만 구원받겠다는 욕심을 버리고, 자기 종파만 구원받는다는 편협한 교리에서 벗어나야 한다. 종파를 초월해서, 모두를 사랑하라.

- 원수까지 사랑하라 했으니, 이 세상에 사랑하지 못할 자가 누가 있겠는가? 종파가 다르다고 해서 부모 형제와 원수처럼 지내는 자는 인간의 근본을 모르는 자다. 가장 가까운 가족부터 사랑할 때 남도 진심으로 사랑할 수 있다.

- 한 사람을 원수같이 생각하던 마음에서 사랑하는 마음으로 돌리면, 자기 자신의 마음이 가장 기쁘고 행복하다. 하나님께서는 인간의 마음속에 무거움이 없이 기쁘고 행복한 삶을 살기를 바라신다.

- 이웃을 "내 몸처럼" 사랑하라 했으니, 마지막 한 장 남은 천국의 티켓도 이웃에게 양보하라. 자기 중심적인 신앙에서 벗어나서 남을 위해 살아야 한다.

- 독초도, 약초도, 이단도 사탄도 천사도 다 필요하기에 존재한다. 독초일지라도 극소량을 사용해서 생명을 살릴 수 있고, 약초라 하더라도 남용하면 생명을 잃을 수 있다.

- 세상 모든 것을 명약으로 활용하는 것은 인간의 지혜에 달렸다. 어떤 것이든 어떤 사람이든 적재적소에 꼭 필요한 명약으로 승화시키라.

- 사탄도 이단도 천사도 모두 하나님의 주관하에 존재한다. 진정한 하나님의 백성은 사탄과 마귀까지도 감화시켜서 천사로 거듭나게 한다.

2. 기도

- 하나님은 인간의 생각까지 모두를 다 알고 계신다. 우리의 소원도 이미 알고 계시기에, 소원의 기도를 할 필요가 없다. 우리가 받을 자격이 되면 내려 주신다.

- 죄를 짓고 아무리 회개를 해도 용서받지 못한다. 도둑질한 자는 용서해 달라고 기도하고, 도둑맞은 자는 도둑을 잡게 해 달라고 기도하면, 공의의 하나님은 누구의 편에 서시겠는가?

- 자기가 잘못한 것은 그 사람에게 직접 갚고 용서를 구하라. 그가 용서하면 하나님도 용서하신다. 땅에서 매면 하늘에서도 매이고, 땅에서 풀리면 하늘에서도 풀리는 이치다.

- "회당에서 기도하지 말고 골방에서 기도하라" 했다. 눈에 보이는 골방이 아니라, 골방과 같이 고요한 마음이다. 잡념을 버리고 하나님을 향해 마음을 집중하며, 사랑하고 용서하는 아름다운 생각만 나오도록 하라.

- "두드리면 열릴 것이다." 하는 것은 육의 소원을 위해 두드리라는 것이 아니라, 진리의 깨달음을 얻기 위해 두드리라는 것이다.

- 기도하는 방법: 생활 속에서 수시로 기도하는 삶을 살아야 한다.

- "저의 죄를 용서하여 주옵소서." 하는 회개의 기도를 하라.
- 범사에 "하나님! 감사합니다." 하라. 현재 가진 것에 감사하며, 과욕하지 말라. 자기 노력 이상의 것을 더 갖고자 기도하는 것은 도둑놈심보다. 공의의 하나님은 각자 노력한 만큼 주신다.
- "하나님 뜻대로 살아가겠나이다." 하며 마음의 각오를 다지라.

- 기도는 하나님의 말씀을 받아서 "행하는 것"이다. 하나님이 계심을 굳건히 믿고, 하늘을 향하여 한 점 부끄럼 없이 사는 삶 자체가 가장 위대한 기도이며, 삶이 곧 예배다.

3. 지도자

- 똑같이 사랑한다는 말을 해도, 순수하게 하는 말은 천사의 말이지만, 사기 쳐서 재산을 가로채려고 하는 말은 사탄의 말이다.

- 종교 지도자가 아무리 훌륭한 설교를 해도, 신도의 재물을 거둬서 더 큰 교회를 짓고 자기의 부귀영화를 바라며 설교하면 사탄의 가르침이 된다.

▪ "저희 교회는 만원사례요, 믿음은 다 같으니 이웃의 개척 교회에 가서 예배를 드리시오." 하며, 이웃 교회의 부흥을 먼저 생각하여 제 신도를 보내는 종교 지도자가 있다면 그를 따르라. 그가 하나님의 사랑을 실천하는 자다.

▪ "부자가 천국에 들어가는 것은 낙타가 바늘구멍을 통과하는 것보다 더 힘들다" 하였거늘, 지금의 교회에서는 부자가 되기만을 기도하고 소원하니, 이는 곧 천국을 포기하고 지옥 행 열차의 티켓을 사는 것과 같다.

▪ 예수는 빈손이었다. 종교 지도자가 예수보다 더 호화롭고 편안하게 살아간다면 잘못된 것이다. 부귀영화와 명예를 바라는 자는 절대로 갈 수 없는 좁고 협착한 길이 종교 지도자의 길이다.

▪ 종교 지도자는 유리로 비춰 봐 한 점의 부끄러움이 없이 살아야 한다. 의식주도 직접 일해서 해결하고, 예수의 가르침과 행함을 그대로 따라야 한다.

▪ 종말은 없다. 지금의 잘못 가는 종교 집단에게만 종말이 있다. 보이지 않는 하나님은 보이는 육의 종말은 관여하지 않으신다. 환경 파괴로 인간이 스스로 멸망을 자초하는 것이다. 종파끼리 싸우기 전에, 무너진 인성을 바로잡고 지구의 몸살을 해결하는 데 뜻을 모으는 게 급선무다.

4. 성전이란

▪ 이 세상 자체가 하나님께서 만드신 성전이다. 자연보다 더 아름다운 성전이 있는가? 보이는 건물이 성전이 아니라, 성스러운 마음가짐이 성전이다.

▪ 반석 위에 교회를 지으라 했다. 지상의 단단한 돌은 인간이 쪼갤 수 있으나, 마음속의 굳은 결의는 세상 무엇으로도 쪼갤 수 없다. 바르고 굳건한 믿음으로 성경의 가르침을 실천하는 것이 마음의 반석 위에 교회를 짓는 것이다.

▪ 손으로 지은 건물의 교회에 모여서 복음을 전하는 것이 아니라, 교회를 개인과 가정에 심어 주어야 한다. 무너지고 부서지는 건물을 짓지 말고, 마음속에 영원히 불변하는 참진리의 교회를 지으라.

5. 십계명

- 십계명은 인간이 죽어서 반드시 통과해야만 하는 열 개의 관문이다.

- 부모를 공경하지 아니한 자는 "네 부모를 공경하라." 하는 제5계명의 관문이 열리지 않으니 구원받을 수 없다.
- 살인, 간음, 거짓, 우상 등의 나머지 계명도 마찬가지다.

- 십계명은 하나님의 친필이다. 모기소리만 한 하나님의 음성이라도 들어 보겠다고 여기저기 찾아 헤매지 말고, 십계명부터 암송하고 지키라.

- 십계명은 영혼을 구원하는 양식이며, 십계명을 지키는 것이 구원을 받는 길이다. 인간이기에 지키고자 노력하고 또 노력한다면 지킬 수 있다.

- 십계명을 지키고 천사처럼 아름답게 살아가는 그 마음 하나면 세상에 이루어지지 않는 것이 없다.

6. 보물

- 하나님은 재물이 아니라 우리의 마음을 받으신다. 사랑을 실천하며 천사처럼 변하는 마음이 하나님께 바치는 보물이다.

- 보이지 않는 하나님께 재물을 바치려 하지 말고, 너희를 길러 준 부모에게 용돈 드리고, 찾아뵙고, 효성을 다하라. 그것이 하나님께 효도하는 것이다.

- 하늘에는 선과 악의 창고가 있다. 자기 창고에 선이 많으면 천국으로 구원을 받고, 악이 많으면 심판받아 지옥으로 간다. 그것이 바로 "선한 일을 행한 자는 생명의 부활로, 악한 일을 행한 자는 심판의 부활로" 나오는 것이다.

- "선악과를 따먹지 말라"는 것은 양심을 지키라는 것이다. 선과 악을 구분할 수 있는 양심을 최초에 인간에게 주셨다. 선한 열매는 취하고, 악한 열매는 버리며, 양심에 비추어 부끄럼 없는 삶을 살아가라.

- 가장 작은 거짓말을 하지 않고, 가장 작은 죄를 짓지 않으며, 가장 작은 선행을 하고, 가장 작은 악행을 멀리하는 것이 율법의 일점 일획도 빠뜨리지 말고 다 지키는 삶을 사는 것이다.

7. 우상

- 박물관에 있는 불상은 하나의 예술품이다. 그 조각품에 대고 제 소원을 빌 때 우상숭배가 된다. 십자가라 하여도 그 앞에서 소원을 빈다면 우상숭배하는 것이며, 하나님께 소원을 빈다면 하나님을 우상으로 전락시키는 것이다.

- 지금 기복신앙에 젖어 있는 모든 사람이 우상 앞에 절을 하고 있다. 조각품을 우상이라며 파괴하지 말고, 네 마음속에 있는 욕심의 우상을 무너트리라.

- 생수를 약초가 먹으면 약을 만들고 독사가 먹으면 독을 만든다. 같은 성경을 봐도 선한 지도자는 신도를 천사로 만드는 데 활용한다. 그러나 욕심이 가득한 지도자는 재물을 거두어들여 제가 부귀영화를 누리는 데 악용한다. 그가 바로 성경을 우상숭배의 도구로 전락시키는 거짓 선지자다.

- 성경을 한 획도 빼거나 더하지 말라는 것은, 그 가르침을 빠트리지 말고 온전히 지키라는 것이다. 성경 속에서 자기에게 유리한 구절만 보는 것은, 자기에게 불리한 구절들을 빼 버리는 것이다. 믿음이 제일이요, 행함은 구원과는 관계없다는 것은 자신에게 유리한 쪽으로 성경을 악용하는 것이다.

- 진정한 종교 지도자는 종파에 관계없이 어떤 종파든 어떤 책이든 접하고 보고 깨우쳐 견문을 넓히도록 인도한다. 참진리를 모르고 자신이 없는 자가 남을 이단이라며 배척하고, 신도들의 눈과 귀를 가린다.

8. 예수

- 예수의 재림은 없다. 예수가 다시 온다 해도, 과연 누가 그를 예수라고 믿겠는가? 예수와 같은 삶의 행함이 곧 예수의 재림이다. 각자 모두가 "재림 예수"가 되는, 차원 높은 믿음으로 가야 한다.

- 예수는 "주여 주여 하지 말고, 아버지의 뜻대로 행하라"고 했다. 예수가 전한 하나님의 뜻이 곧 "길이요, 진리요, 생명"이며, 그 가르침이 예수의 보혈처럼 소중한 것이다. 예수를 믿는 것은, 예수의 가르침을 믿고 따르는 것이다.

- 예수는 낮은 자로서 만백성을 섬기고자 했다. 만나는 모든 사람을 다 하나님이라 생각하라. 돈을 벌수록 겸손하고, 높은 지위를 얻을수록 낮아지라.

- 예수는 종파를 만들지 않았다. 인간이 만든 종교와 인간의 교리를 따르지 말고, 예수를 통해 전한 하나님의 참진리를 연구하고 따르라.

- 예수가 2천 년 전에 만백성을 위해 죽었으니, 지금 이 땅에는 예수의 가르침대로 사는 천사만 존재해야 한다. 예수가 죽어 가면서 바란 것은 만백성이 천사가 되어 예수의 자리를 채워 주는 것이지, 지금과 같이 재물을 바치면서 중언부언 제 소원만을 비는 백성들을 바란 것이 아니다.

9. 구원

- 천사가 사는 천국에는 천사만 갈 수 있으니, 천사 같은 마음을 길러야 한다.

- "천국 열쇠를 네게 주리니 땅에서 무엇이든지 매면 하늘에서도 매일 것이라" 했다. 땅에서 천사같이 사는 자가 하늘에서도 천사가 되어 천국에 들어간다. 모든 사람에게 천사같다는 말을 듣는 삶을 살아야 한다.

- 천사의 곱고 아름다운 마음은 부모를 공경하고 어른을 어른으로 대접하는 데에서 출발한다. 효도하는 자는 형제와 화목하게 지내기에 가정이 화목해지고, 이웃과 화목해지고, 국가가 화목해지고, 온 인류가 화목해진다.

- 그러므로 지상의 아름다운 소왕국은 가정에서부터 이루어야 한다.

- 선택된 14만 명만 구원받는 것이 아니라, 천사처럼 변하고자 하는 14만 명을 기초로 온 인류가 천사처럼 거듭나는 영적인 개혁이 시작되는 것이다.

- 천 년에 걸쳐서 하늘에서 이루어진 것같이 이 세상을 낙원으로 만들어, 만백성이 지상의 천국에서 살다가 죽어서 그대로 하늘의 천국으로 들어가는, 영원한 지상 낙원을 건설하는 것이 하나님의 계획이다.

- **이것이 구약과 신약에 이어 "새로운 성경"으로 역사하시는 하나님의 창조의 완성이다.**

- 지금의 믿음으로 구원받을 수 있다면 그 길을 가라. 그러나 자신이 없다면 하나님께서 직접 내리신 160권의 "새로운 성경"을 읽고 구원의 길을 보라!

하나님 머리말씀

이 새로운 성경을 읽는 너희 모두는
이 율법에 따라 행하면 영원히 구원받을 것이니라.

너희 인간이 수년, 수십 년, 평생
성서를 공부하고 기도하는 것은
하늘나라 나의 곁으로 오고 싶은 소망일진대,

몇천 년 전의 너희 인성과 생각이
지금의 너희와는 판이하게 다르니,

꺾여 가고 병들어 가는 너희를 고칠 수 있는 길은,
오늘 내가 선지자에게 내리는 새로운 성경과 같이
너희가 변화되는 것뿐이니라.

나의 예수가 태어난 것처럼
내가 아들 선지자를 선택하여
나의 새로운 성경을 온 세계에 전하고자 하니,

묵은 것은 버리고 새로운 것은 취하여,
너희 모두는
'여호와 하나님! 저의 죄를 용서하여 주옵소서.'
하는 기도문으로 기도하고, 죄를 뉘우치라.

이 새로운 성경은
수천 년간 내려온 성서를 요약한 것이니,
너희는 이 책을 정독하여 쉽게 깨달음을 얻고,
이대로 실천하여 하늘에 오르라.

대역자 머리말

■ 하나님의 율법을 지키는 선지자로 선택을 받도다.

저는 남들처럼 그저 열심히 살아온 평범한 사람이었습니다. 그러나 50대 중반에 사업에 실패하여 많은 부채에 시달렸으며, 건강도 악화되어 눈이 잘 안 보이고, 걷기도 어렵고, 두통이 심해서 잠을 이룰 수 없는 고통의 나날을 보냈습니다. 그때 제가 선택할 수 있는 것은 육의 삶을 끝내는 길뿐이었습니다.

죽기 직전에 그동안에 죄를 지은 이들에게 용서를 빌고 인생을 끝내기로 작정하였습니다. 어려서부터 지은 죄를 빌고 빌다 보니 끝이 없었고, 죽음으로도 그 많은 죄를 용서받을 길이 없다는 생각에 하염없이 눈물이 흘렀습니다. 그 순간 '재래식 화장실의 구더기는 죄를 짓지 않는데, 나는 인간으로서 구더기만도 못한 삶을 살았구나.' 하는 생각이 들면서 괴로움에 몸부림칠 때, 갑자기 하나님의 음성이 들렸습니다.

"나는 여호와 하나님이니라. 너는 십계명을 암송하고 내가 내려 주는 메시지를 받아 책으로 만들어 만백성을 구하라." 하시며, 제 눈을 손으로 문지르게 하시고, 아픈 머리와 다리를 손으로 두드리게 하셨습니다. 그러고 나니 눈도 잘 보이고 걸을 수 있었으며 머리의 통증도 말끔히 낫게 되었습니다. 그때부터 십계명을 암송하고 나면 들려주시는 말씀을 기록하였고, 1999년 8월부터 2004년 7월까지 권당 288쪽, 총 160권을 받아서 "새로운 성경"이라는 책으로 펴내게 되었습니다.

그러한 저에게 죽기보다도 힘든 길이 시작되었습니다. 모든 교인들이 저에게 사탄이요, 이단이요, 악마요, 마지막 시대에 온 거짓 선지자라 하면서 공격하였고, 저를 짐승을 보듯이 대하는가 하면, 편협한 종교 지도자들의 선동으로 신도들이 이 책을 직접 읽어 보고 평가할 기회마저 막아 버렸습니다. 그래서 하나님의 말씀을 세상에 내는 데 많은 어려움을 겪으며, 피를 토하는 심정으로 책을 전하고 있습니다.

그러나 아무리 인간의 힘으로 막으려 해도, 하나님의 뜻이 세상에 전해지는 위대한 역사는 계속될 것입니다. 책으로 전해지는 "하나님의 말씀"은 세상 끝날까지 항상 우리와 함께하실 것입니다. 사람은 죽어도, 책에 기록된 말씀은 영원히 남으니까요.

■ 따뜻한 실천

하나님께서는 어려운 사람들에게 삶의 터전을 마련해 주고, 미래를 열어 주는 것을 기뻐하십니다. 어려운 이웃이 스스로 자립할 수 있도록 이끌어 주는 것이 진정으로 이웃을 돕는 것이라고 말씀하셨습니다. 그래서 일자리가 없는 제자들에게 작은 사업장을 만들어 주는 "달란트 사업"을 하고 있습니다. 식당, 반찬 가게 등을 차려 주고, 기존의 어려운 사업장이 자립할 수 있도록 돕고 있습니다(커피숍, 미용실, 의상실 등).

하나님께서는 교회에 나와서 모든 시간과 재물을 쏟기를 원하지 않으시고, 그 시간과 재물을 교육에 투자하여 스스로 미래를 열어 가기를 원하십니다. 그래서 제때 공부하지 못한 제자들에게 학업을 이어 가도록 하였습니다. 중화요리 주방장을 하며 초등학교 검정고시부터 공부하여 2012년에 방통대를 졸업한 36세 남성, 만학도들의 2년제 중학교에 입학해서 2007년에 명지대학을 졸업한 38세 여성, 중학교 검정고시를 시작으로 숭의여자대학을 졸업한 47세 여성 등이 있습니다. 그밖에도 많은 제자들에게 나이를 초월하여 배우고 깨우쳐서 사회 속의 당당한 일원이 되도록 인도하고 있습니다.

학자금 대출로 힘겨워하는 젊은이들을 위해 "따뜻한 바람 장학회"를 발족하여(2016년 12월) 대출받은 학자금 전액을 매월 갚아 주고 있습니다. 또한, 다문화 가정을 위해 "다문화 가족 랜드"를 조성하여, 각종 시설을 무료로 활용하도록 하고 있습니다.

이러한 따뜻한 실천이 아직은 미약합니다. 그러나 책의 수입이 늘고, 저와 뜻을 같이하는 분들이 늘어나면 계속 확대할 것입니다. 지도자로서 신도의 재물을 헌금으로 거둬들여 착복하는 것이 아니라, 하나님께서 기뻐하시는 일에 사용하도록 중매 역할만 하며 살아가고자 합니다. 이런 제가 과연 사탄이고 이단인가요? 하나님께서 기뻐하시는 일이라면, 저에게 사탄이라 하든 거짓 선지자라 하든 굽히지 않고 실천해 나갈 것입니다.

끝으로, 일상의 삶 속에서 "지금 내가 하는 행동이 과연 하나님께서 기뻐하실까, 슬퍼하실까?" 생각하고, 매사에 하나님께서 기뻐하시는 길을 택하기 바랍니다. 교회에 모여서 집단적으로 예배 드리는 것이 아니라, 개인이나 가정 단위로 새로운 성경을 읽어 스스로 깨우치고 그대로 행하면 충분합니다. 그것이 마음속에 성전을 짓고, 신령과 진정으로 예배 드리는 길입니다. 그러면 천국의 문에 들어서게 됩니다.

2017.2.1.

하나님 말씀 대역자 김용철

차 례

십 계 명

이 책은 십계명을 암송하고 나면 내려 주시는 "하나님의 음성"을 듣고 그대로 받아쓴 기록입니다. 하나님께서 십계명을 모세에게 내려 주셨지만, 그것은 만백성에게 내려 주신 것입니다. 마찬가지로 이 책의 모든 말씀도 저에게 내려 주셨지만, 만백성 각자에게 들려주시는 말씀입니다. 여러분도 이 책을 접할 때마다 십계명을 암송하고 나서 정독해 주시기 바랍니다.

제일은, 너는 나 외에는 다른 신들을 네게 있게 말지니라.

제이는, 너를 위하여 새긴 우상을 만들지 말고, 또 위로 하늘에 있는 것이나, 아래로 땅에 있는 것이나, 땅 아래 물 속에 있는 것의 아무 형상이든지 만들지 말며, 그것들에게 절하지 말며, 그것들을 섬기지 말라.

제삼은, 너는 너의 하나님 여호와의 이름을 망령되이 일컫지 말라.

제사는, 안식일을 기억하여 거룩히 지키라.

제오는, 네 부모를 공경하라.

제육은, 살인하지 말지니라.

제칠은, 간음하지 말지니라.

제팔은, 도적질하지 말지니라.

제구는, 네 이웃에 대하여 거짓 증거하지 말지니라.

제십은, 네 이웃의 집을 탐내지 말지니라.

나 여호와가 존재함을 믿는 그 자체가 구원의 길에 들어서는 기본이요, 근본이며, 나의 새로운 성경을 가슴에 안고 정독하는 자, 반석 위에 서서 하늘에 오르는 찬란한 빛을 보게 되는 영광을 얻게 됨이니라. 진정 나를 따르고 믿는 자는 감히 사탄이나 마귀도 근접하지 못하느니라.

〈하나님 말씀〉

2004년 3월

10,041 번째 하나님 말씀

2004년 3월 24일 17시 41분

1 사랑하는 나의 아들아!
2 "네, 아버님! 말씀하옵소서."
3 나 여호와가 너에게 명하기를, 나의
아들 예수 안에 거함이요, 너희들이
나의 품에 거함이요, 그리고 너희들이
나의 법전 속에서 살아간다는 것이,
4 너희들이 나의 법전을 읽고 깨우치는
그것으로써 너희들이 나의 법전 속에
사는 백성이라 할 수 있겠느냐?
5 이제 나의 법전을 만들며 나의 아들을
따르며 그 강론을 들으며 나의 아들과
너희들의 모두를 다 바쳐 인생의 삶을
다 바치겠다 생각하고 따르는 그 제자
너희들은 들으라.
6 과연 너희들이 나의 아들의 강론을 들
으며 법전을 접하고 법전 속에 산다
해서, 나의 성전에서 너희들이 기거하
고 산다 해서 과연 너희들이 변화된
사람이요, 성령으로써 임한 백성이더
냐?
7 너희들도 그와 같이 성령으로 임하지
못하기에 너희들이 몸부림치는 그와
같은 삶을 삶이니,
8 너희들이 바로 변하지 아니하면 나의
법전 속에 사는 백성이 아니요, 나의
성전에서 사는 백성이 아닌 것이니라.
9 그 이치를 너희들이 안다면 과연 지금
의 모든 백성들이 살아가는 길이요,
믿음의 길이 과연 무엇이더냐?
10 성령이 임하지 아니한 백성은 나에게
올 수 없으며 내 품에 거할 수 없는 백
성이라는 그 의미를 알겠느냐?
11 나의 성전에서 너희들이 법전을 만들
기 위해서 모두를 다 바치는 자, 그리
고 나의 아들의 강론을 들으며 나의
법전을 정독하여 읽고 너희들의 손으
로 만들어 역사하는 너희들까지도 바
르게 살지 못하며 너희들이 법전대로
깨우치지 못한다 하면,
12 너희들은 성령이요, 나의 법전이요,
나의 성전 속에서 나의 아들과 그 품
안에서 같이 살면서도 너희들은 나의
아들의 제자가 아니요, 내 백성이 아
니요, 정녕 나의 아들딸이 아니라는
것을 너희들은 스스로 알 것이니라.
13 너희들이 바로 서지 못하며 죄를 지으
며 너희들이 부끄러운 행위를 했을
때, 너희들은 성전에 사는 그것만으로
나의 아들이라 말할 수 없으며 나의
딸이라 말할 수 없듯이,
14 모든 백성 너희들이 내 품에 살 수 있
는 것은 성령으로 임한 백성만이 나
의 품에 살 수 있다는 그 의미를 알겠
느냐?
15 그러니 너희들은 그와 같은 이치를 깨
달았다면 그를 만백성에게 진하며, 너
희들이 정녕 나의 성전이요, 나의 아
들과 더불어 살다 나에게 올 수 있는
그와 같은 백성이 되는 데 최선을 다
하라.
16 그렇지 아니하면 아니 됨이니라.

17 내가 나의 아들에게 통하여 말하기를
성령이 임하여 내가 너희들에게 입을
먼저 열어 주지 아니하는 자, 그는 나
를 찾을 자격이 없다 하며 나를 부를
자격이 없다 말하였음이니라.
18 그러니 하나님의 아들딸이요, 너희들
이 나를 찾고 부를 수 있는 그 자격도
내가 명해 준다는 것이 바로 너희들은
그를 우습다 생각하며 이는 말도 안
되며 사탄이 하는 소리라 그리 말할
것이니라.
19 그러나 내가 너희들에게 성령이 임하
지 않는 자는 내가 기도 소리요, 소원
하는 것을 듣지 아니하며 나와 관계없
다는 그 뜻을 너희들은 깊이 새겨 그
의미를 안다면, 내가 나의 아들을 통
하여 전하는 그 뜻을 너희들은 알게
될 것이니라.
20 나의 아들에게 나를 찾는 그 모두도
다 너희들이 자격이 기준된 자가 나를
찾을 때, 내가 그를 들으며, 그 음성이
아름답게 하늘로 들리는 것이요,
21 너희들이 욕심이요, 죄 속에 빠졌으며
너희들이 거짓된 자요, 그리고 사악한
마음으로써 너희들이 아무리 나를 찾
고 너희 스스로 입을 벌려 울고불고
통곡한다 해도 그는 구름을 뚫지 못하
며,
22 너희들이 나의 아들이 암송하는 그 십
계명들이 막고 있는 그것을 뚫지 못하
며, 그 길을 통과하지 못하는 것이 너
희들이 울고불고하는 그 기도 소리라
는 것을 알라.
23 이 무서운 의미를 내가 너희들에게 가
르치고 전하는 것은, 바로 나의 아들
을 따라 법전을 만들며, 너희들로 하
여금 내가 새로운 시대요, 새 세상을
열고자 하는 것이기에 내가 너희들에
게 깨우쳐 주고 전함을 알라, 사랑하
는 나의 아들딸들아!
24 성령이 임한 자만이 나를 찾을 수 있
으며 나를 볼 수 있으며 나를 부를 수
있다는 그 무서운 뜻을 너희들이 깊이
깨우치라.
25 나를 찾는 자격이 없는 자, 너희들이
이 세상에서 아무리 울고불고해도 너
희들은 암흑을 헤매는 자요, 암흑의
세상에서 헤매다 그 지옥의 암흑의 세
상에 가 그 대가를 치르는 백성들이라
는 것을 잊지 말라.
26 그러니 너희들이 나를 찾을 수 있는
자격부터 먼저 구하라.
27 그것이 바로 너희들이 성령이 임하는
것이니,
28 너희들이 성령이 임할 수 있는 것은
성서를 가지고는 너희들이 깨우치지
못함이니라.
29 성서는 인봉해 두었느니라.
30 마지막 시대에 그 성서를 열어 그 뜻
을 가르치고자 귀하고 귀하도록 내가
모두를 인봉해 놓고 봉했음이니, 너희
들이 알 수가 없음이니라.
31 그리하여 지금 내가 나의 아들을 통하
여 모두를 봉한 것을 엶이니, 나의 법
전을 읽고 깨우치는 자만이 그 성경
의 내용을 알 수 있으며 그 흐름을 알
것이며 내가 원하는 것을 알 수 있음
이니라.
32 그리해야만 너희들이 내 뜻에 의하여
삶을 살 것이며, 성령이 임할 수 있는

너희들이 사랑으로 충만된 백성으로
거듭나는 그와 같은 길을 갈 수 있으
며, 그와 같은 삶을 살 수 있기 때문이
라는 것을 절대 잊지 말고 명심 또 명
심하도록 그리하라, 사랑하는 나의 아
들딸들아!

10,042 번째 하나님 말씀

2004년 3월 24일 17시 43분

1 사랑하는 나의 아들아!
2 내가 너를 통하여 오늘 그와 같이 가
르쳤느니라.
3 인간 너희들의 마음이 천태만상이니,
그중에 너희들이 인자한 것 같은 마음
자세로 살며 너희들이 고고한 인격을
갖춘 자 같으나, 너희들이 고고한 인
격을 갖추지 아니하였으며,
4 인자한 모습과 같은 자 인자하지 못하
며,
5 마음이 너그러운 것 같으면서도 너희
들이 그를 파고들어 가 재물을 놓고
거래할 때 너그럽지 못한 행위를 하는
것이요,
6 이해성이 많은 것 같으면서도 너희들
이 그 재물 앞에 그렇지 못한 백성이
요,
7 풍요로운 것 같으면서도 풍요롭지 못
한 것이 너희들이 가지고 있는 인간의
근성이라 그리 내가 말하였느니라.
8 그러니 풍요로움을 가지고 풍요롭게
생각하지 못하는 백성, 너희들이 여유
가 없음이니, 여유로움이 없는 자, 무
엇을 이루겠으며 무엇을 역사하겠는
가?
9 그러니 이제 나의 아들을 따르는 제자
들이요, 나의 법전을 읽고 깨우친 만
백성, 너희들은 마음이 너그러운 것같
이 네 모습이 변했다면 너희들이 그
너그러운 자가 되어야 될 것이며, 인
자한 모습으로 너희들이 변했다면 인
자한 자가 되어야 될 것이니라.
10 이해하고 사랑한다 너희들이 말을 하
면 그 모두를 사랑하고 이해하며 그를
실천할 것이며,
11 모두를 너희들은 욕심을 내지 아니하
며 모두를 놓을 수 있으며 그래서 마
음이 풍요로움이요, 마음이 여유가 있
는 삶을 산다 말하면, 너희들은 정녕
그와 같은 삶을 살아야 될 것이니라.
12 그렇지 아니하는 자, 나를 기만하는
것이요, 하늘을 속이는 것이 아니더냐?
13 그와 같은 너희들이 마음으로써, 너희
들이 말로써, 너희들이 행한 것을 그
대로 지키고 살 때, 너희들의 마음이
열리며 세상의 이치를 알게 되니,
14 너희들이 인간 세상에서 살면서 육의
세상의 이치를 알게 되는 그 순간에,
기초에 너희들이 한 발짝 더 나아감으
로써 하늘의 이치요, 하늘의 뜻을 알
게 되는 영광을 얻게 되는 것이니 그
리 알라, 사랑하는 나의 아들딸들아!

10,043 번째 하나님 말씀

2004년 3월 24일 17시 47분

1 사랑하는 나의 아들아!
2 "네, 아버님! 말씀하옵소서."
3 인간 세속에 너희들의 삶이란 네가 살
아 있는 동안에 너희들이 머리를 쓰며

잔꾀로써 남을 속이며 이웃을 속이고
사는 그것이 너희들이 인간 세상에서
영원히 보장되며 영원히 그게 지켜질
것이라 그리 생각하고 사느니라.
4 그와 같은 자 또한 수없이 이 세상에
존재함이니라.
5 그러나 너희들은 알라.
6 남을 속이고 거짓된 자, 부끄러운 행
위를 하는 자, 잠시는 너희들이 인간
세상에 속이는 것이 통할지는 몰라도
영원히 속일 수 없다는 것을 알라.
7 이는 창조주 나 여호와가 그 모두를
보고 있으며 지켜보고 있으며, 그 하
나도 지워지지 않는 곳에 너희들이 생
명록에 기록되어 그것으로써 너희들
이 심판을 받음이니 그를 알라.
8 나는 너희들에게 깨우쳐 주고자 함이
니라.
9 끝까지 속이고 견딜 수 있다는 그와
같은 생각을 가지고 있는 백성, 너희
들이 오늘서부터 삶을 다시 생각하며
모든 생각을 바꿔야 될 것이니라.
10 그렇다면 그 모두는 언제까지 너희들
이 만인 앞에서 공개되지 아니하며 세
상의 백성들에게 너희들이 속이고 그
를 감출 수 있다 하나, 절대 그는 영원
히 되지 아니함이니라.
11 너희들이 죽어 나에게 와 심판을 받을
때라도 너희들은 그 사탄과 천사 앞에
서 너희들이 지금 살아왔던 것, 그리
고 너희들이 가슴속에 생각했던 것,
사소한 너희들이 잘못된 생각이요, 부
정된 생각,
12 그 모두가 다 너희들이 죽어서 심판을
받을 때라도 반드시 그는 밝혀지며 모
든 자들이 그를 본다는 것을 너희들은
결코 잊지 말라, 사랑하는 나의 아들
딸들아!
13 너희가 지은 작은 죄요, 부정한 것이
요, 너희들이 작은 씻을 수 없는 그 어
떠한 형태라도 너희들이 그 지상에서
그를 속이고 나에게 온다 해도 결코
그것이 그대로 지워지는 것은 하나도
없음이니라.
14 너희들이 죽어 와 심판을 받을 때 천
사와 사탄이요, 모든 자 앞에서 너희
들의 그 모두가 공개됨이니,
15 그것이 바로 심판의 형태요, 심판을
받는다는 것을 너희들은 알라.
16 그 모두가 공개되지 아니하는 것이 하
나도 없음이니라, 사랑하는 나의 아들
아!
17 그러니 너의 제자들에게 전하라.
18 인간 세상에서 너희들이 속이고 네 마
음을 속이고 사소한 것을 거짓으로 덮
고 살아갈 수는 있으나,
19 너희들이 나에게 와서는 그 몇 배의
모두를 다 공개하며 모두가 다 그를
보며 네가 심판대에 서서 모든 천사와
사탄들 앞에 네 살아온 그 모두가 공
개된다는 것을 잊지 말도록 하라.
20 지금까지 너희들이 공개되지 못할 죄
요, 지금까지 공개 되어서는 안 되는
부끄러운 그 모든 죄를 너희들이 털어
버리고 씻어 버리는 것은,
21 오늘 이 순간부터 너희들이 천사와 같
은 삶이요, 아름다운 삶이요, 그 악의
껍질을 하나하나 자신 있게 벗어던지
고 거듭나는 그것만이 너희들이 그때
너희들이 얼굴 붉히지 아니하며,

22 그로 하여 너희들이 지옥으로 가는 길
을 면할 수 있다는 것을 나는 밝혀 줌
이니, 너희들에게 주는 상이니라.
23 이것이 너희들에게 재물을 주는 것이
요, 너희들이 금화와 은화를 주어 육
의 편안한 삶으로써 너희들을 무너지
게 하는 그 상보다도 내가 지혜를 준
다는 위대한 상임을 알라, 사랑하는
나의 아들을 따르는 제자들아!

10,044 번째 하나님 말씀

2004년 3월 24일 17시 51분

1 사랑하는 나의 아들아!
2 "네, 아버님! 말씀하옵소서."
3 너희가 똑같은 말이요, 똑같은 진리
요, 똑같은 것을 가르친다 해도, 과연
그 가르치는 자요, 전하는 백성이 어
떻게 살아가며 어떻게 행하느냐에 따
라서 너희들은 그 내용이 다르다 하였
음이니라.
4 사악한 자요, 행동을 바로 하지 못하
며 거짓된 자가 하는 말은 진리라 해
도 그것은 사탄의 것이요, 사탄이 가
르치는 것이니,
5 그것은 나의 피조물 만백성 너희들에
게 도움이 안 되며, 너희들의 깨달음
이 아니니라.
6 그러나 나 여호와의 뜻에 따라 천사처
럼 사는 그 백성이 말한 대로 행동하
는 사람이 전하는 것은 그것은 곧 나
여호와의 뜻이요, 너희들이 그를 들어
깨우쳐 너희 것으로 만드는 그와 같은
삶을 살아야 된다 하지 아니하였더냐?
7 그러니 내가 똑같은 가르침이요, 똑같
은 말을 가지고 전한다 해도 그는 어
떠한 사람이 어찌 전하느냐에 따라서
다르다 했으니,
8 나의 법전을 가지고 만백성에게 전하
고 깨우치는 그것 또한 너희들이 어떤
형태로써 어떤 기준의 깨달음에 와 있
느냐 하여 그것으로써 전하는 사람마
다 그 내용이 달라지며 듣는 자가 달
라지는 그 무서운 사실을 너희들은 알
겠느냐?
9 너희들이 하나가 되어 천사와 같은 아
름다운 마음으로써, 그리고 너희들이
하늘을 향하여 한 점의 부끄럼이 없는
삶을 사는 백성이 나의 법전을 전할
때,
10 그는 황금빛보다도 더 찬란하고 너희
들이 보석보다도 찬란한 빛으로써 세
상에 전해지며, 그를 보는 백성이 너
희들에게 경배하지 아니하는 자가 없
을 것이니라.
11 그러나 너희들의 마음이 검으며 너희
들이 욕되며 너희들이 나를 향하여 한
점의 부끄럼이 없는 삶을 사는 것이
아니라, 너희들이 고개를 들 수 없는
그와 같은 삶을 사는 제자요, 나의 백
성이 전한다면,
12 이는 어둡고 캄캄한 밤에, 아무것도
구분할 수 없는 세상에 너희들이 헤매
는 것과 같이 나의 법전이 빛을 발하
지 못하며, 만백성을 구하는 역사를
할 수 없음이니라.
13 그러니 너희들이 한 가지 뜻으로써 똑
같이 전한다 해도 어떠한 사람이 전하
느냐에 따라서 너희들이 그와 같이 무
섭게 변화되듯이,

14 그러니 너희들이 나의 선택된 백성으
로서 이를 전하고 역사하기 위해 어떤
삶을 살아야 되는가, 이것을 너희 스
스로 깨우쳐 행하도록 하지 아니하면
아니 될 것이니,
15 그 무서운 이치를 가슴 깊이 새겨 두
도록 그리하라.

10,045 번째 하나님 말씀

2004년 3월 24일 17시 56분

1 사랑하는 나의 아들아!
2 "네, 아버님! 말씀하옵소서."
3 너희들이 성경을 백 번이요, 2백 번이
요, 천 번을 읽었다 해도 그 뜻을 너희
들이 안다고 말할 수 없는 것이 나의
성경임을 알아야 될 것이니라.
4 너희들이 어떠한 성령이 임하여 너희
들이 어떤 감동된 마음으로써 나의 성
경을 읽느냐에 따라서 너희들이 그 와
닿고 깨닫는 것이 다르다 내가 말하였
느니라.
5 또한 지금 내가 나의 아들을 통하여
내리는 160권의 그 법전 또한 그러니
라.
6 너희들이 나의 법전을 몇 번을 읽었느
냐 그것이 중요한 것이 아니며, 그것
이 너희들에게 깨달음의 길을 볼 수
있고 보지 못하는 그와 같은 것이 아
님을 알라.
7 아무리 너희들이 읽어도 알 수 없는
것이요, 성령으로 임하지 않는 백성
너희들이 정성을 다하여, 몸과 마음을
다하여 나 여호와의 마음을 들여다보
는 그와 같은 애절한 마음으로써 나
의 법전을 가슴에 안고 정독하지 아
니한다면, 너희들이 그 뜻을 알 수 없
는 것이 나의 법전이니라.
8 너희들이 나 여호와의 마음을 들여다
보며, 내가 원하는 것이 무엇인가를
알고자 하는 것이며,
9 이와 같은 법전을 내리는 나 여호와의
마음이 얼마나 아프고 애절했는가 하
는 것, 내 마음을 너희들이 내 뜻을 들
여다보는 그 애절하고 애절한 마음으
로써 나의 법전을 가지고 한 자 한 자
정독할 때, 그 뜻을 알 수 있음이니라.
10 이는 무엇이기 때문에 그러한 줄 알겠
느냐?
11 이 세상에 내가 인간이요, 사람으로서
만든 책이 아니기 때문이니라.
12 이는 하늘의 책이니라.
13 그리고 하늘의 그림이요, 하늘의 뜻이
니라.
14 창조주 나의 뜻이요, 하늘의 교과서이
기 때문이니라.
15 그리고 하늘의 진리의 교본이기 때문
에, 만백성을 깨우치기 위하여 내가
나의 아들을 통하여 너희들에게 내려
보내는 하늘의 책이요, 하늘의 글이기
에,
16 너희들이 인간 세속의 욕심을 버리지
못하며 마음을 다스리지 못한 자, 이
를 알 수 없음이니,
17 너희들이 그 마음을 다스리지 못했다
해도 너희들이 이 뜻을 전하는 나 여
호와의 뜻이 무엇인가 하여 애절한
나 여호와의 마음을 알고자 하며, 너
희들이 그 애절한 마음으로 나의 법전
을 읽어 갈 때,

18 나는 너희들에게 그 뜻의 의미를 깨우
쳐 주는 그와 같은 은혜를 내릴 것이
니 그리 알라.

10,046 번째 하나님 말씀

2004년 3월 24일 17시 59분

1 사랑하는 나의 아들아!
2 "네, 아버님! 말씀하옵소서."
3 성서를 읽는 횟수가 필요 없으며, 나
의 법전 또한 읽는 횟수가 필요 없다
했음이니라.
4 아무리 읽고 읽었다 해도 그것은 너희
들이 깨달은 것과 관계없다는 이 무서
운 의미를 아는가?
5 이는 나의 책이요 하늘의 뜻이며 나
여호와의 뜻이기 때문이니라.
6 그리하여 정성을 들여 정성을 다하여
너희들이 나 여호와의 애절한 마음을
들여다보는 간곡한 마음으로써 읽지
아니하면 절대 알 수 없다 내가 전했
느니라.
7 그러나 너희들이 진정한 마음이요, 나
여호와의 뜻을 알고자 하는 그 애틋한
마음으로써 너희들이 온갖 정성을 다
하여 읽을 때, 단 한 번을 읽어도 깨달
음이 있을 수 있다 그리하지 아니하
였더냐?
8 그리고 내가 너희들에게 말하기를 너
희들이 성령으로 임하는 백성이요, 내
가 너희들에게 생수를 부어 넣을 수
있는 깨끗한 마음으로 다스리라 그리
하지 않았던가?
9 그러니 성령으로 임한 백성 너희들은
한 번을 읽어도 그 감동을 받을 수 있
으며 그 감동을 느낄 수 있으며 두려
움을 느낄 수 있는 것이니라.
10 그것이 너희들이 나의 아들과 그 차별
화며 너희들이 따를 수 없는 길이 거
기 있음이니라.
11 나의 아들은 내가 이를 내림이니, 그
뜻을 알며 내가 원하는 것을 알며 내
가 역사하고자 하는 것을 모두를 알고
있는 것이 나의 아들이요,
12 너희들은 정성을 다하여 나 여호와의
뜻이요, 내 심정을 이해하는 그와 같
은 간곡한 마음으로써 이를 읽지 아니
하면 너희들이 절대 알 수 없음이니라.
13 그리고 깨달을 수 없는 것이라 하지
않았던가?
14 이것이 나의 아들과 너희들과의 그 차
이점이라는 것을 너희들은 알아야 될
것이니라.
15 그러니 너희들이 이를 읽고 깨우치지
못하는 백성은 나의 아들을 통하여 너
희들에게 내리는 그 강론이 얼마나 귀
하고 소중한지 알아야 될 것이니라.
16 그는 나의 아들이 나의 뜻을 알며 내
생각을 알며 내가 그에게 명하는 것을
너희들에게 전함이니, 그 강론에서 너
희들의 가슴에 와 닿는 것을 너희들
것으로 만들어야 될 것이며,
17 너희들이 시시비비하는 마음을 갖기
전에 그를 따라 행하는 마음으로 다지
고 다졌을 때 너희들은 감동의 그 역
사함을 알고 있을 것이며,
18 감동의 역사를 이룰 수 있도록 너희들
의 마음이 변할 때, 성령은 너희들에
게 자리를 잡는 그 위대한 역사가 이
루어진다는 것을 잊지 말도록 그리하

라, 사랑하는 나의 아들딸들아!

10,047 번째 하나님 말씀

2004년 3월 24일 18시 03분

1 사랑하는 나의 아들아!
2 "네, 아버님! 말씀하옵소서."
3 너를 따르는 제자들이 세상에 나와도
부끄럼이 없는 그와 같은 제자들로 지
금 성장하고 있음이니라.
4 무럭무럭 자라나고 있는 그 제자들이
니라.
5 이제 내가 그들을 위하여 너희들에게
명함이니 명심하도록 그리하라.
6 나의 법전을 만드는 그 제자들이요,
그리고 나의 법전을 만들기 위해 선택
된 너희들은, 이제 너희들의 그 깨달
음이 이 세상의 어떠한 백성도 너희들
을 따라올 수 없으며, 너희들의 그 생
각을 따라올 수 없는 그와 같은 높은
데 와 있으며 높이 와 있음이니라.
7 그것이 나 여호와의 기쁨이요, 너희들
이 무럭무럭 자라나는 아이처럼 성장
하고 있음이니라.
8 그러니 그와 같이 선택된 너희들이 사
사로이 나의 법전을 해석하며 사사로
이 나의 법전을 생각하지 말라.
9 너희들이 인간의 욕심으로써 너희들
의 그 욕심된 생각에서 나의 법전을
접목시켜 생각하는 그와 같은 생각을
가져서는 절대 아니 됨이니라.
10 이것은 내가 오늘의 나의 법전을 만들
며 나의 아들을 따르는 그 착한 제자
들이요, 그리고 열과 성의를 다하는
그 제자들에게 내리는 뜻이 아니라,
11 너희들이 아직 이 진리가 무엇이며 나
여호와의 뜻이 무엇인가를 아직 입문
하지 못한 나의 아들을 따르는 제자
너희들에게 명하고 가르침을 알라.
12 너희들이 입문하여 내 뜻이 무엇인가
를, 그리고 목숨을 바치며 모두를 다
바쳐 이 길을 가고 있는 나의 아들을
따르는 그 제자들의 마음에 버금가지
아니하고 맴도는 백성, 너희들이 바로
그 중요함을 알라 내가 전함이니라.
13 그들이야말로 사사로이 나의 법전을
해석하여 생각하며, 저희들 마음대로
평가하고 평하여 그를 인간 세상에 사
는 곳에 접목시키며, 너희들의 삶에
이를 갖다 접목시키며, 너희들 인간
생각과 접목시키면,
14 그들은 입문하기도 전에 모두가 무너
지며, 나로부터 두 번 다시 볼 수 없는
그와 같은 백성이 된다는 것을 알라.
15 지금 나의 법전을 읽고 깨우쳐 너희들
이 입문 직전에 있는 나의 아들을 따
르는 제자들이요, 그리고 법전을 읽고
깨우친 만백성 너희들은 사사로이 그
법전의 내용을 너희들의 생각에다 접
목시키지 말며, 너희들이 해석해서 마
음대로 풀이하지 말며, 이럴 것이다
저럴 것이다 생각하지 말라.
16 다만, 나의 아들이 내리는 그 강론을
들으며 너희들이 묵상과 기도로써 가
장 어렵고 힘든 그 길을 선택하라.
17 정녕 이것이 나 여호와의 뜻이요, 너
희들의 사사로운 생각인가를 너희들
이 찾지 못할 때, 그리고 너희들이 혼
돈이 올 때,
18 너희들은 무릎 꿇고 나에게 기도하며

묵상으로써 내 답을 듣되, 너희들이
가장 어렵고 힘든 고난의 길을 선택하
라.
19 그러면 너희들이 실수하지 아니함이
니 그리 알라, 사랑하는 나의 아들딸
들아!

10,048 번째 하나님 말씀

2004년 3월 24일 18시 08분

1 사랑하는 나의 아들아!
2 "네, 아버님! 말씀하옵소서."
3 너를 따르는 사랑하는 그 제자들이요,
나의 법전을 읽고 깨우친 너희들을 내
가 사랑함이니, 이제 너희들은 나의
법전을 만들고 접하며 그를 읽는 백성
너희들은,
4 이 모든 뜻이 인간의 뜻으로써 이루어
진 것이 아니며, 인간으로써 모두를
만들고 역사했다는 생각을 너희들은
버리라.
5 그리고 그와 같이 생각을 해서는 아니
됨이니 그리 알라.
6 이는 창조주 나 여호와 하늘에 있는
너희들의 아버지요, 전지전능한 아버
지라 부르는 나 여호와가 모두를 주관
하여 나의 성령으로써 내가 임하여,
이 순종하는 나의 아들을 통하여, 그
입을 통하여 내가 이를 만들고 역사하
는 것을 너희들은 알아야 될 것이니라.
7 그러니 나의 아들 입을 통하여 이를
전하나, 이는 내가 나의 아들 입을 빌
어서 말하는 것이요, 내 뜻을 너희들
에게 전하는 것이니라.
8 그러니 이것은 인간이 만든 것이며 인
간의 생각으로써 인간의 뜻으로써 모
두를 역사하고 만들었다 너희들이 그
리하지 말라.
9 다만, 내가 성령으로써 임하여 순종하
는 나의 아들을 통하여 모두를 역사한
다는 것, 그러나 그 모두는 나 여호와
가 주관한다 함을 너희들은 알라.
10 나의 아들을 아는 그 친구들이요, 그
리고 나의 아들을 아는 그 형제들이
요, 그들이 와 나의 아들에게 그리 말
하느니라.
11 그는 영특하고 똑똑함이니, 한두 권의
법전은 만들 수 있어도 160권의 법전
은 만들 수 없다 말하는 백성이 있는
가 하면,
12 또는 그 친지요, 친구들이 와서 말하
기를, 이는 결코 그가 역사할 수 없으
며 만들 수 없다 저희들이 그리 말하
느니라.
13 그러니 그와 같이 말하는 친지요, 그
형제요, 친구들이 어찌하여 그 소중하
고 귀한 것을 모르며, 저희들이 그리
평가하고 말하면서도 나의 법전의 소
중하고 귀한 것을 몰라 저희들의 가슴
에 안고 정독하여 거듭나는 그 길을
가지 않는 어리석은 백성들이 있는가?
14 그러니라, 그들이 말하는 것처럼 이는
나의 아들의 생각으로써, 나의 아들의
머리로써 역사하는 것이 아니요,
15 창조주 나 여호와가 하늘의 뜻으로써
모두를 주관하여 역사하는 것이라는
것을 너희들은 알아야 될 것이니,
16 그리하여 나의 법전이 귀한 것이며 이
것이 소중한 것이며, 이걸 다루는 선
택된 백성 너희들이 얼마나 귀하고 소

중한 나의 아들딸인지를 내가 항상 말
함이니, 그 뜻은 과연 무엇이더냐?
17 너희들이 귀하고 소중한 것을 다루는
데 한 치의 어긋남이 있어서도 안 되
며, 흔들려서도 아니 되며,
18 인간인 너희들의 생각을 먼저 해서도
아니 되며, 인간의 삶을 먼저 생각해
서도 아니 됨이니라, 사랑하는 나의
아들아!
19 그리고 이제 그 제자들은 들으라.
20 너희들이 오늘에 미약하나, 너희들이
항상 이와 같은 미약한 위치에서 있
는 것이 아니요,
21 너희들의 이름 석 자를 모든 백성들이
알게 되며 만백성이 알 날이 머지않
았음이니라.
22 모든 백성들이 너희들을 부러워할 것
이며 너희들을 만나기를 소원할 것이
며, 그와 같은 날이 너희들에게 머지
않았음이니라.
23 이는 바로 무엇이더냐?
24 모든 역사함이 이제 시작하며 모든 변
화가 이루어질 것이며, 너희들이 생각
할 수 없는 나 여호와의 뜻이 이루어
짐이니라.
25 너희들은 지금처럼 전하는 너희들의
복음이요, 모든 종파들이 시시비비하
며 너희들이 지금 서로 찢어 가며 싸
움을 이끌어 가며, 서로 한 형제를 놓
고 이리저리 당기는 그와 같은 방법으
로써 복음을 전하는 것이 아니요,
26 너희들이 꿈에도 생각할 수 없는, 상
상할 수 없는 방법으로써 나는 모두를
역사함이니라.
27 그러기에 나 여호와의 뜻이요, 나 여
호와가 주관하는 내 새로운 성경이요,
그러니 그 모두가 이루어지기 시작하
며 이제 시작할 것이니,
28 너희들은 거기에서 너희들을 찾아오
는 자, 너희를 보기를 소원하는 자, 그
백성들 앞에 너희들이 양심에 너 자신
이 한 점의 부끄럽이 없는 네가 될 수
있도록 하기 위해서,
29 오늘의 너희들이 잘못된 길을 가지 말
며, 너희들이 오늘의 잘못됨을 선택하
지 말며, 오늘의 삶을 하늘을 향하여
부끄럽이 있는 삶을 살지 않도록 너희
자신을 다스리라.
30 너희들의 미래의 그 역사함을 알아야
될 것이니라.
31 오늘의 너희들이 초등학교의 초등의
학문을 배우니, 너희들이 성장해서 어
떻게 변화될 것이며 어찌 역사할지를
모르고 있지 않더냐?
32 그러나 그 초등학문을 거치는 그 학생
이 자라고 또 성장하여 너희들이 한
시대를 이끌어 가는 사람이요, 성현이
될 수 있는 것이며, 그리고 존경받는
사람으로서 변화되는 것을 모르느니
라.
33 그러니 바로 너희들의 그 변화되는 것
을 너희들이 모르듯이 너희들은 상상
할 수 없는 역사의 변화의 소용돌이
속에서 나의 법전을 만들며, 나의 아
들을 따르며,
34 너희들이 그리 갈구하고 원하는 나를
볼 것이며, 나를 본다는 것은 나의 나
라에 너희들이 올 수 있다는 것이 아
니더냐?
35 그러니 한 점의 부끄럽이 없는 삶으로

지금서부터 다스려 나가라.
36 모든 영광을 잃는 어리석은 삶을 살지
않도록 그리하라.

10,049 번째 하나님 말씀

2004년 3월 24일 20시 41분

1 사랑하는 나의 아들아!
2 "네, 아버님! 말씀하옵소서."
3 내가 너를 통하여 내 뜻을 전함이니,
그 강론을 듣는 너의 제자들이요, 그
리고 성전에 와 네가 깨우침을 전함을
듣는 그 백성, 너희들이 왜 영광된 백
성이요, 너희들이 더 이상 이 세상에
서 얻을 것이 없다 내가 그리 말하는
줄 알겠느냐?
4 참진리요, 나 여호와의 뜻은 무엇인
줄 알겠느냐?
5 나의 진리라는 것은 너희들이 어렵고
힘든 자 그 모두가 그 병에 다 그것이
필요하다 하였음이니라.
6 그리하여 너희들이 부족한 것을 모두
를 다 채워 줄 수 있는 것이 나의 참진
리요, 나 여호와의 뜻이라 하였음이니
라.
7 그러니 너희들이 160권의 법전을 접
하면서 이를 읽고 또 읽음이니, 너희
들은 이것이 나 여호와의 뜻이요, 창
조주 내가 역사하는 것의 그 증거함이
무엇인 줄 알겠느냐?
8 너희들은 법전이 160권이 아니라 너
희들이 열여섯 권이요, 단 한 권을 읽
는다 해도, 너희들이 세상사의 살아가
는 모든 답이 거기에 들어 있기 때문
이니라.
9 너희들이 나의 법전을 읽고 정독하면
서 세상사에 살아가는 이치요, 하늘에
오르는 길이요, 너희들이 변하는 길이
요, 그리고 악과 싸워서 이기는 길이
요, 너희들의 그 세상에 빠진 것이 없
이 모두가 다 거기에 기록되어 있으
며, 너희들이 필요한 그 답을 다 거기
서 얻을 수 있음이니라.
10 그래서 너희들의 세상사에 살아가는
그 답이 하나도 빠지지 않고 그 속에
모두가 기록되어 있음이니, 그것이 바
로 나의 성령이요, 나의 뜻임이니라.
11 그리고 이것이 내가 역사하는 것이라
는 것을 너희들은 알아야 될 것이니라.
12 그러니 모든 답이 있는 것을 가지고
너희들이 접하며 공부하며 깨우쳐 감
이니, 너희들보다 더 큰 은혜의 축복
을 받은 백성이 어디 있단 말이더냐?
13 너희들이 이 법전을 읽는 것은 일반
인간으로써 펴낸 책과 너희들의 가르
침이요, 깨달음이 거기에서 다름을 너
희들은 알아야 될 것이니라.
14 나의 법전 속에 모두가 다 있으며 모
든 답이 거기 있음이니라.
15 또한 성서가 무엇 때문에 위대하며,
너희들이 성서가 왜 그 모든 백성을
인도하는 것이라 생각하느냐?
16 그 성서 또한 나의 법전처럼 너희들이
읽고 깨우친다면, 그 안에 모든 정답
이 있으며 다 답이 있음이니라.
17 그러나 다만, 내가 이 성서를 봉해 놓
았으며 이를 열지 아니하였다 하였음
을 너희들은 알아야 될 것이니라.
18 나 여호와가 너희들이 나에게 오른 백
성이 없으며, 지금 내가 너에게 나에

게 온 백성이 없어 내가 받아들일 백
성이 없다 한 그 의미를 알겠느냐?
19 정녕 나는 이 성경을 때가 되면 그 밀
봉을 열며, 그리고 봉인한 것을 내가
깨우쳐 만백성에게 전하는 그때가 있
으며 그때를 기다리고 지금까지 왔음
이니라.
20 내가 밀봉해 놓았을 때는 무엇이더냐?
21 너희들이 귀하고 소중한 것을 싸 놓는
다면 그를 풀 때가 있지 않더냐?
22 너희들이 보관하는 것은 그 필요한 때
에 그를 꺼내 쓰기 위해서 보관하고
관리하는 것이 아니더냐?
23 나 여호와가 나의 성경을 세상에 내려
보내면서 아무나 그를 읽지 못하며 보
지 못하도록 모두를 밀봉해 놓았으며
봉해 놓은 것이 무엇이더냐?
24 꼭 필요할 때 그를 열어 나의 피조물
만백성들을 구원하며 깨우쳐 주기 위
해 필요함이니 그때가 있음이니, 그때
를 지금 기다렸음이니라.
25 그러니 내가 몇천 년 동안을 기다리고
기다려 지금 내가 제3의 시대에 이를
모두 개봉하며 이를 열고 있음이니라.
26 그러니 지금까지 너희들이 온 그 믿음
이요, 모두 역사한 것은 내가 직접 관
장하지 아니하며 내가 직접 역사하지
아니하였음을 너희들은 알라.
27 구약과 신약의 시대에 너희들을 직접
관장했으며, 너희들이 구원인지 아닌
지 그 심판의 시대를 열었더라면, 내
가 성경을 왜 봉인해 놓았으며 내가
왜 밀봉해 놓았겠는가?
28 내가 꼭꼭 그리 너희들이 아무나 열
수 없도록 밀봉한 것은 그때를 기다렸
으며 그때에 열어 줌이니,
29 지금까지 내가 모든 성서를 밀봉해 놓
은 것을, 봉인한 것을 지금 나의 아들
이 제3의 시대를 열면서 내가 그 모두
를 개봉하며 보여 주고 엶이니라.
30 그러니 이때를 기다렸음이니, 지금 내
가 모두를 열고 개봉하기 전까지 너희
들이 진정한 나 여호와의 뜻이요, 하
늘의 이치요, 그것을 모르고 왔음이
니, 그러기에 내가 직접 관장한 시대
가 아니요,
31 이제는 내가 직접 관장하는 시대인 제
3의 시대가 역사한다는 것을 너희들
은 알라.
32 내가 나의 아들을 통하여 너희들에게
깨우쳐 주는 그 의미요, 가르침을 너
희들이 이제는 받아들이고 깨우칠 수
있는 경지에 올라와 있음이니, 내가
이 뜻을 너희들에게 상으로 내림이니
라.

10,050 번째 하나님 말씀

2004년 3월 25일 06시 09분

1 사랑하는 나의 아들아!
2 **"네, 아버님! 말씀하옵소서."**
3 네가 마음 아파하며 가슴에 울리는 마
음을 나는 알고 있느니라.
4 지금 너를 따르는 제자들이요, 나의
법전을 읽고 깨우치는 그 백성들, 그
모두가 이 길을 가고자 하며 이 법전
을 따라 너희들이 살아가고자 하나,
5 지금의 모든 인간관계에 너희들 인간
가정의 그 삶에 이를 반대하는 자, 이
를 인정하지 아니하려는 자, 그리하여

너희들이 가정의 환란이요, 가정의 화
목이 깨지는 그와 같은 모습을 보며
네가 가슴 아파하며 너 스스로 울고
있음을 알고 있느니라.
6 그러나 너는 알아야 될 것이니라, 내
가 무어라 했느냐?
7 이 동양의 작은 나라가 너희들이 종교
요, 믿음의 백화점이라 하였느니라.
8 그리하여 너희들이 이대로는 깨우칠
수 없어 너희들은 변할 수 없어, 대혼
란이요, 무서운 심판의 한 회오리바람
이 불 것이라 내가 그리하지 않았는가?
9 그리 다스리고 그리하지 아니하면 이
백성이 깨우치지 못하며, 그들이 정녕
나 여호와의 뜻이 무엇이며 참진리가
무엇인가를 알지 못함이니,
10 그들을 깨우쳐 주기 위하여 한 번의
내가 환란의 회오리바람이 불어야 한
다 하지 아니하였느냐?
11 그와 같은 이치를 안다면, 이 동양의
작은 나라가 한 가정이라 생각하라.
12 그리하여 지금 가정에서 그 백성 너희
들이 화목하지 못하며 부부지간에 반
목하며 또한 형제지간에 반목하는 그
와 같은 일은 필연 있는 것이며 당연
히 겪어야 될 것이니라.
13 그것이 곧 동양의 작은 나라에 한 번
의 회오리바람이 부는 그 환란을 겪
는 것, 진통을 겪어야 되는 그 작은 진
통이며, 작은 너희들의 오늘의 환란임
을 알아야 될 것이니라.
14 그들이 정녕 마음이 열려 있으며 눈이
뜨여 있다면 이를 알 수 있으나, 시기
와 질투요, 그 욕심으로 그득히 차 있
는 그 백성들이 형제지간에 그를 이해
하지 못하며, 부부지간에 그를 이해하
지 못하니,
15 저희들 부부지간이요, 형제지간에 서
로 질투하고 시기하는 그와 같은 마음
이요, 또는 제가 믿고 왔던 그 모두가
허상이라는 것이 드러날 때, 저 자신
이 그 허무함이요, 저 자신이 고통스
러운 마음을 달래고 이길 수가 없기
때문이니라.
16 그러나 너희들이 몇십 년 동안 믿음의
길을 오며 너희들이 지금까지 종교 집
단 속에서 지도자의 가르침이요, 설교
를 듣고 깨우쳐 왔다는 너희들,
17 그 길로써 그 방법으로써 너희들은 결
코 구원을 받을 수 없으며 나에게 오
를 수 없기 때문에, 너희들은 새로운
믿음이요, 새로운 길을 선택하지 아니
하면 아니 되는 것이니라.
18 그러나 그를 질투하고 시기하는 것이
지금의 믿음의 길을 가는 그 백성들이
요,
19 그리하여 너희들이 형제지간에 지금
반목이 생기며, 부부지간에 너희들이
화합이 안 되며, 서로 옳고 그름을 시
비를 함이니,
20 너희들이 그와 같은 환란이요, 시비를
가정은 가정대로, 개인은 개인대로,
그리고 동양의 작은 나라는 작은 나라
대로 그 환란의 고통을 겪지 아니하면
거듭날 수가 없는 것이니, 이는 어찌
할 수 없는 것이니라, 사랑하는 나의
아들아!
21 다만, 너희들이 슬기롭게 너희들이 그
변화되는 모습으로써 그 모두를 이해
시키며 설득시키는 그 방법밖에는 없

는 것이니라.
22 그 길밖에 어떤 해답이 있겠는가?
23 그러니 그 작은 환란이라 너희들이 그
리 생각하며 그 작은 환란 속에서 슬
기롭게 모두를 벗어나는 그와 같은 너
희들의 처신을 하도록 그리 전하라.
24 그 속에서 거듭나지 아니하며 거듭나
지 못한다면, 결코 너희들은 나의 뜻
을 이룰 수 없으며 나를 볼 수 없으며,
25 너희들이 동양의 작은 나라에 회오리
바람이 불어오는 그 진통을 겪는, 그
환란을 겪는 그와 같은 것을 겪지 아
니하고는 거듭날 수 없는 것과 마찬가
지로,
26 너희들이 가정에 그와 같은 형제지간
이요, 부부지간에도 너희들이 거듭나
는 고통이 없이는 역사할 수 없다는
것을 알아야 될 것이니라.
27 참진리요, 너희들이 하늘에 오르는 길
이라 하면, 너희들이 조용히 그 길을
양보하지 말며 물러서지 아니하며 가
야 할 것이며,
28 그 대신 너희들이 살아가는 모습이요,
행하는 행동이요, 그 모두가 변화되는
것으로써 그들의 마음이 변화될 수 있
도록, 동화될 수 있도록 너희들이 그
리하지 아니하면 아니 될 것이니, 이
를 명심하여 행하도록 하라.
29 작은 가정의 환란이요, 그것이 동양의
작은 나라의 환란의 역사는 그 너희들
이 근본이요, 기초가 그와 같이 이루
어지니, 그와 같은 형국으로써 불어닥
칠 것이니라.
30 그러니 나는 너희들에게 그와 같은 것
을 원하지 아니하며, 너희들이 나의
법전을 읽고 깨우쳐 유한 백성으로서
그 환란의 고통이요, 그 시련을 겪지
아니하도록 하고자 하는 것이 나 여호
와의 뜻이나,
31 너희들이 이를 따르지 아니하고 행하
지 아니할 때 결국 그 환란은 오게 될
것이니라.
32 그러니 너희 가정이요, 또한 개인의
그 환란을 슬기롭게 너희들이 처리하
며 다스려 나가도록 그리하라.
33 그렇다고 해서 너희들이 물러서고 주
저앉는 그와 같은 믿음으로 가서는 이
제는 아니 됨이니라.
34 서서히 너희들이 나의 피조물 만백성
을 인도하며 너희들이 누구라는 것을
깨우쳐 줄 때가 되었으며,
35 나의 법전을 높이 들고 만백성을 인도
하는 지도자로서 너희들이 변해 가고
있으며, 지금 그와 같은 자격을 갖춘
너희들이니라.
36 너희들이 자격이 없을 때, 너희들이
그를 다스리지 못할 때, 지도하지 못
할 때, 너희들에게 침묵을 하라 하였
으나,
37 이제는 너희들이 그를 다스릴 수 있으
며 깨우쳐 줄 수 있는 경지에 오른 백
성들이니, 이제 너희들이 당당한 모습
으로써 모두를 다스려 나가도록 하라
그리 전하라.
38 진리요, 하늘에 오르는 길이기에, 그
를 양보하는 것은 너희들이 사탄에게
스스로 모두를 포기하게 되는 결과요,
너희 형제와 부모까지도 모두가 다 무
너지는 그와 같은 결과이니,
39 너희들이 주저하지 아니하고 너희 자

신이 무너지지 아니하고 지키고 가는 것이 이제 모두를 구원할 수 있는 길이라는 것을 깨우쳐 주라, 사랑하는 나의 아들아!

10,051 번째 하나님 말씀

2004년 3월 25일 06시 14분

1 사랑하는 나의 아들아!
2 "네, 아버님! 말씀하옵소서."
3 이제는 너의 제자들이 알아야 될 것이
며 너희들이 깨우쳐 가야 될 것이니라.
4 그리고 너희들이 마음 자세요, 행동이
요, 언행을 어찌하고 살아야 되는가?
5 지금 나의 아들이 강론하며 가르치는
나의 아들의 그 수준은 정녕 너희들이
근접하지 못하며 따를 수 없는 그와
같은 위치에 달려가고 있음을 너희들
은 알라.
6 나 여호와가 나의 아들과 대화를 하며
내 뜻을 전하며, 그는 내 뜻을 알고 있
으며 내가 역사하는 것을 알고 있음이
니, 그는 곧 내 뜻으로써 모두를 역사
함이니라.
7 그러니 너희가 끝없이 변화되는 노력
과 변화되는 그 삶을 위하여 모두를
다 바치는 그와 같은 너희들이 노력하
는 길이 아니면,
8 결코 너희들은 나의 아들이 너희들에
게 전하는 그 강론이요, 그 뜻의 깊이
를 알 수 없는 그와 같은 형국을 이룸
이니,
9 너희들이 변화되는 삶을 살기 위하여
최선을 다하도록 그리하라.
10 나는 나의 아들에게 성령으로 임하여
모든 백성을 깨우치도록 하며 그를 인
도하는 그와 같은 역사가 이루어짐이
니,
11 그를 통하여 내가 지금 전하는 성경은
바로 무엇이더냐?
12 새로운 나의 성경이요, 법전이라는 것
은 성령으로 임하여 성령으로써 모두
가 이루어짐이니,
13 너희들이 그를 알고 들을 수 있다면
성령으로써 임하는 너희들의 그 노력
이 필요하며,
14 그와 같이 변화되지 아니하면 그 모두
를 너희들이 알 수 없으며 받아들일
수 없음을 알라.
15 이제 사랑하는 나의 아들을 따르는 제
자들이요, 법전을 읽고 있는 백성 너
희들은, 나의 아들이 가는 길이요, 나
의 법전이 역사하는 것을 너희들이 임
의대로 생각하지 말며 임의대로 판단
하지 말도록 그리하라.
16 너희들이 임의대로 판단하고 임의대
로 생각하여 그를 행하고 실천한다면,
곧 너희들은 구원의 길이 아니요, 멸
망의 길로 가게 된다는 것을 잊어서는
아니 될 것이니라.
17 나 여호와의 새로운 성경이요, 나의
법전이라 하여, 하늘에 오르는 길이라
하여 나의 뜻이 세상에 전해지는 것은
나의 아들에게 성령으로 임하여 그 모
두를 역사하는 것이니,
18 너희들이 그 뜻을 알며 그를 알기 위
해서는 너희들이 성령으로 임하는 그
모습으로 변해야 될 것이니라.
19 그러니 너희들은 나의 아들의 수준이
요, 그를 근접하지 못하고 있는 것을

스스로 알아야 될 것이며,
20 나의 아들이 살아가는 모습이요, 역사
하는 것을 너희들이 인간의 생각으로
써 판단하지 말며, 임의로 생각하는
것을 자제하도록 그리하라.
21 모두는 나의 성령이요, 나의 뜻을 받
아 만백성을 구하는 역사를 하는 나
의 아들은 성령으로 임하여 내 뜻이
무엇이며, 나와 대화하며, 내가 원하
는 것이 무엇인가를 알고 그를 전하
고 그를 역사하는 것이니,
22 그 모두를 너희들이 바로 듣고 바로
볼 수 있는 것은 너희들이 나의 아들
처럼 성령으로 임하는 그와 같은 삶으
로 변하지 아니하면 아니 됨이니,
23 너희들이 변화되는 것은 나에게 오르
는 길이요, 변화되지 못하는 것으로
써, 인간의 생각으로써 모두를 접목하
는 것은 구원의 길이 아니요, 멸망의
길이라는 것을 명심하도록 그리하라,
사랑하는 나의 아들딸들아!

10,052 번째 하나님 말씀

2004년 3월 25일 06시 19분

1 사랑하는 나의 아들아!
2 **"네, 아버님! 말씀하옵소서."**
3 지금의 울고불고 평생을 바쳐 믿음의
길을 가는 그 백성 저희들은 다른 신
을 모시지 아니하며 섬기지 아니하며,
오로지 나 여호와의 뜻이요, 참진리의
길을 가는 백성이라 몸부림치고 가는
그 백성들,
4 지금의 그 믿음의 길을 가는 백성들이
결코 구원을 받지 못하는 길을 가고
있으며, 나와 관계없는 그와 같은 역
사를 하고 있다는 것이 무엇인 줄 알
겠느냐?
5 모든 종교 집단이요, 지도자들이 그
세월 속에 나의 성령이요, 나의 참뜻
을 그대로 이해하고 그대로 깨달아 가
르치지 못하며,
6 사사로운 생각으로써 저희들이 거기
에 접목시켜 성경을 해석하고 가르치
기 때문임이니라.
7 그리고 이를 다듬고 만드는 그 많은
세월 속에서 인간인 너희들이 사사로
운 생각이요, 너희들의 생각을 접목시
켜 마음대로 부분적으로 변질이 되었
으며,
8 부분적으로 너희들이 마음껏 제 뜻에
따라 기록한 그와 같이 변질된 부분이
있기 때문에 너희들이 지금 구원의 길
을 가지 못한다 하였음이니라.
9 너희들 인간이 변질한 부분이 있는가
하면, 또한 가르치는 지도자 또한 그
뜻을 알지 못하여 너희들이 변질된 생
각으로써, 인간의 생각으로써 사사로
운 생각을 접목하여 가르치고 전하기
때문에,
10 구원을 받지 못하고 멸망의 길을 가고
있는 너희들의 오늘의 믿음이라는 것
을 알아야 될 것이니라.
11 이는 내가 말로써 전하는 것이 아니
요, 내가 글로써 기록하여 전함이니,
후세에 세월이 지난 뒤에 그 백성들이
이를 평가할 것이며 그들이 오늘의 그
뜻을 알 것이니라.
12 어찌하여 오늘에 사는 그 백성들만이
너희들의 그 욕심이요, 너희들의 그

관행이요, 습관을 버리지 못하여 모른
단 말이더냐?
13 몇백 년이요, 몇천 년이 흐른 다음에
나의 피조물 만백성들이 곧 너희들의
후손은 오늘의 내가 전한 뜻이 무엇이
며, 너희들이 그때는 어떠한 역사로
어찌 변하는가를 다 그들은 알고 볼
수 있으며,
14 내가 오늘의 성서에 기록한 것, 너희
들의 생각이요, 사사로운 인간의 생각
이요, 변질된 부분이요, 너희들이 변
조된 부분으로써 가르치고, 또한 너희
들이 뜻을 모르기에 잘못 가르치고 있
다는 것을, 너희들의 후손들은 그를
알 것이거늘,
15 오늘에 있는 백성 너희들은 어찌하여
그 높은 지혜요, 판단력을 가지고 이
를 보지 못하며, 너희들의 후손이 깨
닫고 느끼는 것처럼 그를 모른단 말이
더냐?
16 너희들이 나의 성경이요, 나의 아들
예수가 세상에 내려왔을 그때는 사탄
이요 이단이라 그리하고, 오늘에 와
너희들이 울고불고 나의 아들이 참진
리요 나의 아들이라는 그와 같은 형국
이 되어 버렸음이니라.
17 그러니 이와 같은 형국이 또다시 너희
들이 몇천 년 뒤에 역사하는 그와 같
은 전철을 나는 결코 밟지 아니하며,
그를 원하지 아니함이니라.
18 그러니 지금 고집을 피우는 백성들이
요, 저희들의 믿음만이 하늘에 오르는
길이요, 절대 다른 것을 깨달으려 하
지 아니하며 받아들이지 아니하며 보
지 아니하려는 너희들의 그 마음을 조
금만 문을 열고 보면 알 것이니라.
19 너희들이 추운 겨울날 문을 조금만 열
어도 찬바람이 매섭게 몰아치듯이, 너
희들이 조금만 마음을 열면 나의 성령
이요, 참진리가, 너희들이 겨울에 문
틈으로 모여드는 찬바람처럼 너희들
을 그리 깨우쳐 주고 변화시킬 수 있
는 그 역사를 이룰 수 있는 것이거늘,
20 그리고 피부로 느낄 것이며, 너희들이
들어서 느낄 것이며, 보아서 느낄 것
이거늘,
21 어찌하여 그 문을 조금도 열지 아니하
며 밀봉해 놓고, 그 안에서 너희들이
하늘에 오르는 길이요, 나에게 오르는
길이라 하며 너희들이 그 문을 열지
않고 문고리를 잡고 몸부림치는 그와
같은 너희들이 오늘의 믿음의 길을 가
고 있느냐?
22 사랑하는 나의 아들딸들아!
23 마음의 문을 조금만 열으라.
24 그러면 추운 겨울바람이 세차게 몰아
치듯이 너희들의 모두를 변화시킬 것
이며, 너희들이 놀라운 사실을 알게
될 것이니라.
25 그러니 조금만 마음을 열고 나의 법전
을 보라.
26 나의 법전을 읽고 깨우쳐 보라.
27 그러면 모두를 너희들이 알 수 있으며
증거할 수 있는 것을,
28 어찌하여 너희들이 이를 보지 아니하
고 이리도 매몰찬 인간의 삶을 살아간
단 말이더냐?

10,053 번째 하나님 말씀

2004년 3월 25일 06시 25분

1 사랑하는 나의 아들아!
2 "네, 아버님! 말씀하옵소서."
3 너희들이 사는 집 안에 비가 새며 물
이 떨어짐이니라.
4 그 수없이 떨어지는 그 물을 너희들은
지금 그저 떨어지는 대로 걸레를 가지
고 또 천을 가지고 닦으려는 그와 같
은 형국이 오늘의 너희들의 믿음이요,
너희들의 모든 종교 집단이 흘러온 형
국임을 알라.
5 그러니 지금 비가 새는 그 가옥 안에
서 너희들이 그 새는 것을 바로잡지
아니하며 떨어지는 물만을 닦아 내고
있는 그와 같은 자들이요, 그와 같은
형국으로써 가는 것이 너희들의 믿음
의 길이니라.
6 그리고 너희들이 하늘을 향하여 그 비
를 멈춰 달라 기도하며, 멈춰 주기를
바라는 그와 같은 행위를 하고 있는
자들이니라.
7 그러니 오늘에 내리는 비요, 내일에
내리는 비요, 다음에 내리는 그 비로
써 그 집은 새지 않는가?
8 그러니 물이 떨어질 때마다 그저 닦는
그것으로써 너희들이 함이니,
9 오늘의 너희들의 믿음이 너희 자신의
그 마음의 위안이요, 너희들이 응급처
치와 같이 너희 마음을 스스로 달래며
위안을 얻는 그와 같은 믿음으로 가는
형국이 되어 있음이니라.
10 그러니 나의 법전을 내리는 것이 무엇
이더냐?
11 비가 새는 그 가옥을 연구하여 완전히
너희들의 노력과 힘으로써 그를 바로
잡고 고치라 하는 것, 그리고 고치는
방법을 제시해 주는 것이 나의 법전임
을 너희들은 알아야 될 것이니라.
12 오늘에 너희들이 비가 내리니 그 집이
새며, 비가 멈추니 새지 아니한다 하
여 영구히 새지 않는 것이라 그리 생
각하는 어리석은 자들이 바로 너희들
이니라.
13 그러니 너희들이 바로 고치지 아니하
면 아니 되는 것을 알면서도 어렵고
힘들기에 고치지 아니하며,
14 그리고 하늘을 향하여 비가 내리지 말
아 달라 소원하는 것처럼, 너희들이
노력하지 아니하며 모두를 이루어 달
라 기도하고 나에게 울고불고 소원하
는 그것이 바로 그와 같은 형국임을
알겠느냐?
15 그러니 그를 원천적으로 고치지 아니
하면 아니 됨이니, 고치자니 너희들의
그 노력이 필요한 것이며, 너희들이
그 힘듦이 거기 있느니라.
16 그러나 그를 고치는 것만이 완벽한 것
이니라.
17 그리하여 그 완벽한 것을 위하여 내가
나의 법전을 내려보내며 나의 아들을
통하여 내가 모두를 역사하는 것을 너
희들은 알아야 될 것이니라.
18 새는 집에 너희들이 떨어지는 물만 닦
는 그와 같은 오늘의 믿음의 그 형국
에서, 그 집을 고치며 새는 곳을 찾아
너희들이 완벽하게 거듭나는 그와 같
은 역사를 하지 아니하면 아니 됨이니
라.

19 그러니 비가 오면 올 때는 새고 또 새
는 그 집이니, 너희들이 아무리 깨우
치고 변화되었다 해도 너희들이 또 무
너지고 무너지는 그와 같은 믿음을 가
지고는 결코 너희들이 나에게 오를 수
없는 형국이라는 것을 알아야 될 것이
니라.
20 그러니 완벽하게 고칠 수 있는 것, 완
벽하게 수리할 수 있는 것, 그와 같은
나의 법전이요, 나의 새로운 성경이
세상에 내려감이니,
21 너희들이 이를 보고 깨우쳐 모두를 완
벽히 다스리도록 그리하지 아니하면
아니 될 것이니라, 사랑하는 나의 아
들아!
22 너희들이 수없이 내리는 그 비를 내리
지 말아 달라 소원하는 것이 얼마나
어리석은 것이더냐?
23 그 생수가 세상에 내려오며 모든 동식
물이 살아갈 수 있는 그와 같은 이치
마저 막으려 하는 어리석은 자의 행위
니라.
24 그러니 내가 손으로 하늘을 가리려는
그와 같은 어리석은 짓을 하고 있는
것이 오늘의 수천 년 동안 구원을 받
았다 울고불고하는, 맹종 맹신하며 앞
을 보고 달려가는 그와 같은 너희들의
믿음이라 그리하였음이니라.

10,054 번째 하나님 말씀

2004년 3월 25일 06시 31분

1 사랑하는 나의 아들아!
2 "네, 아버님! 말씀하옵소서."
3 너를 찾아와 그 인생을 묻는 자에게
네가 그리 말하였느니라.
4 너는 힘만을 믿고 주인을 태워 앞을
보고 그저 달려가는 말과 같은 인생을
산 자라 그리하였느니라.
5 그러니 자연의 아름다움을 볼 것도 없
이 그저 힘만 자랑하며, 저희 주인을
싣고 그저 있는 힘을 다해 앞만 보고
달려감이니,
6 그는 벼랑 끝 앞에서 제동을 걸지 못
하여 저와 제 주인이 같이 벼랑으로
떨어져 죽는 그와 같은 형국의 삶을
살았다 하였느니라.
7 그러니 지금의 믿음의 길을 가는 그
백성들이 과연 어떠한 줄 아느냐?
8 그와 같은 형국임을 알아야 될 것이니
라.
9 방대한 조직이요, 방대한 그 힘을 믿
고 너희들이 앞으로 달려가는 그것만
이 구원의 길이요, 나에게 오르는 길
이라 하여,
10 너희들이 좌우의 아름다움이요, 내가
만든 자연의 그 귀하고 소중한 것을
보지도 못하고,
11 오로지 구원이요, 구원이요, 그리고
죽기 아니면 살기로 나를 부르며 나의
아들 예수의 이름만을 부르면 구원을
받는다는 그 한 가지의 의미의 가르침
에서 벗어나지 못하고, 그 길을 달리
고 달려 앞만 보고 가는 자들이니,
12 얼마나 너희들이 가련하고 불쌍한 백
성들이더냐?
13 제 힘만을 믿고 그저 앞을 보고 주인
을 싣고 달리는 그 말처럼, 결국은 저
도 죽고 주인도 죽는 그 벼랑에서 저
자신이 제동을 걸지 못하는 그와 같은

불행한 길을 간다 했음이니라.
14 지금의 모든 종교 집단이요, 지도자
요, 구원을 받았다 맹종 맹신하는 백
성, 너희들의 그 집단의 그 화려한 숫
자에 의하여, 그리고 물질적인 그 힘
이요, 그 방대함, 그것이 위대한 것이
라 생각하여 그 길을 위해 맹종 맹신
하며 앞만 보고 달려가는 그와 같은
백성이 앞만 보고 달려가는 그 말과
같다 하였음이니라.
15 너희들이 세상의 모든 종교 집단이요,
화려한 그 교회요, 성전이요, 궁전이
그리도 위대하고 방대한 힘이라 생각
하는가?
16 내가 세상에 하나의 미물의 생명을
태어나게 한 것만도 못한 그 역사함
을 가지고 너희들이 어찌하여 그리도
매달리며 그리도 거기서 벗어나지 못
한단 말이더냐?
17 내가 수억의 그 모든 미생물이요, 그
생명의 자연이 살아갈 수 있는 그 역
사를 이룬 것, 단 한 가지만도 못한 것
이 너희들의 모든 그 역사한 종교 집
단이요, 지도자요, 너희들이 가지고
있는 그 재물이요, 너희들이 가지고
있는 백성들의 머릿수요,
18 그것이 거기에 비유할 수 없는 작은
미미한 것이거늘,
19 너희들이 그것이 위대하고 방대하다
하여 그것이 맞는 길이요, 그것이 참
진리의 길이라 하여 그 숫자요, 그 물
자를 보고 지금 현혹되어 가는 그와
같은 믿음으로 가는 백성, 그것이 너
희들이 잘못된 것이니라.
20 그러니 거기에 발을 들여놓는 자, 너
희들이 앞만 보고 그저 달려가는 말처
럼 그저 울고불고 나의 아들 예수의
보혈로써 구원을 받으며 나를 찾기만
하면 된다 하여 오로지 한 길만 달려
가는 자,
21 저 자신이 제동을 걸지 못하여 제 몸
과 저의 주인이 같이 벼랑으로 떨어
지는 그 형국과 똑같이, 너희들이 지
금 지옥의 길로 떨어지는 삶을 살고
있다는 것을 명심하고 또 명심하여 깨
우치도록 그리하라.

10,055 번째 하나님 말씀

2004년 3월 25일 06시 37분

1 사랑하는 나의 아들아!
2 "네, 아버님! 말씀하옵소서."
3 지금의 종교 집단이요, 지도자, 그리
고 구원을 받았다는 그 백성들이 정녕
얼마나 무지한 자들이며 무식한 백성
들인 줄 알겠느냐?
4 정녕 너희들이 살아가는 모습이 그러
하니라.
5 너희들은 사람의 그 체격에 따라서 그
옷이요, 그 구두요, 그 모두를 맞춰서
편안한 모습으로 다스리는 것이 아니
요,
6 너희들은 작은 옷이요, 작은 구두요,
그를 제공하며, 거기다 몸을 두드려
맞추라 너희들이 그리 역사하고 가르
치는 것이 오늘의 어리석은 너희들의
믿음이라는 것을 알라.
7 작은 물건이 큰 것을 감쌀 수 없으나,
큰 것이 작은 물건을 감쌀 수 있듯이,
그와 같은 순리요, 그와 같은 뜻으로

써 너희들이 나의 뜻을 가르치며 나의
피조물 만백성을 인도하는 것이 아니
요,
8 크든 작든 그저 너희들이 물건을 맞추
듯이 무조건 맞추도록 하는 것이며,
맞춰서 가르치는 것이 너희들이니라.
9 단상에 서서 너희들의 깨달음이 잘못
되었으며 너희들이 한 이야기가 잘못
되었다 해도, 너희들은 거기에 그 신
도들이 따라가 꿰맞추는 그와 같은 것
으로써 가르치고 유도함이니,
10 그리고 또한 맞지 않는 것을 꿰맞추며
그저 물건을 맞추듯이 두드려 맞추는
그와 같은 너희들의 오늘의 그 가르침
속에 '주여, 주여!' 그리고 '아멘, 할렐
루야! 맞습니다, 믿습니다.' 하며 울고
불고 소리 지르는 것이 너희들이니라.
11 그러니 억지로 맞춰서 너희들이 가르
치는 그것이 성령이요 나의 뜻이요 진
리라 하느냐?
12 그러니 너희들이 무너짐이요, 너희들
이 존재하지 못하는 것이요,
13 그저 너희들이 가르치는 것이 그와 같
이 물건을 맞추듯이 모두를 맞추는 형
국으로 가르치는 것이 지금 종교 집단
이요, 지도자들이니, 너희들이 얼마나
무식한 자며 얼마나 미련한 자들이더
냐?
14 그를 보고 따르는 나의 백성들 또한
불쌍하고 가련한 백성이요, 부지한 자
들임을 알라.
15 너희들이 나에게 오르는 길이요, 참진
리의 길이라는 것은 너희들이 인내하
며 노력하며, 나의 뜻이 무엇인가를
깨닫고 연구하여 그 길을 따라오는 것
이 너희들이 진정 하늘에 오르는 길이
거늘,
16 나의 뜻이라 생각하는 것, 나의 아들
예수의 가르침이라 생각하는 것, 그
모두를 다 너희들의 생활이요, 너희
뜻에 그저 두드려 맞추라는 것이니,
17 물건을 맞추듯이, 그리고 진리를 갖다
너희들이 마음대로 맞추듯이 그저 맞
춰 가는 것이 너희들이니,
18 그게 바로 무식한 백성들이요, 무식한
지도자요, 알지 못하는 자요, 나의 백
성들을 지옥으로 이끌어 가는 자들이
니, 사탄의 후예가 된 자들이 하는 짓
이니라.
19 이제 너희들은 모든 것을 기도와 묵상
으로써 꾸준히 나에게 경배하며, 그리
고 너희들이 깨닫지 못해 연구하고 또
노력하는 그와 같은 깨우침을 위하여
최선을 다할 때, 너희들이 거기서 모
두를 얻을 수 있으며 모두를 알 수 있
다는 것을 알라, 사랑하는 나의 아들
딸들아!
20 나의 법전 또한 너희들이 성경을 억지
로 풀고 꿰맞추는 그와 같은 식으로
그리 깨닫고 그리 가르치고 그리 전해
서는 아니 됨을 알라.
21 이제 나의 아들을 따르는 제자들이요,
그리고 나의 법전을 읽고 깨우친 너희
들이 지도자요, 선생으로서 역사할 때,
22 지금의 모든 성경이요, 그를 가지고
너희들이 꿰맞추는, 그리고 억지로 두
드려 맞추는 그와 같은 오늘의 종교
집단이요, 지도자들이요, 그와 같은
믿음으로써 너희들이 나의 법전을 전
하고 또 그리 가르친다 하면,

23 너희들은 지금보다 더 험악한 종말이
요, 마지막 시대가 도래할 것이며, 나
는 너희들의 손을 놓을 것이며, 너희
들은 그 대가를 어찌 치르게 될 것인
가를 알아야 될 것이니라.
24 이제 사랑하는 나의 아들딸 너희들은
순리대로 나의 법전을 읽고 깨우쳐,
나 여호와가 원하는 뜻이 무엇인가를
깨닫도록 연구하며,
25 그를 알기 위하여 기도하고 묵상으로
써 조용히 살아가는 삶을 살면, 내가
거기에 대한 지혜를 줄 것이니라.
26 이제 모든 종교 집단이요, 지도자, 그
무식한 백성들이 무조건 그저 억지로
꿰맞추려는 그와 같은 식으로 너희들
은 나의 성경을 전하고 가르치지 말
도록 그리하라.
27 지도자란 정녕 나의 뜻을 알 수 있으
며, 내 뜻이 무엇인가를 깨닫는 지혜
를 얻는 것이니, 그리하여 나로부터
선택된 백성이 다른 것이며 내가 명한
지도자가 다름이니라.
28 모든 종교 집단이요, 지도자 그들은
내가 명한 나의 지도자요, 나의 목자
가 아니라는 것을 내가 나의 법전에
기록하여 전함이니 그리 알라.
29 꿰맞추며 억지로 풀어서 거기에 맞추
고 설명하고 가르치는 것은 진정한
지도자의 길이 아니며 나의 목자가 가
는 길이 아니니라.
30 진리는 그렇게 너희들이 억지로 풀 필
요도 없으며, 억지로 꿰맞출 필요도
없으며, 물건을 갖다 두드려 맞추도록
그저 두드려 밀어 넣고 맞추는 것이
아니니,
31 그것이 과연 제 기능을 발휘할 수 있
으며 존재할 수 있겠느냐?
32 모두는 깨지고 부서지는 것이니 그리
알라, 사랑하는 나의 아들딸들아!

10,056 번째 하나님 말씀

2004년 3월 25일 06시 44분

1 사랑하는 나의 아들아!
2 "네, 아버님! 말씀하옵소서."
3 지금도 잠시 쉬지 아니하며 멈추지 아
니하고 밤과 낮을 가리지 아니하고,
무지한 지도자요, 무식한 그 지도자들
이요, 거짓된 행위를 하는 자들이 우
리 부자의 이름을 팔며,
4 성경을 사사로이 풀어 제 뜻에 맞추
며, 제가 그를 악용하여 나의 피조물
만백성들로부터 끊임없이 재물을 갈
취하며,
5 그들을 지옥으로 이끌어 가는 그와 같
은 역사가 지금 이루어지고 있음이니
라.
6 쉬지 않고 흘러가는 그 악의 존재가
붓고 또 부음이니, 나의 피조물 만백
성들이 무너지고 무너지는 것은 당연
한 것이며,
7 그 틈에서 숨을 쉴 수 없는 그와 같은
오늘의 고통과 시련을 겪고 가는 것이
나의 피조물 만백성 너희들이니라.
8 그들이 지금 악용하는 것, 그리고 우
리 부자의 이름을 악용하여 재물을 거
두고 채우는 것, 그리고 사탄의 노예
가 되는 그 무지하고 무식한 그 지도
자들의 그 거짓된 선전에, 그리고 그
가르침에 너희들이 속아서는 아니 될

것이니라.
9 그들이 무엇이 다른 줄 알겠느냐?
10 참진리를 알지 못하며 나의 뜻을 알지
못하기 때문에, 저희들은 한 획도 고
치지 말며 더하지도 빼지도 말라 그리
말하면서, 나의 성경을 사사로이 풀어
저희들이 꿰맞춰 악용하고 있는 것을
너희들은 알 수 있을 것이니라.
11 이제는 너희들이 이를 알 수 없거든
나의 법전을 읽어 보도록 그리하라.
12 나의 법전을 읽고 너희들이 깨우쳐 이
성서를 바라보면, 그 종교 집단이요,
지도자들이 저희 뜻대로 사사로이 모
두를 다 풀어 꿰맞추는 그와 같은 형
국으로,
13 나의 피조물 만백성을 하늘로 이끌어
간다면서 지옥의 벼랑으로 밀어 넣는
행위를 하고 있다는 것을 알게 될 것
이니,
14 나의 법전을 읽는 자만이 너희들이 그
기초의 믿음이요, 너희들이 깨닫지 못
하는 것을 알게 될 것이며, 성서의 비
유의 뜻을 알게 된다는 것을 너희들은
만백성에게 전하도록 그리해야 될 것
이며,
15 너희들이 또한 나의 법전을 정독하면
성서를 바라보는 그와 같은 지혜를 얻
음이 너희에게 소중함을 알라, 사랑하
는 나의 아들딸들아!
16 내가 너희들에게 무어라 말하였느냐?
17 참진리요, 나 여호와의 뜻은 너희들이
변하는 것이며, 꾸준히 노력하는 것이
라 하였음이니라.
18 너희들이 초등 학문을 가지고 그것이
인생의 전부라 생각하면 되겠는가?
19 너희들이 성장하면 성장하는 사람에
따라서 그 교육이요, 그 방법이 다르
니라.
20 너희들이 알지 못하는 자, 듣지 못하
는 자, 그 어린아이에게 무엇을 가르
치고 그를 깨우쳐 주겠는가?
21 그들이 알 수 있는 만큼, 들을 수 있는
만큼 그를 다스리고 깨우쳐 감이니,
22 너희들은 나의 구약이요, 신약이요,
그 모두는 기초적인 나의 뜻을 알 수
있는 가르침이요, 깨우치는 진리가 거
기 있음이니,
23 그걸 가지고 너희들이 영원히 하늘에
오르는 길이요, 그것 외에는 너희들이
변화되는 길이 없다 하여,
24 너희들이 새로 내리는 나의 성령이요,
새로운 뜻이요, 내가 역사하는 것을
듣지도 보지도 아니하는 그와 같은
형국으로 지금 되어 버렸음이니,
25 너희들이 이제 이와 같은 것을 깨우치
는 자, 헤어날 수 있는 것은 나의 법전
을 읽고 깨우쳐야만,
26 그 기초적인 학문이 무엇이며, 기초적
인 믿음의 길이 무엇이며, 너희들이
지금 어디에 와 있으며, 너희들이 어
떠한 믿음이요, 어떠한 믿음의 길을
가야 하는지,
27 무엇을 배우며 무엇을 읽고 깨우쳐야
너희들이 나에게 오르는 자세인지,
28 그리고 지금의 너희들이 해야 될 것이
무엇인지를 알게 될 것이니라, 사랑하
는 나의 아들딸들아!
29 너희들이 지금 변화되는 것은 수없이
변화되며, 사람에 따라서 기초의 믿음
을 벗어난 그 능력에 따라서 너희들은

다음의 그 믿음의 길을 가는 것이 각
자가 다르거늘,
30 그들을 한 줄로 묶어 놓고 한 우리에
집어넣고 벗어나지 못하며, 앞으로 나
가지도 못하며, 각자의 그 깨달음에
따라서 노력하고 너희들이 하늘에 오
르는 그 진리를 얻지 못하도록 그저
너희들이 쇠사슬로 묶어 놓고,
31 너희들이 그저 기초 지식만 계속 배우
며 다른 걸 보지 말라, 듣지 말라, 그
것은 너희들이 지옥이요, 영원한 멸망
의 길이라 그리 종교 집단의 지도자들
이 가르침이니,
32 그게 바로 그들이 무식한 자들이요,
무지한 지도자들이 지금 나의 피조물
만백성을 인간으로서 생각하지 아니
하며,
33 창조주 나의 아들딸로서 가장 귀하고
소중한 너희들의 생명이라는 것을 생
각지도 아니하는 그 어리석은 자들이
지금 하고 있는 만행이라는 것을 알
라, 사랑하는 나의 아들딸들아!

10,057 번째 하나님 말씀

2004년 3월 26일 06시 11분

1 사랑하는 나의 아들아!
2 "네, 아버님! 말씀하옵소서."
3 너를 따르는 제자들이요, 그리고 나의
법전을 읽고 깨우친 사랑하는 나의 아
들딸 너희들은 들으라.
4 너희들이 오늘의 가는 길이요, 육의
세상의 삶이 어렵고 힘들다 하여 두려
워하지 말며 주저하지 말라.
5 모든 인간 세상에 살아가면서 자기 자
신의 과거를 뒤돌아보며 자기 자신의
과거를 거울로 비춰 볼 수 있는 지혜
를 얻는 것, 그보다 더 귀하고 소중한
것이 어디 있더냐?
6 모든 백성들이 앞을 보고 달려가면서
그 과거를 비춰 보지 못하며, 과거의
거울을 보지 못하는 그와 같은 삶을
살기에,
7 나이가 많은 자, 또 세월이 흘러 나이
를 먹는 자, 너희들이 늙어 죽어 나에
게 오는 것을 모르고 지금 그저 앞만
보고 살아가는 것이 모든 백성들이 아
니더냐?
8 그러나 나의 아들을 따르는 제자들이
요, 나로부터 선택된 사랑하는 나의
아들딸 너희들은 오늘의 법전을 읽고
나의 아들을 통하여 강론을 들으며,
과거의 너희들이 살아온 삶을 비춰
보는 그 거울을 가지고 있지 않더냐?
9 나의 법전을 읽고 깨우치며 강론을 듣
고 깨우치며 너희들이 네 과거를 들여
다볼 수 있으며 그 과거를 들여다보니,
10 너희들이 잘못 산 것을 깨달을 수 있
으며 잘못 산 것을 후회하며,
11 그리하여 너희들이 과거를 들여다보
는 아름다운 빛이 찬란한 그 거울을
가지고 있어서 스스로 너희들이 그를
비춰 보며 너희들의 그 모습을 다스
리며,
12 네가 오늘의 삶을 아름다운 마음으로
살아가겠다며 그 거울에 비춰 봐 고
쳐 가는 그와 같은 삶을 사는 것, 그것
보다 더 위대하고 귀한 것이 없으니,
13 너희들이 거울로 비춰 봐 그 과거의
거울 속에 보이는 네 모습에서 하나

하나의 그 죄목을 떼어 버리며, 너희
들이 바르게 살고자 노력할 수 있는
네 마음의 거울을 가지고 있으며,
14 마음의 거울에 비춰 보는 그와 같은
너희들이 오늘의 삶을 산다면, 그것으
로써 너희들은 더 이상 바라고 원하지
말라.
15 그것 외에 너희가 역사하는 모든 것,
재물이요, 부귀와 영화는 다 물거품과
같은 것이며 아무것도 아닌 것을,
16 내가 너희들에게 그와 같은 것을 스스
로 너희들이 과거의 거울에 비춰 봐,
바르게 살고자 그 비춰 본 모습에서
악습을 하나하나 버리고 오늘의 너희
들이 허물을 벗고 아름답게 살아가는
삶을 산다 하면,
17 내가 너희들에게 무엇을 내리지 아니
하며, 내가 너희들에게 무슨 고통을
준단 말이던가?
18 죄지은 자에게 고통을 주지 않는 것도
공의의 하나님이 아니요, 너희들이 상
을 받을 수 있는 자에게 상을 주지 아
니하는 것도 공의의 하나님이 아니요,
벌을 받을 자에게 상을 주는 것도 공
의의 하나님이 아니니,
19 나는 너희들이 깨닫지 못하고 죄를 짓
는 만큼 벌을 내리며, 너희들이 깨달
은 만큼 내가 상을 내림이니,
20 결국 상을 받을 수 있는 것은, 마음의
거울을 가지고 그 거울에 비춰 봐 너
희 삶을 하나하나 다스려 가며 변하는
삶을 살 수 있는 선택된 나의 아들을
따르는 제자들이요, 그리고 나의 법전
을 읽고 깨우친 만백성, 너희들만이
상을 받을 수 있는 자들이 아니더냐?
21 그러니 내가 너희들에게 무어라 말하
였느냐?
22 너희들이 나이를 많이 먹었든, 나이를
적게 먹었든 오늘의 너희들이 이 현실
에서 너희 자신의 과거의 삶을 거울에
비춰 봐,
23 그 거울에 비친 네 모습이 너무 부끄
럽고 추해서 너희들이 오늘의 삶을 바
로잡으며, 그를 후회하여 그 죄를 용
서받고자 아름다운 삶을 살기 위하여
노력하는 그와 같은 백성으로 변해진
다면,
24 너희들은 세상에 더 이상 얻을 것이
없으며 바랄 것이 없느니라.
25 그러니 너희들이 가장 위대한 백성이
요, 소중한 백성이요, 가장 큰 축복이
요, 영광된 선물을 받은 것이 너희들
이요, 상을 받은 것이 너희들이니,
26 너희들이 육의 세상의 삶에 두려워하
지 말며 겁먹지 말라.
27 그 모두는 다 나 여호와의 주관하에
이루는 것이기에 내가 너희들에게 내
리지 아니할 것이 무엇이 있겠는가?
28 너희들이 너희 자신을 거울에 비춰 보
는 모습을 보고 네가 추하고 잘못 살
아온 과거를 회개하고 반성하며, 오늘
의 바른 삶을 살며 한 점의 부끄러움
이 없는 그와 같은 삶을 살며,
29 너희들이 나의 법전을 접하고 강론을
들으며 그 삶을 너희들이 거울에 비춰
봐 부끄럼이 없는 그와 같은 삶을 산
다면,
30 너희들에게는 못 이룰 것이 없으며 내
가 내리지 아니할 상이 없는 것이거
늘, 너희들은 그 모두를 알고 모두를

가지고 있는 백성들이니라.
31 너희들이 나에게 오르는 길도 알고 있
으며 지옥으로 가는 길도 알고 선택하
는 것이니, 그 선택할 수 있는 것은 너
희들이 나에게 오르는 길을 선택할 것
이 아니더냐?
32 그러니 오늘의 모습은 너희들이 미비
하나, 너희들은 스스로 내가 원하는
백성으로 거듭날 수 있는 그와 같은
백성들이니,
33 너희들은 결코 버려짐이 없으며, 너희
들은 앞으로 고통이 없을 것이며, 너
희들은 이 세상에 패배자가 될 수 없
으며 낙오자가 될 수 없다는 것을 알
라, 사랑하는 나의 아들딸들아!
34 이를 믿고 흔들리는 마음 자세를 거둬
들일 것이며, 네 과거의 거울에 비춰
봐, 그 찬란한 거울에 비치는 네 마음
의 거울에서 한 점의 부끄럼이 없는
오늘의 삶을 살도록 너희들이 그리 살
아가라.
35 그리하면 모두를 다 너희들은 역사할
수 있음을 알라.

10,058 번째 하나님 말씀

2004년 3월 26일 06시 18분

1 사랑하는 나의 아들아!
2 "네, 아버님! 말씀하옵소서."
3 나의 피조물 만백성 너희들이 가장 현
명하며 지혜로운 것 같으나, 가장 어
리석고 불쌍한 백성들이니라.
4 더욱이 지금의 믿음의 길을 가는 그
백성들이요, 눈을 막고 귀를 막은 백
성들보다도 더 어리석고 불쌍한 백성
들이 없음이니라.
5 너희들이 그 지혜로운 백성이요, 그리
고 너희들이 생각할 수 있는 백성이
요, 모두를 판단할 수 있는 그 백성 너
희들에게 준 그 지혜를 어찌하여 너희
들은 나의 뜻에 의하여 사용하는 것이
아니요, 나를 거부하는 쪽에만 사용하
는 어리석은 삶을 살고 있는가?
6 너희들이 아름다운 것이요, 참진리의
뜻을 전하는 것은 너희들이 그 지혜로
운 것으로써 받아들이고 너희 것으로
만들어야 되나,
7 너희들이 꼭 너희 것으로 만들고 깨우
쳐야 될 것은 사탄이요 이단이라 버리
며,
8 너희들이 듣고 배워서는 아니 되며 너
희 것으로써 만들면 아니 될 것은 너
희 것으로 만들며, 그를 행하는 데는
너희들이 남보다도 더 앞에 서며 모든
지혜를 동원하여 그리 살아감이니,
9 내가 사랑하는 나의 아들딸 너희들에
게 높이 준 그 지혜를 가지고 너희들
은 나를 따르는 것이 아니요, 나를 거
역하는 그와 같은 삶을 사는 것이니라.
10 그러니 너희들이 그 성서의 비유요,
성서의 뜻을 알 수 없으며, 그는 모두
가 비밀로 기록되었으며, 아무나 그를
열 수 없다는 것을 너희들이 잘 알며,
그리고 비사의 뜻으로써 모두가 이루
어졌다는 것을 너희들은 잘 알고 있느
니라.
11 그러면서 너희들이 그 열 수 있는 것,
그걸 풀어 가르치는 것, 그와 같은 너
희들에게 은혜를 내리는 것은, 너희들
이 그 말을 알며 그 뜻을 알면서도 그

시대를 열어 주면 듣지 아니하며 보
지 아니하며 따르려 하지 아니하니,
12 너희들이 그 지혜가 잘못되었으며, 그
지혜로 하여금 너희들이 멸망의 길을
가고 있는 나의 백성들이 되어 버렸으
니, 이를 어찌 바로 다스린단 말이더
냐?
13 너희들이 구전으로써 전하고 전하는
그와 같은 뜻이 현실로 역사하며, 그
것은 나 여호와의 뜻으로써 이루어지
기에 그 모든 답이 언약을 위하여 그
시대가 열어지는 것을,
14 너희들은 그 지혜로써 잘못 판단하고
잘못 생각하여 그를 따르고 행하지 아
니하는 그와 같은 삶을 살고 있지 않
더냐?
15 나의 성령은 때가 되었을 때 그 모든
비사요, 비유의 뜻으로 기록된 것을
알게 될 것이며, 내가 필요하여 그를
열어 준다 하였음이니라.
16 내가 모두를 봉해 둔 것은 내가 열 때
가 되어야만 열기 때문에 그를 봉해
두었으며,
17 보지 말아야 할 사람이 보는 것을 막
기 위한 것이요, 열 자격이 없는 자가
여는 것을 열지 못하도록 하여 그 모
두를 봉인하고 인봉해 둔 것이 아니더
냐?
18 그러니 나의 뜻이 때가 되면 그 비사
요, 비유로써 기록된 모두를 열 수 있
는 그 시대가 온다는 걸 알고 있으며
열 때가 온다는 것은 너희들은 잘 알
고 있느니라.
19 그러니 그가 때가 되지 아니하면 열
수 없는 나의 뜻이라는 것도 너희들이
잘 알고 있으며,
20 때가 되어야만 모두가 열리며, 내가
그를 열어 너희들에게 깨우쳐 주고 너
희들이 이를 볼 수 있도록 한다는 것
을 너희들은 잘 알고 있느니라.
21 그러니 너희들이 그를 알면서도 어찌
하여 그와 같은 역사가 이루어지는 것
은 받아들이지 아니하며, 그 결정적이
고 귀하고 소중한 것은 너희들이 그저
사탄이요, 이단이라 하여 태워 버린단
말이더냐?
22 나 여호와는 인봉한 것을 몇천 년을
기다렸음이니라.
23 그리고 너희들 말대로 그 기다린 것을
이제 열 때가 되어서 열려 함이니,
24 너희들이 어찌하여 이를 거부하며 이
를 사탄이요, 마지막 시대에 온 거짓
선지자가 하는 짓이라 그리 말하느냐?
25 그리하여 나는 구약과 신약의 그 시대
에도 내가 지금 비밀을 여는 것이 오
늘에 열기 때문에, 내가 너희들과 같
이하지 아니하였으며, 내가 직접 통제
하고 다스리지 아니한 것을 너희들은
잘 알 것이니라.
26 그리하여 지금 내가 직접 통제하고 다
스리는 그 시대가 되어 내가 너희들에
게 우선 성서에 있는 그 인봉된 비밀
을 다 열어 너희들을 깨우치며, 너희
들이 그 뜻을 알 수 있도록 가르치고
자 하는 것이거늘,
27 너희들이 이를 받아들이지 아니하며,
이를 사탄이요 사악한 자의 것이라 그
리 말하고 가르침이니, 이를 어찌한단
말이더냐?
28 나 여호와가 나의 뜻을 이제 실상을

그대로 모든 날개를 펴 너희들에게 보
여 주고자 하며, 모두를 헤쳐 너희들
이 읽어 볼 수 있도록 하기 위하여 쉽
고 간단한 방법으로써 나의 법전을 세
상에 내려보낸다 하지 아니하였더냐?
29 또한 나의 법전을 너희들이 정독했을
때 그 성서의 실상을 알 수 있으며, 과
거에 너희들이 어떠한 것이 어찌 살아
왔는가, 그리고 내가 무엇을 너희들에
게 밀봉해 두었는가 그 모두를 알 수
있다 했거늘,
30 너희들이 그 곱게 그리고 아름다운 쪽
으로 쓸 수 있는 그 지혜요, 그러면 너
희들이 한이 없고 끝이 없이 내 뜻을
알 수 있으며 내가 역사할 수 있는 것
을 알 수 있는 그것마저도,
31 너희들이 얄팍한 인간의 작은 지혜를
가지고 너희들 상식으로 생각하여 지
금 나를 거역하는 자요, 나를 공격하
는 그와 같은 쪽에 모든 지혜를 동원
하여 쓰고 있는 것이 오늘의 종교 집
단이요, 나에게 오르는 백성 너희들이
하고 있는 짓이니라.
32 그러니 2천 년 전에 아기 예수가 태어
날 때 그 모든 믿음의 길을 가는 백성
들이 축하할 자가 하나도 없었듯이,
33 너희들이 그리하여 나의 아들을 핍박
하여 죽게 했던 그와 같은 똑같은 방
법으로 오늘의 나의 아들의 가슴에 너
희들이 독화살을 쏘고자 하며,
34 그를 통하여 역사하는 나의 성령이요,
내가 직접 관여하는 나의 법전이요,
새로운 성경도 그와 같이 찢어 버리고
태워 버리는 행위를 하고 있는 것이
너희들이니,
35 또다시 너희들에게 그와 같은 기회를
주지 아니할 것이며, 나 여호와는 절
대 용서하지 아니할 것이니 그리 알라.

10,059 번째 하나님 말씀

2004년 3월 26일 06시 23분

1 사랑하는 나의 아들아!
2 "네, 아버님! 말씀하옵소서."
3 나의 법전은 그 속에 기록되지 아니한
것이 세상에 하나도 없으며, 너희들이
살아가는 것, 너희들이 깨우치는 것,
그 모두가 나의 성서요, 나의 법전 속
에 기록되지 아니한 것이 없음을 너희
들은 알라.
4 지금 내가 나의 아들을 통하여 내리는
160권의 그 법전 속에 너희들이 죽고
사는 것, 그리고 너희들이 어찌 역사
해야 하는지, 너희들이 어찌 살아야
되는지, 그 모두가 기록되지 아니한
것이 하나도 없음을 너희들은 알라.
5 그러하기에 그것이 나의 성령이요, 나
의 뜻이라는 것을 너희들은 알아야 될
것이니라.
6 그리고 나의 법전 속에 기록된 그 모
두는 거기에 하나를 내가 제시할 때,
그는 또한 반드시 그 반대급부요, 그
상대적인 것이 있다는 것을 너희들은
알아야 될 것이니라.
7 내가 나의 법전에 무엇을 기록하여 깨
우치고자 하니, 너희들이 선하면 악함
이 있고, 너희들이 악함이 있으면 선
함이 있듯이,
8 너희들은 반드시 상대적인 것이 있어
그 내용이 같이 가고 있음을 알아야

될 것이니라.
9 그러기에 이것이 나 여호와의 뜻이요,
새로운 성경이라는 것을 너희들은 알
라.
10 하나만 있고 하나만 가르치는 것이 아
니요, 하나가 있으면 같이 둘을 가르
치는 것이며, 둘이 같이 가고 있는 것
을, 그 뜻이 거기에 다 기록되어 있다
는 것을 너희들은 알아야 될 것이니라.
11 그러니 너희가 나의 법전을 정독하면
그 속의 뜻을 알게 될 것이며, 그리고
그걸 알지 못하는 백성은 어떠한 형태
든 그 진리를 알 수 없음을 알라.
12 그러니 나의 법전을 정독한다면 그 속
에 있는 뜻을 너희들이 알고 있으며,
그 진리의 가르침이요, 내가 무엇을
원하는 것인가를 그 이외의 것까지도
너희들이 다 알 수 있는 것이니라.
13 그리하여 내가 너희들에게 무어라 말
하였느냐?
14 그렇지 않은 자는 너희들이 나에게 오
를 수 없으며 너희들이 하늘에 오르는
길을 볼 수 없다 하였음이니라.
15 그러니 너희들이 성령으로 임한 백성
이요, 그를 가슴에 안고 정독하여 나
여호와의 뜻을 알고자 하는 애절한 마
음으로써 이 법전을 읽지 아니한다면,
16 너희들은 세상 속에 살아가는 일부의
도덕적인 이야기로밖에 와 닿지 아니
하며 그를 알 수 없는 것이니라.
17 그러나 너희들이 법전을 읽으며 너희
들이 나 여호와의 마음을 알고자 하는
애절한 마음으로써 정독할 때, 너희들
은 두려움과 무서움을 알 것이며, 떨
려오는 너희들의 그 마음을 진정할 수
없을 만큼 파장이 일 것이니라.
18 그것이 진심으로 정독하는 자는 나 여
호와의 뜻과 내 마음을 알고자 하는
그와 같은 마음으로 나의 법전을 읽는
자요,
19 그렇지 아니한 자는 그 속의 그 뜻을
알 수 없음이니, 그저 흘러가는 소설
책이요, 인간 세상에 도덕책에 기록하
는 것으로밖에 와 닿지 아니함이니,
20 이것이 너희들이 선택된 백성이요, 마
음 자세를 알 수 있음이니라.
21 이를 보고 두려워 놓지 못하는 자는
너희들이 나에게 올 수 있는 백성이
요, 그렇지 아니한 자는 결코 나에게
올 수 없는 백성이니, 이것이 벌써 구
분됨을 알라.
22 그러니 만 명 중에 하나가 올까 말까
하는 것이 나의 법전이라 하였음이니,
얼마나 너희들이 이를 깨닫고 마음을
비운 백성이 없단 말이더냐?
23 만 명의 하나라는 것도 내가 너희들을
사랑하기 때문이요,
24 너희들이 좌절하지 아니하며 실망하
지 아니하도록, 너희들에게 10년, 20
년이 지났을 때, 그와 같은 역사가 이
루어지는 것을 내가 미리 너희들에게
답을 줌이니, 그리 알라, 사랑하는 나
의 아들딸들아!

10,060 번째 하나님 말씀

2004년 3월 26일 06시 31분

1 사랑하는 나의 아들아!
2 "네, 아버님! 말씀하옵소서."
3 성경의 인봉된 것은 마지막 때가 되어

개봉되게 되어 있으며, 그리하여 그때
가 되지 아니하면 개봉될 수 없는 성
서이기 때문에,
4 나의 성경이요 그 모두를 기록한 백성
들도, 기록하여 책으로 만든 그 백성
도 그 뜻을 알 수 없도록 되어 있는 것
이 하늘의 인봉된 비밀이요, 법도임을
너희들은 알라.
5 나의 성경을 기록하고 전한 그 백성들
도 나 여호와가 인봉한 부분은 알 수
없으며 그 뜻을 알 수 없는 것이 하늘
의 비밀이요, 하늘의 뜻이니라.
6 그러니 그를 알 수 있는 자는 성령으
로써 모두가 인도된 것, 그리고 준비
된 백성이요, 때가 되지 아니하면 그
를 알 수가 없음이니라.
7 그러니 지금 종교 지도자가 연구하고
깨우쳤다 하여 알 수 있겠는가?
8 너희들이 그를 알 수 없는 것이며, 절
대 알 수도 없으며, 알아서도 아니 되
는 것이 인봉된 것이니라.
9 때가 되면 모두를 열며, 때가 되면 그
모두를 보여 주는 것이 하늘의 뜻이니
라.
10 나 여호와가 개봉하지 아니하며 때가
되지 아니하면 아무도 알 수 없는 것
이니,
11 너희들이 지금 나의 성경을 완벽하게
알고 있으며 내 뜻을 다 알고 있으며,
이것이 하늘에 오르는 길이라 하여 울
고불고하는 것이 바로 무엇이더냐?
12 그리하여 너희들은 성령으로 임하지
않는 백성들이며 그를 알 수 없기 때
문에 너희들이 그와 같이 장담하며 모
두를 다 아는 것처럼 그리 말하느니라.
13 너희들이 깨우침에 한 발짝이라도 앞
에 나간 백성이라면, 감히 인봉된 뜻
이요, 그 뜻이 무엇인가를 두렵고 무
서워, 너희들이 안다, 모른다, 하늘에
오르는 길이요, 안내자라, 그리고 구
원을 받았다 그와 같이 말을 할 수 없
음이니라.
14 모든 백성 너희들이 볼 수 없기 때문
이요, 볼 수 있다 말하는 백성들이 얼
마나 어리석고 불쌍한 백성들인 줄 알
겠느냐?
15 나는 그를 인봉하며, 때가 되면 그를
열어 준다 하였음이니라.
16 그리고 만들고 기록한 사람들도 그 뜻
을 모르고 그가 만들고 기록하였다 하
지 않느냐?
17 그러니 성령으로 임하여 깨우치지 아
니하며, 귀가 열리고 눈이 뜨이지 아
니한 백성들이 지금 무엇을 가르쳤다
말하며, 무엇으로써 나의 성경을 바로
가르쳤으며 바로 인도했다 그리 말할
수 있단 말이더냐?
18 나는 너희들에게 이제는 전함이니라.
19 제3의 시대가 되어 내가 그 모두를 인
봉한 것을 옮이니, 나의 아들을 통하
여 160권의 법전이 그게 열쇠이니라.
20 하나의 열쇠가 아니라 160권의 열쇠
가 세상에 퍼져, 너희들에게 열 수 있
는 기회를 주고자 하는 것이 나의 뜻
임을 너희들은 알아야 될 것이니라.
21 이제 성경의 인봉된 부분을 알았다는
자, 그리고 성경을 완전히 완벽하게
가르친다는 자, 그리고 하늘의 뜻을
안다는 자, 그리고 나의 법전의 뜻을
안다고 하는 자, 나의 법전을 평가하

는 자,

22 그리하여 지금 모두를 자신 있게 말하며 모두를 다 안다는 자요, 저희는 선택된 목자라 하는 자,

23 그리하여 내가 가르치는 것, 내가 원하는 것을, 성경의 모든 비밀을 다 알고 있으며 그 뜻을 안다 하여 가르치는 자가 얼마나 어리석고 불쌍한 백성들인 줄 알겠느냐?

24 너희들이 끝이 보이지 않는 백사장에 가서 그 모래알을 세겠다고 대드는 백성보다도 더 어리석고 불쌍한 백성들이요,

25 바닷물을 작은 그릇 하나를 들고 다 퍼내 말려 그 고기를 잡겠다고 대드는 백성보다도 더 어리석고 미련한 백성이요, 가련하고 불쌍하기가 끝이 없는 백성이라는 것을 너희들은 알라.

26 지금 종교 집단이요, 지도자들이 나의 성경을 완전히 알았으며 하늘에 오르는 길을 완전히 알았다 말하는 것이 바로 저희들이 구원을 받았다며 하늘에 오를 수 있다 말하는 것이 아니더냐?

27 창조주 나 여호와는 때가 되면 열며, 때가 되어 열 수 있는 사람이 왔을 때 열게 함이니,

28 이것이 새로운 보혜사요, 새로운 은혜요, 새로운 축복이 세상에 내려가는 것이요,

29 구약과 신약의 그 모두를 대변하는 것이며 그를 가지고 가르쳐 주는 것이니라.

30 나의 아들 예수가 그리 말하지 아니하였더냐?

31 때가 되면 내 아버지께서 너희들이 쉽게 알아들을 수 있도록 가르친다 그리 가르쳤으며, 때가 되면 새로운 보혜사가 와 예수가 전하고자 하는 그 뜻을 가지고 만백성을 구하는 그 역사가 온다 하였음이니,

32 이는 감춰진 부분이요, 덮어진 부분을 열게 됨이니, 그게 새로운 보혜사요, 새로운 은혜요, 그 모두가 역사하는 시대가 옴이니,

33 '내 아버지가 너희들에게 비유요, 비사로써 말하지 아니하며 진실된 것만을 가르친다.' 말했으니,

34 나의 법전이 곧 나라 하지 아니하였더냐?

35 그러니 나의 법전이 진실만을 이야기하며, 사실만을 이야기하며, 너희들이 깨닫고 살아가는 방법을 직접 내가 명하여 가르쳐 줌이니, 너희들의 마음의 거울이 된다는 것이니라.

36 그리하여 새로운 성경이요, 나의 법전이요, 나의 뜻임을 알라.

37 이제 너희들은 법전에 기록함을 전하라.

38 구원을 받았다 말하는 자들이 백사장에 모래를 세겠다고 대드는 자보다도 더 어리석고 가련하고 불쌍한 백성이요,

39 바닷물을 제가 살아 있는 동안에 그저 쪽박으로 모두를 다 퍼내어 그 속에 있는 것을 다 제 것으로 만들겠다고 대드는 어리석고 가련하고 불쌍한 백성보다도 더 잘못된 자이니,

40 오늘의 종교 집단이요, 지도자요, 감히 구원을 받았다 울고불고 말하는 그

백성들의 그 뜻을 그들에게 전하여 깨
우쳐 줘 어리석음에서 헤어나도록 하
며,
41 그들이 나의 법전을 읽고 깨우치도록
그리하라, 사랑하는 나의 아들딸들아!

10,061 번째 하나님 말씀

2004년 3월 26일 06시 37분

1 사랑하는 나의 아들아!
2 "네, 아버님! 말씀하옵소서."
3 '작은 거짓말이요, 작은 농담의 거짓
말도 하지 말라.' 함이 무엇인 줄 알겠
느냐?
4 너희들이 쓰러지고 또 쓰러지는 그와
같은 결과가 되기 때문이니라.
5 그리하여 너희들이 듣고 또 웃으면서
하는 그 마음속에서 너희들이 무너지
고 쓰러지는 그와 같은 결과를 보기
때문이니라.
6 너희들이 그 바람이요, 풍화 작용에
의하여 쇠가 조금씩 조금씩 부식되듯
이,
7 너희들이 그와 같은 행동을 함으로 인
하여 너희들도 모르게 쓰러지는 그와
같은 형국이 되며, 너희들의 깨우침에
발목을 잡는 그와 같은 역사가 되기
때문이니라.
8 가랑비요, 서서히 내리는 그 비에 너
희들의 옷이 젖는 것처럼, 너희들도
모르는 사이에 그와 같이 되기 때문이
니라.
9 물을 담은 그릇이 삐딱하게 넘어지면
새지 않더냐?
10 그리고 흘러넘치며 그 물은 쏟아지게
되어 있느니라.
11 그와 같은 형국으로써 너희들이 좋지
않은 이야기, 아름답지 않은 것, 그리
고 깨끗하지 아니한 것을 너희들이 웃
으면서 듣든, 농담으로 듣든 듣는 것
은 너희들이 들음이니,
12 그것이 바로 서고자 바로 가고자 몸부
림치는 너희들을 다스려 주고 너희들
을 일깨워 주는 것이 아니라,
13 그저 너희들이 쓰러지면 물이 새는 것
처럼, 그리고 물이 넘치는 것처럼, 그
리고 쇠가 부식되는 것처럼, 보이지
않게 너희들이 부식되는 그와 같은 삶
속에 빠져들어 가기에,
14 내가 그를 하지 말라, 다스리라 하는
것이 나 여호와의 뜻임을 알겠느냐?
15 난들 너희들이 웃고 즐기며, 남들처럼
그저 '허허!' 웃으며 살아가는 것을 탓
하고 싶겠는가?
16 그러나 보이지 않는 그 풍화 작용에
의해 쇠가 부식되듯이, 너희들이 점점
부식되며 악으로 젖어 들어가기 때문
에, 그를 너희들에게 닫으라 함이니,
나 여호와의 아픈 마음을 알겠느냐?
17 너희들이 어느 경지에 오르며 너희들
이 그 깨달음을 얻으며 세상의 이치를
알며 내 뜻을 알았을 때,
18 그때쯤 가면 너희들이 내 뜻을 행하는
그 즐거움이 있으며 행복함이 있을 것
이니라.
19 그리하여 그 모두를 내가 다스리라 하
는 것을, 내 뜻을 너희들은 알아야 될
것이니라, 사랑하는 나의 아들딸들아!
20 그릇에 물이 담겨 있음이니, 너희들의
작은 실수로 그게 넘어진다면 과연 그

물은 어찌하더냐?
21 가차 없이 새게 되어 있음이니라.
22 그리고 흘러넘치게 되어 있지 않더냐?
23 실수로 너희들이 무엇을 놓쳤을 때,
작은 실수로 하여금 그 모두가 깨지는
그와 같은 결과가 되지 않더냐?
24 '아차!' 하는 그 순간에 모두를 잃게
되는 것이기에, 내가 그래서 작은 거
짓말이요, 작은 농담이요, 작은 죄도
짓지 말라 함이니라, 사랑하는 나의
아들딸들아!
25 순간에 너희들이 그 모두를 놓칠 것이
니라.
26 너희들이 배를 타고 강에 감이니, 한
발을 살짝 잘못 디딤으로 너희들의
그 생명을 잃는 길이 아니더냐?
27 천길 낭떠러지에 넘어지는 것, 너희들
이 부주의해 한 발 살짝 잘못 디딤으
로 너희들의 생명을 잃을 수 있는 것
이 아니더냐?
28 '아차!' 하는 그 순간 속에 너희들이
상처를 받는 것이 너무 크며 너희들이
무너지는 것이 너무 크기에,
29 아직은 너희들이 그와 같은 것을 지키
고 가는 훈련 속에서 거듭나지 아니
하면 아니 되기 때문에, 너희들의 그
아픈 마음을 알면서도 그리 가라는 나
여호와의 뜻을 알도록 그리하라.
30 너희들이 그와 같은 깨달음을 갖고 가
내 뜻을 알 때, 너희들은 세상의 이치
가 얼마나 간단하며 쉬운 것인가를 알
것이니라.
31 어린 시절에 너희들이 잘못 살아온 그
지난날을 생각할 때, 너희가 백발이
되어 그를 떠올리고 웃음을 짓듯이,
32 결국 그와 같은 형국을 내가 너희들에
게 미리 막고자 함이니 그리 알라, 사
랑하는 나의 아들딸들아!

10,062 번째 하나님 말씀

2004년 3월 26일 06시 42분

1 사랑하는 나의 아들아!
2 "네, 아버님! 말씀하옵소서."
3 너의 제자들과 나의 법전을 읽고 깨우
치는 그 백성들, 너희들이 변화되지
아니하며 거듭나지 못함을 괴로워하
며 마음 아파하지 말라 그리 전하라.
4 너희들이 인간 세상에 살아가면서 가
장 소중하게 음식에 필요한 '장'이라
는 것을 담아 놓지 않느냐?
5 그 장을 너희들이 담아 그릇에 넣어
놓음이니, 그 장은 세월이 가면 갈수
록 그 맛이 오묘하며, 그 맛이 진지하
며, 그가 가지고 있는 그 맛이라는 것
은 처음에 담은 그 장과는 다르지 않
더냐?
6 장을 담아 놓고 세월이 가면 갈수록
흐르는 속에서 그 장에서 진지한 맛이
요, 그리고 상상할 수 없이 아름답고
오묘한 맛이 나오지 않더냐?
7 그와 같은 것이 지금 너희들이 깨우치
며 너희들이 그리 가고 있는 것이니라.
8 너희들이 나의 아들을 통하여 강론을
한 달을 들으며, 1년을 들으며, 그리
고 나의 법전을 만들기 위하여 몸부림
치는 너희들, 그리고 이를 보고 행하
고자 하는 자, 1년, 2년이요, 세월이
지나가면, 그 장의 맛이 달라지듯이,
너희들이 그리 다 변해 가고 있느니

라.
9 나 여호와는 그를 알고 있음이니라.
10 오래 두면 둘수록 그 음식이 아름다
움이요, 그 맛이 소중하며 그 값이 높
아지는 그와 같은 형국으로 변하는 것
처럼, 너희들이 바로 그리 변해지는
백성들이니라.
11 장을 담아 오래 두면 둘수록 그 맛이
오묘하며, 저희 스스로 발효되어 그
색상이 달라지며 맛이 다르며,
12 그 만병을 예방하는 근원이 될 수 있
는 그와 같은 오묘한 것을 그 속에 가
지며 그것을 지니게 되어 있음이니라.
13 그와 같은 이치처럼 너희들도 그리 변
화되어 가고 있음이니 걱정 하지 말
라, 사랑하는 나의 아들딸들아!
14 더욱이 너희들은 너희 자신을 비춰
보는 그 찬란한 거울까지도 가지고
있으며 내가 너희들에게 내려 주지 아
니하였더냐, 사랑하는 나의 아들딸들
아!
15 너희들만큼 행복한 자가 없으며, 너희
들처럼 축복받은 자가 없으며, 은혜
받은 자가 없음이니라.
16 세월 속에서 너희들이 서서히 변해져
감이니라.
17 살아가면서 변하지 못하며 죄를 지으
며 주름살이 생기는 만큼 죄가 더 늘
어나는 그와 같은 백성들이 있거늘,
18 너희들은 지금 이 순간에 벌써 변해
져 가기 시작하며 아름다운 삶을 살고
자 함이니,
19 너희들이 50이라는 나이에 똑같이 백
살을 살 때, 너희들이 50년 남은 인생
을 죄를 계속 짓고 살아가는 백성들과,
20 나머지 50년을 과거의 지은 죄를 너
희들이 몸부림쳐 지우고자 노력하며
짓지 않고 살아가고자 한다면,
21 그 결과는 과연 누가 더 깨끗하며 아
름다운 자이며, 누구에게 만백성이
박수를 쳐 주겠으며, 나 여호와가 누
구를 선택하겠는가?
22 이는 답이 나와 있지 않더냐?
23 그러니 세상 것을 다 얻은 것이 너희
들이요, 너희들이 그 모든 걸 얻지 못
한 것이 없다 하였음이니 그리 알라,
사랑하는 나의 아들딸들아!

10,063 번째 하나님 말씀

2004년 3월 26일 06시 48분

1 사랑하는 나의 아들아!
2 "네, 아버님! 말씀하옵소서."
3 지금이 마지막 시대요, 마지막 때가
되었다는 것을, 마지막 시대가 온다는
것을 너희들은 알고 있음이니라.
4 그러니 지금 마지막 시대가 되어 모두
를 역사하는 것을, 너희들은 어찌 그
를 인정하지 아니하려 하며, 들으려
하지 아니하며, 보려 하지 아니하며,
깨우침을 얻으려 하지 않느냐?
5 나 여호와가 성서를 인봉하였으며, 그
것을 열 때가 되어 연다 하였음이니,
바로 너희들이 이 세상에 성경이요,
성서보다 더 위대하고 귀한 것이 어디
있느냐?
6 이는 인간 세상에 이루어지는 것을 기
록하며 그를 인봉한 것이 아니요,
7 하늘의 뜻이요, 하늘에서 역사하는 것
이요, 창조주가 인봉해 둔 것이며,

8 내가 때가 되면 그를 연다 하였음이
니, 너희들이 과연 그때가 언제겠느냐?
9 부모가 죽어 갈 때 그 유언의 상자를
여는 부모가 있듯이, 지금 나 여호와
가 마지막 시대가 아니면 과연 인봉
된 성경의 그 인봉함을 연다 너희들이
생각하느냐?
10 이는 결국 내가 열 때는 마지막 때가
되었음임을 너희들은 알아야 될 것이
며, 마지막 때가 되지 아니하면 내가
절대 이를 열지 아니함이니라.
11 내가 지금 제3의 시대를 무어라 하였
느냐?
12 모세의 시대는 출발주자로서 달리는
것이요, 예수는 중간 주자로서 달리는
자요, 마지막 시대에 역사하는 나의
새로운 성경은 마지막 시대에 마지막
주자가 달리는 것이라 내가 수없이 나
의 법전에 기록하여 전했음이니,
13 마지막이라는 것을 너희들이 귀가 따
갑게 들었을 것이니라.
14 그러니 내가 역사하는 마지막 시대이
니, 지금 내가 성경의 그 모든 인봉된
것을 여는 때가 되었음을 너희들은 알
아야 될 것이니라.
15 그리하여 내가 나의 법전이라 하여,
새로운 성경이라 하여 나의 아들을 통
하여 160권의 법전을 세상에 내려보
내니,
16 이 160권 한 권 한 권이 그 비밀을 여
는 열쇠라 하였으며,
17 그를 정독하여 깨우치는 그 제자들이
야말로, 그 강론을 듣고 깨닫는 백성
이요, 법전을 읽고 깨닫는 백성이요,
그와 같은 백성 너희들이 성경의 비밀
을 알고 있지 않더냐?
18 그리고 나의 법전을 정독함으로 너희
들이 성서에 숨겨진 그것을 알고 있지
않더냐?
19 그것이 바로 너희들에게 열어 주는 것
이며 너희들이 깨우침을 얻는 것이니,
20 그와 같이 나의 법전을 읽고 성경의
그 뜻을 알며 나의 아들의 강론을 듣
고 너희들이 깨닫는 것, 그와 같은 백
성이야말로 그 인봉된 성경을 여는 백
성들이요, 또한 그를 열 자격이 있는
것임을 너희들은 알아야 될 것이니라.
21 그러니 지금 나의 법전을 읽고 깨우쳐
성서를 들여다볼 수 있는 눈이 뜨이는
백성 너희들이 마지막 시대에 마지막
나의 성경을 열어 그를 가지고 만백성
을 구하는 전사요, 선택된 백성이요,
지도자라는 것을 너희들은 알아야 될
것이니라.
22 내가 이 모든 역사하는 것은 언약이
되어 있으며, 그 언약을 지금 행하고
있는 것이며, 내 약속의 그 모두가 이
루어지고 있음을 너희들은 알아야 될
것이니라.
23 모세가 약속된 가나안 땅으로 가는 것
만이 너희들이 모두 약속을 이루고 이
루어지는 것이 아니요,
24 내가 새로운 성경을 내린다 했으며 새
로운 보혜사를 내려보낸다 했으니,
25 그 보혜사를 내려보냈음이니, 그를 내
려보내는 것이 언약을 이루는 것이요,
그 언약은 바로 무엇이더냐?
26 때가 되면 연다는 나의 성서의 인봉된
것을 모두를 개방하며 열어 헤쳐서,
만백성이 간단히 깨우치고 알아듣고

행할 것과 행하지 않는 것을 그 자리
에서 깨닫도록 판정해 주는 것이 바로
나의 성서의 인봉이 열리는 시대요,
여는 시대가 된다는 것을 그리 알라.
27 지금의 나의 법전이요, 이를 읽고 깨
우치는 백성 너희들이 인봉함을 뜯는
백성들이라는 걸 잊지 말도록 하라,
사랑하는 나의 아들딸들아!

10,064 번째 하나님 말씀

2004년 3월 26일 06시 56분

1 사랑하는 나의 아들아!
2 "네, 아버님! 말씀하옵소서."
3 너희들이 이 세상에 살아가면서 하나
의 위험이 닥칠 때 그 위험의 신호를
알려 주지 아니하고 태만한 자, 그것
이 얼마나 너희들이 엄청난 재난을
부르던가?
4 '내가 알려 주지 아니하면 남이 알려
주겠지.' 하는 것, 바로 너희들이 '선
한 일을 내가 하지 아니하면 남이 하
겠지.' 하는 그와 같은 생각이요, 그
발상이 게으른 자요, 또한 너희들이
그로 인하여 닥치는 재앙은 얼마나
무섭더냐?
5 철로 위를 달리는 그 열차는 철로가
완벽했을 때 달려가느니라.
6 그러니 한 부분이 재난으로 절단된
것을 보고도 그것을 '남이 알려 주겠
지.' 하는 게으른 생각으로써 알려 주
지 아니하며 그를 막지 아니하는 그와
같은 일을 한다면,
7 과연 그 일로 인하여 사고가 나 그 열
차에 타고 있는 그 백성들이야말로 얼
마나 많은 인명을 잃게 되며 피해를
보게 되겠느냐?
8 내가 단순한 예를 들어 너희들에게 깨
우쳐 줌이니, 게으른 자요, 그리고 제
가 하지 아니하면 남이 한다는 그와
같은 생각을 가지고 사는 백성으로 하
여금 너희들은 이와 같이 작은 실수로
써 불행을 초래할 수 있는 것이라는
것을 잘 알고 있을 것이니라.
9 인생이라는 것을 너희들이 살면서 세
속에서 단 한 번의 충고를 네 자식에
게, 네 이웃에게, 네 형제에게 잘했더
라면, 단 한 가지 네가 알고 있는 것을
사실 그대로 잘 가르쳐 주었다면, 그
는 어떠한 불행에서도 헤쳐 나갈 수
있으며 막을 수 있는 것을,
10 너희들이 게을러 알려 주지 아니하며,
'내가 하지 아니하여도 남이 알려 주
겠지.' 하는 생각으로 그 불행이 닥치
고 그들이 고통을 겪고 네 자식들이
요, 네 후손들이 잘못 서는 것을 볼 때,
11 너희들은 아마 죽을 때까지 그를 후회
하며 너희들이 회개하는 마음으로써
너희 자신의 위안을 얻을 수 없는 것
이니 너희들의 상처임을 알라.
12 지금 나의 아들을 따르는 그 제자들이
요, 그리고 법전을 읽고 깨우친 만백
성 너희들은 알아야 될 것이니라.
13 강론을 듣고 읽고 깨우친 너희가 나의
법전을 갖고 너희들이 깨우친 것처럼
만백성에게 알려 주지 아니하며 가르
치지 아니하고 이를 게을리한다면,
14 '내가 아니어도 남이 하겠지.' 그리하
는 마음을 갖는 자, 과연 너희들이야
말로 얼마나 많은 나의 백성들을 죽음

으로 몰고 가는 죄를 범하는지 알겠느냐?
15 내가 나의 성전을 그득히 채우라 하였거늘, 너희들이 그를 인도하지 아니하는 것, 그들을 너희들이 깨우쳐 나의 성전에 인도하지 아니하는 것,
16 그것이 바로 달리는 열차의 그 철길이 잘려져 있음이니, 그걸 보고도 알려 주지 않는 자들과 너희들이 똑같은 백성이라는 것을 알라.
17 너희들은 그보다도 더 많은 백성을 죽음으로 몰고 가는 죄를 짓고 있다는 것을 알아야 될 것이니라.
18 너희들의 형제요, 너희들의 부모요, 네 이웃의 그 모두를 인도하지 아니하는 것이 바로 너희들이 모두를 다 죽음으로 몰고 가는 자들이요,
19 죽음으로 가는 것을 보면서도 게으르고, '남이 하겠지.' 하는 안일한 생각으로써 전하지 아니하는 자들이니라.
20 더욱이 나의 법전을 읽고 깨우쳤으며 내 뜻을 알고 만백성을 구하는 길을 아는 너희들이 형제를 구원하며 형제를 살리는 데 최선을 다하지 아니함이니,
21 너희들이 게으른 자요, 방심하는 자요, 선하고 아름다운 일을 기피하는 자요, 너희들이 울고불고 나에게 구원을 얻고자 기도하는 백성들보다도 더 나쁜 백성일 수도 있음을 알라.
22 그들은 진정한 보석을 모르기 때문에 저희들이 가짜를 가지고 남을 인도한다 하니, 차라리 인도하지 아니하는 것이 나을 수 있으나,
23 참보석이요, 진정한 것을 가지고 있는 너희들이 목숨을 바쳐 네 형제요, 네 부모요, 이웃을 구하지 않는 것은 너희들의 태만이니,
24 너희들이 무너져 죽을 것을 알면서 말하지 않는 자요, 그대로 달려가며 벼랑으로 떨어지는 것을 말리지 않는 자니라.
25 내가 오죽하면 너희들이 수많은 사람을 싣고 철길을 달리는 그 철로가 파손된 것을 알려 주지 않아 죽음으로 모는 것보다 너희들이 천배 만배 더 잘못된 자들이라 하겠는가?
26 이제 너희들이 깨우쳤기에 내가 너희들에게 가죽채로 매를 휘두름이니,
27 나의 아들을 따르는 제자 너희들은 정신을 차려야 될 것이며, 너희들이 마음 자세를 바로 해야 될 것이니,
28 너희들이 네 형제요, 네 이웃이요, 네 부모를 구원하지 아니하며, 너희들의 이웃의 모든 백성들을 구원하지 아니하며 저만 구원을 받겠다 하는 자, 기도하며 무엇을 달라, 이루어 달라 하는 자들보다도,
29 보석을 가지고 그를 보이지 아니하는 자요, 진정한 참진리를 가지고 전하지 않는 너희들이 가장 무서운 죄를 범하고 있다는 것을 알라.
30 지금의 종교 집단과 믿음의 길을 가는 백성 그들은 알지 못하기에 그들이 바로 가르치며 그리 전하지 아니하여도 될 것이니라.
31 알지 못하며 참보석의 진리를 가지지 못한 자들도 그리 깨우치고 전하겠다고 아우성을 치고 있거늘,
32 바로잡아야 되며 바로 모두를 알고 있

는 너희들이 오늘에 이 게으름을 피우
니, 너희들은 알아야 될 것이니라.
33 이것이 오늘의 너희들이 이제 가야 할
길이며 너희들이 행하여야 될 일이라
는 것을 먼저 알도록 그리하라.

10,065 번째 하나님 말씀

2004년 3월 26일 09시 18분

1 사랑하는 나의 아들아!
2 "네, 아버님! 말씀하옵소서."
3 너희들이 '나 외에 다른 신을 네게 있
게 하지 말라.' 하였음이니 이는 바로
무엇이더냐?
4 너희들 자신이 내 마음이요, 내 뜻을
위하여 나 여호와를 경배하며 나를 향
하여 오는 길이 아니라,
5 너희들이 다른 신을 마음에 두고 있으
며 너희들이 그와 같은 길을 가고 있
기 때문이 아니더냐?
6 너희들은 그저 십계명의 첫 줄을 암송
하면서 그렇게 하는 것이 너희들이 가
는 길이라 그리 생각하지 말며,
7 너희들이 지금 다른 신들을 가슴에 두
고 있기에 내가 너희들에게 그를 뽑아
내라 하는 그와 같은 명령이니, 너희
들은 그리 받아들여야 됨을 알라.
8 너희들이 그와 같이 가라는 것보다도,
너희들이 지금 가지고 있는 다른 신을
받들고 있는 그 마음을 우선 제거하는
것이 급하며 급선무라는 것을 그리 깨
닫고 그리 전하도록 하라.
9 너희들이 우상이요, 무엇을 만들어 놓
고 절하는 것, 너희들이 어떠한 이름
앞에 절하는 것, 그것만이 우상이요,
다른 신이 아니라 하지 아니하였더냐?
10 너희들이 무엇인가를 애절하게 역사
하는 것, 그리고 너희들이 나에게 무
엇인가를 소원하는 것, 그와 같은 마
음이 다 너희들이 다른 신을 섬기는
것이며, 우상을 네 앞에 받들고 있는
것과 같다 하지 아니하였더냐?
11 그러니 나의 아들을 따르는 제자 너희
들은 십계명을 암송하면서 내가 너희
들에게 '다른 신을 네게 있게 하지 말
라.' 하였음이니,
12 다른 신을 네게 있게 하는 것이 아니
요, 너희들은 그것을 행하기 전에, 다
른 신이 네 마음에 와 있으며, 네가 숭
배하고 있는 그 모두를 먼저 뽑아내고
제거하는 그와 같은 훈련에 돌입해야
된다는 것을 이제 너는 그 제자들에게
깨우쳐 주라.
13 내가 너희들에게 명하는 것은 무엇이
더냐?
14 이미 너희들이 그리 행하고 있기 때문
에 그를 바로잡으라 함이니라.
15 그리하여 나의 법전은 반드시 상대성
이 있으며 그 이유가 있다 하지 아니
하였더냐?
16 그리하여 내가 너희들에게 모든 것을
지우고 버리고 다시 쓰는 백성에게 내
가 은혜를 내린다 하지 않더냐?
17 너희들이 씻어지지 아니하며 다스려
지지 아니한 백성에게 내가 내리지 아
니한다 하였듯이,
18 내가 '다른 신을 네게 있게 하지 말라.'
함은 너희들이 다른 신을 너희들에게
있게 하지 않기 위한 노력이 아니라,
19 이미 너희들의 다른 신이 너희들에게

존재하고 있음이니, 먼저 그를 너희들
이 뽑아내며 제거하는 그와 같은 너희
들의 깨달음이요, 그와 같은 삶으로써
너희들이 변화 되어야 된다는 것이니,
20 이미 너희들이 다른 신을 네 가슴에
안고 있다는 것을 내가 너희들에게 알
려 줌이라는 뜻을 알도록 그리하라,
사랑하는 나의 아들아!

10,066 번째 하나님 말씀

2004년 3월 26일 09시 23분

1 사랑하는 나의 아들아!
2 "네, 아버님! 말씀하옵소서."
3 너희들이 십계명을 암송하며 그를 지
키는 것은, 너희들이 앞으로 그리하겠
다는 언약이 아니라,
4 너희들이 지금 하고 있는 그와 같은
행위를 지우며 고치라 함이니, 너희들
은 과연 그 뜻을 알겠느냐?
5 너희들이 십계명을 하나하나 암송하
면서 그 계명을 보라.
6 너희들이 과연 그를 얼마나 위배하고
욕되게 하고 사는가?
7 그러니 너희들이 부모에게 효도하라
는 것, 공경하라는 것, 과연 너희들이
그리하고 있으며,
8 네 이웃을 시기하고 질투하지 말라 하
며, 네 이웃의 것을 탐내지 말라 하며,
간음하지 말며, 도둑질하지 말며, 거
짓 하지 말라 내가 가르치는 그 십계
명을 너희들이 과연 지금 얼마나 지키
고 행하는가?
9 너희들이 하나도 그대로 지키고 행함
이 없음이니,
10 너희들이 앞으로 그를 지키고 사는 것
보다도 오늘의 너희들이 행하고 있는
그 악습을 하나하나 버리는 것이 더
소중한 것이며,
11 너희들이 행하고 있기 때문에 버리라
하는 내 가르침의 뜻을 너희들은 알겠
느냐?
12 그러니 모든 종교 집단이요, 지도자들
이 그걸 모르고 있음이니라.
13 더구나 그들은 십계명이라는 것은 구
약 시대의 지나간 것이기에 저희들과
관계없으며 모두가 다 끝난 것이라 그
리하며, 폐해진 것이라 생각하여,
14 그 믿음의 길을 가는 백성들이요, 하
늘에 오른다는 백성들은 내가 친필로
써 내린 나의 뜻을 암송하지도 못하며
그 뜻을 모르고 있는 것이니라.
15 그러면서 구원을 받겠다고 울고불고
함이니, 너희들이 그것을 행하지 않고
지키지 아니하면 아니 되며,
16 너희들이 그를 이미 위배하고 있으며
그를 지키지 아니하기 때문에 그 너희
들이 지키지 않는 사악한 마음의 뿌리
요, 근본을 모두 제거하지 아니하면
절대 아니 되며 역사할 수 없다는 것,
17 그러니 너희들이 오늘의 그와 같은 짓
을 하고 있기에 그를 고치라 하는 것
이 나의 십계명의 가르침이라는 그 무
서운 뜻을 알라.
18 미래에 너희들이 그와 같이 살지 말라
하는 그 뜻보다도, 오늘의 너희들이
그와 같은 짓을 하고 있기에 그를 고
치고 살라 하는 것이 얼마나 무서운
의미인 줄 알겠느냐?
19 내가 하늘을 향하여 한 점의 부끄럼이

없는 아들딸이 되라, 그와 같은 삶을
살라 하는 것이 바로 너희들의 후손
이요, 너희들의 자식들에게 너희가 부
모요, 어버이로서 가르치라는 것이 아
니라,
20 어버이요, 아버지인 내가 너희에게 직
접 내리는 내용이니,
21 너희 스스로 하늘을 향하여 한 점의
부끄럼이 없는 삶을 살라 너희들에게
내린다는 그 명령을 알겠느냐?
22 바로 너희들이 계명을 지키지 못하기
에 내가 너희들에게 그를 고치라 명한
것이요,
23 너희들이 앞으로 그를 행하지 말고 그
리 살라 하여 내린 유한 가르침이 아
니니, 너희들이 무서운 나의 경고라는
것을 알도록 그리하라.
24 그러니 그를 지키지 아니하고 행할 수
없다는 백성 너희들이 과연 어떠한
짓을 하고 있는 것인가를 너희들은 그
흐름을 알게 될 것이니,
25 나의 아들을 따르는 제자들이요, 나의
법전을 읽고 깨우친 만백성, 너희들은
그 모두가 잘못하고 있으며 그를 행
하지 못하기에, 너희들에게 바로 서고
고치라 함임을 알라.

10,067 번째 하나님 말씀

2004년 3월 26일 09시 27분

1 사랑하는 나의 아들아!
2 "네, 아버님! 말씀하옵소서."
3 너희는 남에게 가르쳐 주고 또 충고하
여 그들이 실패의 고난 속에서 벗어날
수 있는 그와 같은 것도, 너희들은 그
저 남에게 가르쳐 주고 인도하지 않는
것이 오늘의 백성 너희들의 마음이니
라.
4 그러면서 너희들이 단 한마디요, 좋은
충고로써 바르게 갈 수 있는 그와 같
은 백성들에게 가르쳐 줄 수 있는 것
도, 너희가 알고 있는 것도,
5 너희들이 이해관계나 어떠한 수지타
산을 따져 그 계산에서 너희들에게 이
익이 없는 것이라면 남을 위하여 그
가르쳐 주는 것도 봉사하지 아니하며,
사랑하지 아니하는 그와 같은 백성이
바로 너희들의 오늘의 사는 마음이니
라.
6 계산법으로 너희들이 주고받는 이익
이 없으면 어떠한 것도 너희들이 희생
하며 봉사하지 않는 것, 그것이 지금
너희들의 마음의 상태요, 너희들의 심
보이니라.
7 너희들이 봉사한다, 그리고 어려운 자
를 돕는다 하면서도,
8 너희들은 과연 그리함으로써 나 여호
와에게 무엇인가를 이루고 얻어지는
지, 제 어려움에서 벗어날 수 있는지,
그와 같은 계산법으로써 모두를 행한
다면,
9 너희들은 그건 악의 심보지, 천사의
심보가 아님을 알아야 될 것이니라.
10 이와 같이 나의 백성들의 마음이 어찌
하여 이리 변하였으며, 무섭도록 계산
에 의한 삶을 살도록 만들어졌으며,
그 계산법에 의하여 너희들이 그리도
살아가는 모두를 다 바치고 살아간단
말이더냐?
11 그 이유가 어디 있는지 너희들이 그와

같은 현실을 들여다보라.
12 그러면서 너희들이 나에게 오르는 백
성이요, 믿음의 길을 가는 백성이요,
사랑을 실천하며 나 여호와의 뜻을 행
하고 살아간다는 그 백성들, 그 모두
가 다 너희 자신들이 오늘의 현실이
어찌하여 이리 이루어졌는가 돌이켜
보면,
13 너희들은 어느 집단이 물리적인 가장
큰 힘을 가지고 있는지, 그리고 이 세
상을 지배하고 지도하는 층이 얼마나
잘못되었고 잘못 가르쳤는지를 알 수
있을 것이니라.
14 나는 너희들에게 물어보느니라.
15 너희들이 좋은 말로써, 좋은 조언으로
써 남이 피해를 보지 아니하며 실패하
지 않는 것을, 너희들은 '남이 하겠지,
남들이 알아서 해 주겠지.' 하는 그런
마음을 갖고 살지 않느냐?
16 그러나 너희들은 이익의 분배가 있을
때 따져 보자.
17 너희들에게 더 오고 안 오는 그와 같
은 이익의 분배가 있을 때도, '내가 적
게 받으면 남에게 더 크게 가겠지, 내
가 받지 아니하면 남이 더 가져가겠
지.' 그러한 마음으로써 너희 것을 포
기하며 너희 것을 원하지 않는가?
18 아마 너희들은 이익의 분배 앞에서는
제 앞에 더 큰 것을 놓고자, 더 갖고자
온갖 지혜와 능력을 다 발휘할 것이
며, 너희들이 더 차지하기 위해서 노
력하지 말며 생각하지 말라 해도 너희
들은 무서우리만큼 또 생각할 것이 아
니더냐?
19 이것이 오늘의 나의 피조물 만백성 너
희들이 가지고 있는 마음이니, 그와
같은 마음을 갖고 너희들이 과연 나에
게 오를 수 있다 생각하는가?
20 너희들은 아니 됨이니라.
21 이것이 나의 백성들이 오늘의 가지고
있는 양심이요, 마음의 뿌리이니, 이
모두가 어찌하여 이렇게 무섭도록 너
희들이 변질되었으며 변화되었으며,
22 내가 너희들에게 내려 준 천사와 같은
아름다운 그 인간의 본성은 다 어디로
갔단 말이더냐?
23 이를 보는 나 여호와의 마음이 어떠한
것인가를 너희들은 알아야 될 것이니
라.
24 이제 이와 같은 뜻을 알고 듣고 배운
나의 아들을 따르는 제자들이요, 나로
부터 선택된 백성 너희들은 어찌 살아
가며 어찌 행하는 것이 너희들이 가야
할 길인가를 스스로 알 수 있을 것이
니,
25 그 지혜를 얻음이 나로부터 받은 상임
이니 그리 알라.

10,068 번째 하나님 말씀

2004년 3월 26일 09시 34분

1 사랑하는 나의 아들아!
2 "네, 아버님! 말씀하옵소서."
3 선지자요, 예언자요, 선택된 백성의
중요함이 무엇이더냐?
4 "네, 아버님! 그들의 중요함은 저는
그리 생각하옵나이다."
5 정녕 네가 나의 뜻을 알면 그를 기록
하여 만백성에게 전하라.
6 "네, 아버님! 선지자요, 예언자요, 선

택된 백성이 중요한 것은,
7 그들은 제 생각이요, 제 뜻대로 모두
를 행하지 아니하며, 오로지 창조주
아버님의 뜻에 의하여, 아버님의 뜻에
따라 행하는 것, 그것이 중요하고 중
요한 것이라 그리 생각되옵나이다.
8 사람이 죽고 사는 그 사선을 넘는 그
와 같은 형국에 있어도, 오로지 아버
님의 뜻에 따라서 행하는 것이 선지자
요, 예언자의 중요한 자리이며, 그것
이 가장 중요한 것이라 그리 생각하며,
9 그 길을 가지 아니하며 그를 행하지
못하는 자는 예언자요, 선택된 백성이
아니라 그리 생각되옵나이다."
10 사랑하는 나의 아들아! 그러하니라.
11 선지자요, 예언자요, 또 선택된 백성
이요, 너 또한 그러하며, 너를 따르는
제자 너희들이 그 중요하고 귀한 것은,
12 너희들이 자신의 생각과 너희 자신의
뜻을 따라 무엇을 행하는 것이 아니
요,
13 나 여호와의 명에 따라 하며, 거기에
굴복하지 아니하며 그를 지키기 위하
여 모두를 다 바칠 수 있는, 그리고 모
두를 다 버릴 수 있는, 모두를 다 양보
할 수 있는 그와 같은 마음 자세로 살
아가는 것이 바로 선지자요, 예언자
요, 선택된 백성이 가야 할 어렵고 힘
든 길이니라.
14 인간 세상에 살아가면서 너희들은 때
로는 위반을 하며 또한 죄를 범하며,
또 그와 같은 행동 속에서 너희들이
얽히고 살아가도록 삶이 되어 있으며,
15 더욱이 너희들이 살아가면서 이해관
계에 따라서 그 이해관계 때문에 너
희들이 때로는 위반하는 것, 욕된 행
위를 하는 것, 해서는 아니 되는 행동,
그 행동에 너희들이 무너지며,
16 너희들이 나 여호와의 뜻에 의하여 그
모두를 버리고 지키지 못하며 무너지
는 것이 지금 나의 피조물 만백성이니,
17 오늘의 종교 집단이요, 지도자요, 목
자라는 그 백성 너희들이 이해관계
앞에서 무너지고 너희들이 바로 지키
지 못하기 때문에 오늘의 이와 같이
험악한 세상이 되었음을 알아야 될
것이니라.
18 정녕 종교 집단이요, 지도자요, 너희
들이 어렵고 힘든 그와 같은 어떠한
환경에도 나 여호와의 뜻을 전하는
데 모두를 다 바쳤다면,
19 나의 뜻을 그대로 전하는 것이 너희들
이 중요함을 알며 그리 행했다면, 지
금과 같은 이 험악한 세상은 결코 되
지 아니하였을 것이니라.
20 너희들이 사탄이요, 말세의 종말의 시
대라 그리 말하는 것이 바로 무엇이
더냐?
21 너희들이 진정한 믿음이요, 진정한 참
진리의 깨달음으로 가지 아니하였기
때문이니라.
22 세상의 사람들을 잘 가르쳤으며 바로
가르쳤으며, 도덕이요, 윤리를 잘 가
르쳤다면,
23 너희들이 도둑이 들끓는 세상이요, 사
람이 사람을 두려워하고 무서워하는
세상이 결코 되지는 아니하였을 것이
니라.
24 그러니 잘못 가르치고 잘못 깨달아
왔기 때문에 세상의 험악함이 인간이

인간을 보는 것이 무섭고 두렵듯이,
25 오늘의 믿음의 길을 가는 백성 너희들
이 그와 같이 진정한 길이요, 바른길
을 가지 못했기 때문에,
26 너희들이 이 세상에 지금 종말이요,
마지막 시대요, 거짓 선지자가 세상을
혼란케 한다며,
27 너희들이 앉아 있으면 하늘에 오른다
는 그와 같은 너희들이 그 깨달음 속
에서 지금 방황하는 자, 그 말에 현혹
되어 그 길을 가는 자,
28 이 세상의 이 동양의 작은 나라, 대한
민국이라 하는 이름을 붙인 이 나라
가 바로 그 모든 종교 집단의 백화점
이라는 말을 알겠느냐?
29 그 속에서 너희들이 그와 같이 생긴
것이 또한 무엇이더냐?
30 참진리요, 바른길을 가르치는 자가 없
기 때문이니라.
31 그리고 너희들이 내 뜻대로 행하는 것
이 아니요, 인간의 생각을 먼저 하며
인간의 뜻에 따라, 이해관계에 따라서
흔들리는 마음을 갖고 살아왔기에, 수
많은 오늘의 종파가 생겼음을 알아야
될 것이니라.
32 나의 아들과 지금의 종교 집단이요,
지도자 너희들과 다른 점이 무엇인 줄
알겠느냐?
33 나의 아들은 내가 명하는 것을 그 모
두를 따르며 그대로 지키니, 그를 지
키기 위해서 어떠한 것도 그는 다 버
리고 던지고 갈 수 있는 마음이요, 그
와 같이 가는 자이니라.
34 이것이 너희들과 나의 아들과의 차별
화이니,
35 말로써 너희들이 듣는 것은 별거 아닌
것 같으나 너희들이 행하고 실천하는
것은 감히 하늘과 땅의 차이요,
36 나의 아들을 따르는 제자 그들 또한
바로 가고자 하며, 어떠한 희생을 치
르더라도 저 자신이 구원의 길이요,
나의 법전을 가슴에 안고 정독하여 이
를 버리지 아니하려는 그들의 마음이
요,
37 어떠한 불이익이 있다 해도 이를 버리
지 아니하며 등 돌리지 않고 가려는
그들이 너희 신도들과 차별화되는 것
이며, 그들과 다른 점이라는 것을 만
백성 너희들은 알아야 될 것이니라.

10,069 번째 하나님 말씀

2004년 3월 26일 09시 41분

1 사랑하는 나의 아들아!
2 "네, 아버님! 말씀하옵소서."
3 새로운 성경요, 구약과 신약의 시대를
덮어 버린다 말하며, 그리고 너희들이
많은 그 백성들이요, 수많은 나의 백
성들이 오로지 구약 시대는 지나며 이
신약 시대가 저희들이 구원의 길이요,
나에게 오르는 길이라 생각하며,
4 그리하여 방대한 조직이요, 방대한 물
질적인 힘을 가지고 있는 그 모든 백
성들 앞에,
5 너희들은 성경의 구약과 신약의 그 모
두를 다 덮어 버리며 새로운 시대가
역사하는 것이며 새 시대가 열리는 것
이니,
6 너희들이 지금의 가는 믿음의 길에서
거듭나는 그와 같은 길을 보지 아니하

며 새로운 너희들의 삶을 위하여 새로
태어나는 용기가 없는 자, 결코 나에
게 올 수 없다 내가 그리 말하는 것을
나의 아들은 그리 그대로 전함이니,
7 과연 이것이 어떠한 일을 역사하는 것
이냐?
8 그와 같이 말하는 나의 아들은 그 목
숨이요, 그 육신의 모두를 내놓고 전
하고 역사하는 것이 아니더냐?
9 그러니 나의 아들이 가는 길은 스스로
제가 가는 길이 아니요,
10 나 여호와의 뜻에 의하여 너희들이 그
리 소중히 하는 목숨이요, 그 모두를
다 내놓고 가는 길이기에, 그 길이 어
렵고 힘든 것임을 알아야 될 것이니라.
11 나의 아들이요, 나의 법전이요, 그리
고 나의 새로운 성경이라는 것을 내
가 입증할 수 있는 것은 바로 무엇인
줄 알겠느냐?
12 나의 아들이 모두가 잘못되었음을 바
로잡고 바로 역사하는 것, 구약과 신
약의 너희들의 그 믿음으로써 절대
구원을 받을 수 없다 목숨을 내놓고
외치고 전하는 것,
13 그것이 바로 나의 아들이요, 나의 새
로운 성경이요, 나의 법전이요, 내가
너희들을 심판하는 기본이요, 근본인
나의 하늘에 오르는 책이라는 것을 너
희들은 알아야 될 것이니라.
14 그러니 그를 따르는 그 제자들 또한
너희들이 그 길을 따라야 할 것이며,
그 길을 가는 백성 너희들의 마음 자
세가 어떠해야 되며, 너희들이 어떠
한 형태로 가야 된단 말이던가?
15 2천 년 전 예수의 그 제자들이요, 그
들은 그 길을 따르지 아니하였으며,
그를 역사하지 못했으며, 스스로 저희
들이 그를 이루지 못하였음이니라.
16 그러니 2천 년 전에 나의 아들 예수가
역사했던 그 제자들이 살아온 발자취
요, 그들이 역사한 그 모두를 너희들
은 보면서 무어라 말하느냐?
17 어리석은 제자들이요, 가련한 백성들
이요, 무엇 때문에 저희들이 예수를
팔았으며, 예수로부터 등을 돌렸으며,
그 닭이 울기 전에 세 번씩 배신하는
그와 같은 행위를 했는가 하며,
18 그들을 가련하고 불쌍하다 너희들이
지금 생각하지 아니하는가?
19 그리고 너희들이 그때 선택된 백성이
라면 그 길을 갈 수 있었을 것이라, 너
희들은 죽음으로써 예수를 배신하지
아니하였을 것이라 하여 지금 너희들
은 울분하며, 두 주먹을 쥐며,
20 너희에게 그 대명을 내리면 너희들은
갈 것이라 생각하는 것이니라.
21 바로 너희들에게 내가 대명을 내린 것
임을 너희들은 알라.
22 나의 아들을 따라가는 그 제자들이요,
너희들은 그 좁고도 어렵고 힘든 길을
가야 나의 160권에 이름이 기록된 자
로서 너희들이 수천 년 후에 너희 후
손들이 그를 평가할 때,
23 너희들이 등을 돌리고 떠난 자로서 빨
간 글씨로써 네 이름이 오르느냐, 그
렇지 않으면 너희들이 영원히 변하지
않는 파란 글씨로써 그 법전에 네 이
름이 빛을 발하며 남느냐,
24 이것은 바로 예수의 제자들을 거울삼
아 오늘의 너희들이 두 번 다시 그와

같은 전철을 밟아서는 절대 아니 된다
는 것을 깨달아야 될 것이며,
25 너희들이 바로 오늘의 선택된 백성이
요, 예수의 제자들보다도 나 여호와의
뜻을 역사하는 백성들이니,
26 더 소중하고 귀한 마지막 시대의 주자
로서 선택된 너희들이 나의 법전에 어
떠한 형국으로 이름이 기록되어 남을
것인가, 너희들은 그를 명심하고 또
명심하여 오늘의 삶을 살며, 너희들이
행동을 바로 하도록 그리하라.
27 나의 아들을 따르는 제자 너희들이 그
리하여 소중함이니라.
28 그리고 선지자가 역사하는 것, 그리고
이루고자 하는 것, 그 모두는 다 이루
어지며 역사한다는 것을 너희들은 알
라.
29 나의 아들이 지금은 미약하나, 나의
아들을 통하여 내리는 160권의 법전
은 세상을 덮을 것이며,
30 모든 백성들은 이게 나 여호와의 뜻이
요, 이 길을 보고 바로 가는 것이 구원
의 길이라 하여 그 무서운 회오리바람
이 부는 것보다도 더 무섭게 변화되는
역사가 이루어질 것을 너희들은 알아
야 될 것이며,
31 그 중심축에 서 있는 너희들이 흔들리
고 흩어져서는 아무것도 이루어질 수
가 없음이니 그리 알라.

10,070 번째 하나님 말씀

2004년 3월 26일 09시 48분

1 사랑하는 나의 아들아!
2 "네, 아버님! 말씀하옵소서."
3 인간 세속에서 너희들이 살아가면서
서로 사람을 속일 수 있으며, 또한 너
희들이 죄를 지으면 도망갈 수 있으
며, 남에게 부끄러운 짓을 하면 너희
들이 숨어 살 수 있으며, 너희들이 또
한 도망가 인간 세속이 아닌 남들이
살지 않는 속에서 너희 자신이 웅크리
고 사는 그와 같은 너희들의 삶을 살
수도 있을 것이니라.
4 그러니 너희들은 인간 세상에서는 도
망가서 살 수도 있으며 인간이 인간을
속이며 살 수도 있을 것이니라.
5 그러니 너희들은 이를 알아야 될 것이
니라.
6 너희들은 나 여호와 앞에 와서 도망갈
곳이 없으며 도망가지를 못하며, 누구
도 내 앞에서 숨을 수가 없는 것이 너
희들이라는 것,
7 그리고 너희들이 아무리 똑똑하고 영
특하고 지혜 있는 자라 해도 나 여호
와를 절대 속일 수 없으며, 내 앞에서
속임수를 쓸 수 없다는 것을,
8 이와 같이 무서운 사실을, 이와 같은
엄연한 것을 너희들이 인정하고 산다
면, 과연 오늘의 삶을 어찌 살아야겠
는가?
9 나는 나의 아들을 통하여 너희들에게
그리 말하였느니라.
10 너희들의 주인이 물건을 지키고 있는
데 그 앞에서 도둑질하는 자 없다 그
리하였느니라.
11 그러니 나 여호와가 모두를 보고 지키
고 있는 그 엄연한 사실 앞에 너희들
이 도둑질하며 살인하며 거짓 하는 그
것을 내가 모를 것이라 생각하며, 내

가 보지 아니하고 내가 알지 못하기를
너희들이 바라는 어리석은 백성의 삶
을 살지 말도록 그리하라.
12 인간 세속에서는 너희들이 도망가 살
수 있으며 이 자연 속에 숨어서 너희
들이 인간을 속이고 살 수 있다 해도,
13 내 앞에서는 도망갈 수가 없으며 도망
가려는 생각을 할 여지도 없으며 도망
갈 틈도 없음이니라.
14 그리고 나를 속일 수 없다는 것, 그 무
섭고 엄연한 사실 앞에 너희들이 산다
면,
15 오늘의 너희들이 흐트러진 삶이요, 함
부로 사는 그와 같은 삶을 그래도 살
수 있는가?
16 절대 너희들은 살 수 없으며 역사할
수 없다는 것을 알라.
17 이것이 하늘의 법도요, 지상의 법도가
다른 것이니, 내가 나의 아들을 통하
여 너희들에게 하늘의 이 법도요, 이
무서운 뜻을 가르쳐 주거늘,
18 이를 읽고 깨우치는 백성들이 적용하
지 아니하며 제 것으로 만들지 아니
하며 이를 행하지 아니하면, 아무런
가치가 없는 것이니,
19 바로 이게 도덕책이요, 그저 흘러가는
이야기책으로 떨어지는 것이요,
20 이를 보고 무섭고 두렵다 생각하는 자
는 하늘에 오르는 영광을 얻을 것이며
거듭나는 영광을 얻는 것이니,
21 바로 나의 책이 그래서 무서운 자는
무섭고, 두려운 자는 두렵고, 그저 소
설책이요, 너희들이 도덕책이면 도덕
책으로 보이며 천태만상으로 나의 법
전을 보는 눈이 다르니라.
22 사탄의 것이라 하는 자, 또 악마의 것
이라 하는 자, 마지막 거짓 선지자의
것이라 하는 자, 이와 같이 너희들이
보는 것은 네 마음이 그러한 것이며
네가 거기에 있는 것이라는 것을 알라.
23 나의 법전을 평가하는 것은 천 가지
만 가지로 너희들이 평가할 수 있으니,
24 천 가지 만 가지로 평가하는 자가 바
로 네 마음이요, 너희 자신이라는 것
을, 이제 나의 아들을 따르는 제자 너
희들은 알아야 될 것이며, 모든 백성
들에게 그를 전하라.
25 네가 나의 법전을 평가하는 것이 네가
오늘에 처해 있는 것이요,
26 사탄의 책이라 말하면 그가 사탄이요,
마귀의 책이라면 그가 마귀가 된 것이
요, 마지막 거짓 선지자의 책이라면
네가 마지막 거짓 선지자의 역할을 하
고 있다는 것, 그것이 너희들이라는
것을 알라 그리하라.
27 도덕책이라 말하면 네가 도덕책을 읽
는 수준밖에 되지 아니하며, 네가 도
덕책을 가지고 공부하는 자라 이것을
너희들은 깨우쳐 주도록 그리하라.
28 그러니 제가 심판을 받는 것이요, 스
스로 너희들이 심판을 받음이니라.
29 그러니 나의 법전이 육에서 너희들에
게 심판하는 책이요, 영원히 죽고 사
는 너희들을 심판하는 책이라는 그 의
미가 여기 있음이니라.
30 나의 법전은 육에서 너희들을 심판함
이요, 너희들이 죽어 나에게 왔을 때
심판을 받음이니,
31 너희들이 나의 법전을 말하는 것이 너
희 자신을 네가 심판하는 것이며 너를

벌하는 것이며,
32 그리하여 너희들이 나에게 왔을 때 또
한 받는 것이 바로 나의 법전이니,
33 육과 하늘의 그 뜻을 다 다루고 치르
는 것이 나의 법전임을 너희들은 알라.

10,071 번째 하나님 말씀

2004년 3월 26시 09시 57분

1 사랑하는 나의 아들아!
2 "네, 아버님! 말씀하옵소서."
3 너희는 나로부터 용서받을 수 있는 죄
가 있으며, 용서받지 못하는 죄가 있
다 하였느니라.
4 성령을 훼방하는 자, 성령을 방해하는
자, 그 죄는 너희들이 정녕 구원의 역
사를 받을 수 없음이니, 그것은 바로
무엇이더냐?
5 그를 잘못 가르치고 잘못 기록하고 잘
못 전한다면, 만백성이 대대손손 그를
보고 믿기 때문에 그것이 얼마나 무서
운 죄이더냐?
6 그러니 성령을 훼방하는 자, 성령을
잘못 기록하는 자, 잘못 전하는 그와
같은 백성은 용서받을 수 없다 함이니,
7 그로 인하여 수많은 백성들이 죽고 삶
이니,
8 나 여호와의 뜻이라 하여 그것이 왜곡
되게 전해진다면, 오늘의 신약의 성서
가 그러한 너희들의 인간의 생각이요,
너희들이 기록하여 그와 같이 성령을
훼방하는 그와 같은 죄를 짓고 역사하
고 있다 내가 말함이니라.
9 정녕 너희들은 용서받을 수 없는 죄가
있다 하였음을 알아야 될 것이니라.
10 그러니 너희들은 나의 약속이요, 나의
언약은 또한 과연 어찌 이루어진다고
생각하느냐, 사랑하는 나의 아들아!
11 "네, 아버님!
12 저희들은 아버님의 언약이요, 아버님
의 약속은 완전무결하며, 모두가 그대
로 이루어지고 실천되는 것이라 그리
하옵나이다.
13 그러나 또한 저는 그리 생각지 아니하
옵나이다, 아버님!
14 제가 아버님의 그 뜻을 기록하여 전하
면 저를 사탄이요 이단이요 마귀라 말
할 것이며, 단상에 서서 이와 같은 이
야기를 전하면 그들은 저보고 사탄이
라 말할 것이나,
15 아버님의 생각이요, 아버님의 뜻은 완
벽하게 이루어지지 아니하는 언약과
약속이 있사옵나이다.
16 아버님의 약속과 언약이 변화되지 아
니하면 절대 아니 된다는 것을 저는
그를 깨닫고 있사옵나이다.
17 그러니 많은 종교 집단이요, 지도자들
이 과연 그 뜻을 알고 있는가 하는 것
은 저는 모르겠사옵나이다.
18 그러나 다만, 아버님의 언약이요, 약
속이 그대로 지켜진다면, 결코 완결하
게 지켜진다면, 변화되는 것이 없다
면, 이는 견딜 수 없는 저희들의 고통
이라 그리 생각되옵나이다, 아버님!"
19 그래, 나의 아들 너는 무엇을 알았으
며, 너는 어찌하여 나 여호와의 뜻이
모든 백성이요, 종교 집단이요, 지도
자들은 불변이요, 그리고 나의 언약과
약속은 하나도 틀리는 것이 없다 그리
완벽하게 말하거늘,

20 어찌하여 너는 네 마음속에 그와 같은
생각을 가지고 있으며, 그것이 나 여
호와의 뜻이며, 그리해서는 아니 된다
네가 그리 말하느냐?
21 이 말이 세상에 나가니, 모두가 너를
사탄이요, 마귀라 할 것이며, 창조주
나 여호와의 뜻이 완벽하지 아니하며,
완전하게 이루어지지 아니하며,
22 더러는 약속이 어겨지며 그 언약이 틀
려진다 네가 그리 말함이니, 과연 너
는 어찌하여 그리 말할 수 있느냐, 사
랑하는 나의 아들아!
23 "네, 아버님! 저는 감히 그리 말씀을
드리고 그리 이야기하고 싶사옵나이
다.
24 그리해야만 된다 저는 그리 생각하고
있사옵나이다, 아버님!"
25 무엇이더냐?
26 "네, 아버님! 그렇사옵나이다.
27 저의 제자들이 지금 아버님의 뜻을
따라 이 법전을 가지고 공부를 하고
가고 있사옵나이다.
28 간음을 하며 도둑질하며 거짓 하옵나
이다.
29 그러니 그와 같은 자들은 아버님께서
용서할 수 없으며 벌을 내리신다 하셨
사옵나이다.
30 저희들이 법전을 만들어 만백성에게
전하되, 하얀 눈처럼 변하는 마음을
가지라 하였사옵나이다.
31 그러나 저희들이 그를 갖지 못하고 그
를 그대로 행하지 못하고 있사옵나이
다.
32 그리고 죄를 짓고 용서받지 못할 그와
같은 죄 속에서 허덕이는 삶을 살고
있사옵나이다.
33 그러나 저희들이 아버님께서 이와 같
은 죄를 짓는 자, 용서하지 아니한다
하셨사옵나이다.
34 그리고 아버님께서 약속을 하셨사옵
나이다.
35 그러나 저의 제자들이 아버님이 내리
는 법전을 읽고 그들이 천사와 같은
아름다운 마음으로 변했을 때,
36 아버님은 결코 저희들을 버리지 아니
하시며 거둬들인다 그리 생각되옵나
이다.
37 제가 아버님을 속이고 제가 모든 일을
잘못했을 때, 아버님은 진노하신다 저
에게 말씀하셨나이다.
38 '너는 내가 이제 버릴 것이며 너는 용
서치 아니할 것이라' 하셨사옵나이다.
39 그것이 두려워서 제가 그 죄를 짓지
아니하며, 하얀 눈처럼 되어 아름답게
살아가면, 아버님은 그 약속을 지키지
아니하시오며 그 언약을 지키지 아니
하시옵나이다.
40 그리하여 아버님은 받아들이며 용서
하시는 것이 아버님이기에, 저는 아버
님의 그와 같은 것만큼은 그와 같은
언약과 약속은 때로는 변화되며 무너
지는 것이 아버님의 뜻이요, 그와 같
이 이루어져야만 된다 저는 그리 생각
하오며, 아버님께서는 그리 역사하고
그리 가신다 저는 그리 생각하옵나이
다, 아버님!
41 정녕 아버님의 마음이요, 진정한 뜻이
그것이 아니옵나이까?"
42 사랑하는 나의 아들아! 그러하니라.
43 너희들이 아무리 죽을죄를 지었다 해

도, 내가 도저히 용서할 수 없다 해도,
너희들이 집단적으로 나를 능멸하고
나를 욕한 너희들 그 집단의 백성들이
회개하고 용서를 빌며 바로 섰을 때,
44 내가 너희들을 어찌 버리며, 내가 너
희들에게 재앙으로 다스린다는 것을
어찌 재앙으로 다스리겠느냐?
45 깨우치고 변화된 그 백성을 내가 버리
지 아니하며 그를 행하지 아니함이니,
네가 보고 있는 것이 맞으며 네가 깨
닫고 있는 것이 맞느니라.
46 나의 언약과 나의 약속이 변화될 수도
있으며, 내 계획이 변화될 수 있느니
라.
47 변화되지 아니하면 아니 되며, 내가
용서할 수 없으며 거둬들이지 못하겠
느냐?
48 그것을 아는 것이니, 그리 내 마음을
아는 것이 나의 아들임이니라.
49 사랑하는 나의 아들아!
50 그리하여 내가 너를 세상에 내려보냄
을 보람되게 느끼며, 너의 세사를 또
한 내가 소중하고 귀하게 여김을 알라.
51 "아버님의 약속은 지켜질 것과 지켜
지지 아니할 것으로써 구분되었다 저
는 그리 생각하는 뜻을 감히 말씀드렸
사옵나이다."
52 사랑하는 나의 아들아!
53 벌과 재앙의 그 약속을 내가 그대로
지키며 그대로 행한다면, 과연 너희들
이 살아남을 자 어디 있으며, 회개한
들 무엇하며, 깨우친들 무엇하며, 용
서를 빈들 무엇하겠느냐?
54 그러니 나 여호와의 마음이 또한 그러
함이니, 네가 나의 뜻을 알고 있음이
니라.
55 "아버님의 약속을 지키는 것이 목숨
을 내놓고 가는 것이되,
56 때로는 저희들이 변화되고 깨우쳤을
때 아버님은 용서로써 그를 덮어 두시
며, 내리시고자 하는 재앙의 회초리를
거두시는 것이 아버님이기 때문에,
57 호통치시는 그 약속이요, 언약이 때로
는 변화되어야 되며, 또한 용서하시며
물러나시는 그와 같은 것이 아버님의
진정한 사랑의 마음이라 저는 그리 생
각하여,
58 그리하여 아버님께서 하문하시니, 그
리 대답하여 지금쯤 이 법전에 기록하
여 전하옵나이다, 아버님!
59 저를 사탄이라 해도 좋고 이단이라 해
도 좋사옵나이다.
60 그러나 저는 아버님의 뜻이 정녕 그렇
다 생각되옵나이다."
61 사랑하는 나의 아들아! 그러니라. 두
려워하지 말라.

10,072 번째 하나님 말씀

2004년 3월 26일 10시 03분

1 사랑하는 나의 아들아!
2 "네, 아버님! 말씀하옵소서."
3 지금의 모든 종파요, 그 지도자요, 그
백성들이 참진리의 길을 제대로 알지
못함이니, 제대로 가르치는 지기 세상
에 없음이니라.
4 그러니 제대로 가르치는 자가 없으니,
그 배우는 자, 제대로 받아들이지 못
하고 있음이니,
5 너희들은 잘못된 환상과 착각 속에서

지금 헤매고 있는 자요,
6 하늘에 있는 달을 따려 하는 것이 아
니라, 물속에 있는 달을 따려 뛰어드
는 어리석은 백성이요, 무모한 행동을
하고 있는 것이 너희들이라 내가 말하
지 아니하였더냐?
7 그러니 환상과 착각 속에서 너희들이
헤매고 있으며, 나의 진리를 모르기
에, 이 세상에 거짓과 죄악으로써 덮
여져 있으며,
8 너희들이 종말의 시대라 그리 말하는
오늘의 현실이 이루어졌음을 알아야
될 것이니라.
9 참진리의 길을 내릴 수가 없음이니라.
10 너희들이 좋은 과수나무를 심어서 좋
은 열매를 거둬 만백성의 양식으로
삼고자 한다면, 너희들이 가장 중요한
것이 무엇이더냐?
11 너희들은 씨앗보다도 그를 받아들일
수 있는 토양이 준비되어야 하느니라.
12 그 땅이 준비되지 아니하며 기름진
땅이 없이는 좋은 나무가 성장할 수
없으며 좋은 열매를 맺을 수가 없는
것이 아니더냐?
13 지금의 참진리요, 나 여호와의 뜻을
세상에 뿌리를 내리고자 하나, 그를
내릴 곳이 없으며 내려서 받을 곳이
없어 내가 몇천 년이라는 그 세월을
기다리고 인내했음을 너희들은 알고
있어야 될 것이니라.
14 나 여호와의 새로운 씨앗을 뿌려 새로
운 열매를, 새로운 과일을 거두고자
하나,
15 그 거짓된 것이요, 모든 비진리가 세
상을 다스리고 있으며 그 모두를 덮고
있음이니,
16 어느 한 곳에도 참진리의 뿌리를 내리
며 심을 수 있는 토양이 없음이니, 그
리하여 내가 내리지 못하였음이니라.
17 이제 나의 아들을 통하여 나의 법전을
내려보내니,
18 나의 아들을 따르는 제자요, 나의 법
전을 읽고 깨우친 백성 너희들이 나
여호와의 참진리의 뿌리를 심어서 가
꿀 수 있는 토양을 준비하는 것이 너
희들의 대명이니라.
19 그러니 너희들의 손발이 부르트도록
그 토양을 만들어 흙을 만들어 놓지
아니하면 그 씨를 심어 그 좋은 결과
를 맺을 수 없기에, 그 토양의 준비를
역사하는 것이 너희들이니라.
20 그러니 너희들이 그 준비된 토양을 만
들기 위하여 오늘의 고통이요, 그 시
련의 길을 감이니,
21 너희들이 모든 악습을 버리고, 사랑하
는 마음이요, 나의 피조물 만백성을
너희 자신을 사랑하는 것처럼 모두를
사랑하는 그 마음으로 변화되는 것,
22 그 역사를 이룰 때, 그 토양의 모래알
하나가 변하는 것이니라.
23 그러니 많은 나의 아들을 따르는 제자
들이요, 나의 법전을 읽고 깨우친 만
백성이요, 전사로서 역사할 그 백성들
이 얼마나 많이 변화되고 변화 되어야
만, 너희들이 내가 씨앗을 심을 수 있
는 그 토양의 터전을 만들 수 있겠느
냐?
24 그러니 내가 너희들에게 기다리고 바
라는 것이 여기 있음이니, 나의 법전
을 읽고 깨우친 만백성 너희들은 창조

주 나 여호와의 참진리의 씨앗을 세상에 뿌릴 수 있도록, 그 토양이 되도록 너희들이 뭉치고 뭉쳐 하나가 되도록 하라 함이 여기 있음이니라, 사랑하는 나의 아들딸들아!

10,073 번째 하나님 말씀

2004년 3월 26일 11시 17분

1 사랑하는 나의 아들아!
2 "네, 아버님! 말씀하옵소서."
3 너희들이 인간 세상에 살아가면서 어
린아이를 달래는 그 어머니의 마음이
요, 그 정성 또한 그 아이를 달래고 달
래지 못하는 모습도 그 어머니의 수완
이요, 어머니의 노력에 달렸지 아니하
더냐?
4 우는 아이를 잘 달랠 수 있으며 그 울
음을 그치게 하는 것도 어머니의 수완
이요, 어머니의 능력에 따라서 너희들
이 행하고 역사할 수 있는 것이니라.
5 내가 나의 아들의 주변이요, 그를 따
르는 그 제자들이 왜 내가 여인들로서
주축이 되었으며, 여인들로서 나의 아
들의 그 가까운 제자로서 그 모든 길
을 역사하는지 알겠느냐?
6 세상에 살아가면서 나의 아들이 거듭
남이니, 그가 어린아이요, 세상물정을
모르고 살아가느니라.
7 오로지 160권의 법선의 기노로써 그
법전을 만드는 데만 그 모두를 다 바
침이니, 그는 기억을 하지 못하며 세
상 것을 생각하지 아니함이니,
8 그 어린아이와 같은 나의 아들이 160
권을 받아 기록하여 세상에 전할 수
있는 것, 그를 달래고 어르는 것이 바
로 무엇이더냐?
9 여인이 자기 자식을 달래는 그와 같은
방법으로써 나의 아들의 마음을 잡으
며 그를 다스려 갈 수 있도록 하여, 그
가까운 제자들을 여인으로서 옆에 두
었으며 그를 따르게 하였음이니,
10 너희들은 어찌하여 그와 같은 이치요,
너희들이 그와 같은 깨달음을 그리도
모르는가?
11 어린아이를 달래는 것은 여인들의 수
완이니라.
12 그리고 그 사랑하는 마음이 그 달래는
것을 잘할 수 있음이니라.
13 나의 아들이 세상물정을 모르며 모두
를 다 접어 두며, 오로지 160권의 법
전을 만들어 세상에 전하는 것 외에는
생각하지 아니하며 바라보지 못하니,
14 그처럼 바보요, 그처럼 어리석은 백성
이 어디 있으며 어린아이가 어디 있는
가?
15 그리하여 그를 달래고 잘 일러 너희들
이 160권이 세상에 나오는 그 역사를
이루게 하기 위하여 내가 그 제자들로
하여금, 선택된 자요, 여인들로 하여
금 그 주변에 역사하도록 하였음이니,
16 너희들이 어르고 달래는 어머니의 역
할을 하지 아니하고 매를 드는 어머니
요, 성장한 자식을 다루듯이 그리해서
는 이가 깨지며 부너신다는 것을 어찌
하여 너희들이 그리 모르는가?
17 그 현명한 지혜도 갖지 못하는 자가
어찌 나의 아들을 따르는 제자로서 그
역사를 다 할 수 있으며 같이할 수 있
단 말이던가?

18 그와 같이 너희들이 한 발짝 두 발짝
을 물러남이 아니라, 160권의 법전을
만들어 세상에 역사하기 위해 너희들
이 멀리 물러나 그를 바라보면 그 아
이의 가는 모습을 알며 그 아이를 볼
수 있을 것이니,
19 내가 왜 여인들로 하여금 나의 아들의
제자로서 그를 받들어 너희들의 이름
을 길이 기록하며, 여인으로서 모두를
역사하도록 만드는지 그 의미를 너희
들은 이제 알았을 것이니라.
20 자상한 어머니요, 우는 아이에게 젖을
물리며 달랠 수 있는 그 어머니로 역
할을 하라 하여 내가 너희들을 선택하
여 옆에 두었거늘,
21 너희들이 그를 어린아이를 다루듯이
나의 아들을 다루며, 그와 더불어 160
권의 법전을 받아 세상에 전하는 것,
그를 받아 너희들이 책으로 만드는 그
대명을 받은 그와 같은 현명한 여인의
처신이요, 현명한 삶을 살지 못하고,
22 어찌하여 너희들이 굳은 여인이요, 매
서운 여인이요, 시장 바닥에 장사하는
여인이요, 그저 재물이요, 먹고사는
것만 연연하여 자식과 남편이요, 가정
을 들여다보지 못하는 그 여인들과 같
이 너희들이 그리 마음이 삭막하던가?
23 그리해 가지고 너희들이 과연 나의 법
전을 만들어 세상에 전하는 선택된 여
인이요, 선택된 대명을 받은 자라 하
겠는가?
24 나 여호와가 지금까지 구약 시대의 그
모두를 역사하면서 남자들이 모두를
다 다스리고 역사했으나, 그 결과가
무엇이더냐?
25 나의 아들 예수를 가장 필요하고 가장
절실할 때, 그리고 가장 요구될 때 그
들은 등을 돌렸으며 그를 버렸으며 그
를 떠나지 않았더냐?
26 그러니 내가 다시 한 번 그 남자들로
하여금 제자를 삼아 나의 아들에게 그
와 같은 고통을 주려 함이 아니니니,
27 내가 모든 여성들로부터 너희들이 주
축이 되어 나의 법전을 세상에 만들어
역사하며, 이는 자상한 어머니와 같은
마음으로, 순수한 그 어린 나의 아들
을 잘 다스리고 보살펴 역사하라 하였
거늘,
28 너희들이 어찌하여 그와 같이 너희들
의 책임이요, 너희들의 가는 길을 모
르는가?
29 너희들이 과연 방법을 모르는가, 그
깨달음을 모르는가, 그리고 너희들이
다스릴 줄 모른단 말이던가?
30 이러니 너희들의 오늘의 책무가 얼마
나 무섭고 중하고 귀한 것인가를 알라.
31 너희들은 어린아이를 젖을 주어 달래
며, 먹이를 줘서 안고 달래며, 잠자는
아이 재워 주며 울음을 그치는 그 현
명하고 자상한 어머니의 그 손길로써
160권의 법전을 만들고,
32 세상을 보지 아니하며 죽은 자 가운데
거듭난다는 그 길을 가기 위하여 살아
가는 아무것도 모르는 나의 아들을 잘
다스리고 얼러 너희들이 160권의 역
사를 이루도록 하여,
33 내가 여성으로서 모두를 근접하게 했
으며, 여성으로서 수제자를 삼았으며,
여성으로서 이 법전을 만들도록 하였
으며 모두를 손을 대고 내가 역사하는

것이거늘,

34 너희들이 어찌하여 그 위대하고 소중한 것을 모르고 너희들이 멀리서 바라보는 그와 같은 안목을 갖지 못하며, 인간의 생각이요, 인간의 판단이요, 인간의 생각을 접목시켜 세상을 보려 하느냐?

35 이제 나도 답답하며, 너희들이 알지 못하며 깨우치지 못하기에, 내가 나의 법전에 기록하여 너희들의 대명이요, 여인으로서 모두를 이루도록 간 그 뜻을 기록하여 만백성에게 전함이니,

36 여성의 시대가 이루어질 것이며, 여성으로서 나의 법전을 만드니, 여성으로서 모두를 다스려 가는 유한 세상이 이루어질 것이며,

37 천 년의 역사도 여성 너희들의 손으로써 이루어진다는 것을 잊지 말라.

38 다만, 내가 지금 나의 아들 주변에 여인으로서 있게 함이니, 그에게 밥을 먹이는 자, 젖을 먹이는 자, 그리고 그를 달래는 자, 잠재우는 자, 그 모든 직분을 맡아 너희들이 옆에 와 있음이니,

39 그 어린아이를 다루는 그와 같은 마음의 자상한 손길로써 너희들이 행하지 아니하고,

40 어찌하여 먹고살기에 바쁘며, 자식이요, 형제요, 세상의 법이요, 도덕을 무시하고 살아가는, 막가는 그와 같은 여인의 자세로써 너희들이 나의 아들을 다스리며 나의 아들을 깨우치며 같이 가고자 그리 생각하는가?

41 하늘의 뜻이요, 하늘의 법도를 내가 풀어 줌이니라.

42 그리하여 그를 따르는 제자들을 옆에 두었으니, 그 직분이 다 어머니의 역할을 알아서 하는 것이기 때문에,

43 내가 아무것도 모르는 나의 아들이요, 가면 갈수록 그는 바보가 되며, 가면 갈수록 세상사를 모르며,

44 그 기억을 지우며, 그 생각을 지우며, 그를 다스려 가도록 하지 아니하면 그가 바로 설 수 없기에,

45 어머니와 같은 너희들로 하여금 그를 따르며 그를 잘 다스려 보호하며 가도록 하였거늘,

46 160권의 법전을 만드는 데 온갖 정성을 다하는 어머니의 그 마음이 어찌하여 너희들이 이와 같이 삭막하며, 너희들이 인간 세상의 생각이요, 계산을 두고 역사하고자 하는가?

47 이를 너희들이 바로잡아야 될 것이며, 이제 너희들이 가는 길이요, 내가 너희들을 부른 대명을 알았으면, 각자의 직분에 소홀히 하지 말며 최선을 다하여 역사하도록 하라.

48 법전을 만들어 기록하는 자, 법전을 만드는 자, 그에게 먹이를 제공해 주는 자, 잠자리를 제공해 주는 자, 그리고 그가 울고 우는 것을 또 달래 주는 자,

49 그와 같이 하여 내가 모성애를 가진 여자로서 모두를 역사했으며, 그 수제자를 여자로서 삼아 옆에 두고 있는 그 뜻을 알겠느냐?

50 내가 너희들에게 개인적으로 그를 깨우치고 전할 수 있으나, 전할 길이 없으며 깨우칠 수가 없어 나의 법전에 기록하니,

51 나의 아들은 아무것도 모르는 아이라
그리 너희들이 보고, 너희들이 설상
그렇지 않다 해도 나의 아들을 그리
만들어 가야 될 것이니 그리 알도록
하라.
52 사랑하는 나의 아들을 따르는 여인이
요, 내가 선택한 제자들이요, 나의 아
들과 더불어 영원히 같이 갈 그 제자
들에게 내가 내 뜻을 법전에 기록하여
전하니, 그리 알도록 하라.

10,074 번째 하나님 말씀

2004년 3월 26일 11시 21분

1 사랑하는 나의 아들아!
2 "네, 아버님! 말씀하옵소서."
3 나의 아들을 따르는 제자들이요, 나의
법전을 읽고 가는 너희들은 순수한 순
금으로서 거듭나며 그 변화의 역사를
이루어야 될 것이니라.
4 용광로에서 끓고 끓어 순금이 될 수
있도록 그와 같은 길을 가는 것이 너
희들이니라.
5 그러니 순금을 만드는 길이 무엇이더
냐?
6 뜨거운 불로써 달구며 그 불로써 녹여
그 모든 이물질을 버리는 것이 아니더
냐?
7 그러니 너희는 여기서 깨우치도록 그
리하라.
8 너희들은 기적과 이적이요, 그와 같은
것을 보이는 것이 참진리요, 나에게
오르는 길이며 내가 역사하는 것이라
혼동치 말라.
9 그를 혼동해서는 아니 됨이니라.
10 너희들이 금을 녹여야 순금을 만들 수
있는 것처럼, 진리는 진리대로 그대로
흘러가는 것이니라.
11 기적과 이적이요, 그와 같은 것으로써
나의 진리를 전하며 나의 진리를 터득
하며 진리를 깨달을 수 없는 것임을
너희들은 알라.
12 그러니 나의 아들딸 너희들이 기적과
이적이라는, 그 인간의 초능력으로 행
사할 수 있는 것, 너희들의 노력 여하
에 따라서 역사할 수 있는 것에 혼동
되지 말며 흔들려서도 아니 됨이니라.
13 기적을 보이는 것이 나 여호와의 참진
리가 아니요, 나 여호와의 뜻이 아님
을 너희들은 깊이 가슴속에 새겨 두도
록 그리하라.
14 그곳에 너희들이 현혹되지 말라.
15 참진리의 길이요, 진리는 그 길이 따
로 있으며, 진리는 물이 흐르듯이 그
와 같이 조용히 흘러가는 그 아름다운
진리의 길이 있느니라, 달구고 달궈서
정금을 만들듯이.
16 기적은 너희가 만들고 너희가 역사할
수 있는 것이니, 인간이 노력하며 인
간이 마음을 비워 초능력의 그 역사를
이루는 것, 그것은 인간의 노력이요,
인간의 한계의 기적으로써 너희들이
역사하는 것이니,
17 그것은 나 여호와가 너희에게 역사하
는 것이 아니니,
18 그 역사는 믿음의 길이요, 하늘에 오
르는 길을 인도하고 가르치는 것이 아
니며, 참진리를 깨우쳐 주는 것이 아
니니라.
19 믿음은 믿음의 길이 따로 있음을 너희

들은 알라, 사랑하는 나의 아들딸들아!
20 너희들이 기적과 이적의 역사요, 허황
된 믿음의 길을 가고 있으며, 그를 바
라봐 혼동하여 바른 참진리를 못 보니,
21 참진리는 물이 위에서 낮은 곳으로 흐
르듯이 그저 그 길을 흘러가는 것뿐이
지, 거기에 기적이요, 이적이요, 모든
역사를 이루는 것은 진리가 아니며 하
늘에 오르는 길이 아니라 함을 알라.
22 내가 너희에게 무엇인가를 보여 주는
것은 너희들에게 체벌이지, 사랑이 아
니라 하지 아니하였더냐?
23 그와 같은 것으로써 너희들이 진리를
깨우치고 하늘에 오를 수 있는 길은
없음이니라.
24 매를 맞아야 공부하는 백성이요, 매를
맞지 아니하고서는 책상에 앉아 공부
하지 아니한다면, 그가 과연 훌륭한
사람으로서, 훌륭한 학생으로서 학업
에 모두를 바치는 학생으로 갈 수 있
단 말이더냐?
25 그와 마찬가지니라.
26 너희들이 매를 맞고 너희에게 어떠한
충격을 주어 너희를 깨우치고 역사하
는 것은 아니니라.
27 진리는 진리대로 조용히 스스로 흘러
가는 것임을 알라, 사랑하는 나의 아
들딸들아!

10,075 번째 하나님 말씀

2004년 3월 26일 11시 24분

1 "너는 나 외에는 다른 신들을 네게 있
게 말지니라.
2 너를 위하여 새긴 우상을 만들지 말
고, 또 위로 하늘에 있는 것이나 아래
로 땅에 있는 것이나 땅 아래 물속에
있는 것의 아무 형상이든지 만들지 말
며, 그것들에게 절하지 말며 그것들을
섬기지 말라.
3 너는 너의 하나님 여호와의 이름을 망
령되이 일컫지 말라.
4 안식일을 기억하여 거룩히 지키라.
5 네 부모를 공경하라.
6 살인하지 말지니라.
7 간음하지 말지니라.
8 도적질하지 말지니라.
9 네 이웃에 대하여 거짓 증거하지 말지
니라.
10 네 이웃의 집을 탐내지 말지니라.
11 나 여호와가 존재함을 믿는 그 자체가
구원의 길에 들어서는 기본이요 근본
이며, 나의 법전을 가슴에 안고 정독
하는 자, 반석 위에 서서 하늘에 오르
는 찬란한 빛을 보게 되는 영광을 얻
게 됨이니라."
12 사랑하는 나의 아들아!
13 "네, 아버님! 말씀하옵소서."
14 참진리의 길을 가지 않는 그 백성 너
희들은 과연 어떠한 역사를 하겠느냐?
15 너희들은 무거운 짐을 진 자에게 짐을
덜어 주는 것이 아니요, 더 무거운 짐
을 얹어 주는 그와 같은 짓을 하는 것
으로 참진리의 길을 가는 백성인지,
그 길을 가지 않는 백성인지를 구별하
는 것임을 알라.
16 나 여호와가 너희들에게 명하니, 나의
아들을 따르며 나의 아들의 강론을 들
으며 나의 법전을 읽고 깨우치는 만백
성 너희들은 남들이 지고 가는 그 무

거운 짐을 덜어 주고자, 그를 대신 지
고자 하는 것이 너희들의 오늘의 삶이
요,
17 그것이 너희들이 하고 싶어서 하는 것
이 아니요, 하고자 하여 너희들이 하
는 것이 아니라, 스스로 너희들 마음
에 새겨져 있으며 너희들이 행동에 익
숙해졌으며,
18 그리하여 너희들은 남의 무거운 짐을
대신 짊어지고 가는 것을 당연한 것처
럼 생각하며,
19 너희들은 그것이 사랑을 베푸는 것이
요, 남을 위해서 하는 것이요, 봉사하
는 것이라 생각지 아니하고 살지 않더
냐?
20 그러니 지금의 믿음의 길을 가는 백성
그들이 나의 사랑하는 백성들에게 무
거운 짐만을 계속 더 지워 주고 얹어
주는 그와 같은 믿음의 길을 가는 것,
21 그것이 너희들처럼 변하지 아니한 백
성이요, 너희들과 똑같은 마음을 갖지
아니한 백성은 그 사랑하는 백성들에
게 무거운 짐을 얹어 주는 자이니, 그
것이 참진리의 길을 가는 백성이 아니
라는 것을 너희들은 알아야 될 것이니
라.
22 지금의 믿음이요, 신앙생활이 과연 어
떠하더냐?
23 그들은 무거운 짐을 지고 허덕이고 가
는 나의 사랑하는 백성들에게 더 무거
운 짐을 얹어 주는 그와 같은 일만을
하고 있는 것이니라.
24 지금 그 모두를 일삼는 것이 바로 그
들이니라.
25 저희들이 울고불고 재물을 바쳐 역사
한다는 것, 큰 교회요, 성전이요, 성막
을 짓는다는 것, 그것이 다 나의 사랑
하는 백성들에게 짐을 지워 주는 자요,
26 허리가 굽어 일어서지 못하는 자에게
더 무거운 짐을 얹어 주는 그와 같은
사악한 행위를 함이니,
27 진리를 가르치는 것이 아니라, 사탄의
자식으로서 역사한다는 것을 알라.
28 이제 너희들은 알아야 될 것이니라.
29 모든 종교 집단이요, 그곳에 속에 있
는 자, 지도자의 감언이설에 너희들이
돈을 주고 산 그 명칭을 가지고,
30 그 명칭의 높은 것을 산 자일수록 무
거운 짐을 지게 하며 그 무거운 짐을
지고 가도록 그리 말함이니,
31 육의 세상에서 무거운 짐을 지워 그들
의 허리를 굽게 하는 자, 그들이 바로
나의 피조물 만백성이 자연의 아름다
움이요, 자연의 행복함을 모르며 지옥
불로 그대로 가게 되는 그와 같은 연
장선상에서 끌고 가며,
32 너희들이 고삐에 꿰어 끌려가는 짐승
과 같은 형국이 되는 순간이라는 것을
절대 잊지 말도록 그리 전하고 깨우쳐
주라.

10,076 번째 하나님 말씀

2004년 3월 26일 11시 30분

1 사랑하는 나의 아들아!
2 "네, 아버님! 말씀하옵소서."
3 나의 아들 예수가 너희들의 그 죄를
속죄하기 위하여 피 흘려 죽었으며,
그 피로써 너희들이 용서를 받았다는
말을 내가 하지 말라 하였음이니, 그

의미의 뜻이 무엇인 줄 너희들은 알겠
느냐?
4 나의 아들 예수가 너희들의 죄를 대신
하여 속죄양이 되었으며 그리 너희들
의 죄를 대신해 죽었다면,
5 지금처럼 너희들이 험악한 백성이요,
사탄이 우글거리는 세상이 되었으며,
범죄자들이 세상을 지배하며,
6 너희들이 깨우친다는 종교 집단 지도
자 너희들이 도둑이 들끓는 세상이요,
말세요, 종말의 세상이라 말하는 이와
같은 세상이 되도록 내가 과연 용서했
으며, 내가 이를 참고 인내했을 것이
라 너희들이 생각하느냐?
7 너희들이 네 자식을 누구를 위하여 대
신 죽게 했다면, 그리하여 그가 바로
서게 하기 위하여 너희 자식을 죽였거
늘, 그가 바로 가지 않을 때 그를 용서
하겠는가?
8 너희들이 둘째 자식이요, 큰 자식이
요, 너희들이 자식들을 두고 있음이
니, 큰 자식이 잘못 가는 것을 바로잡
기 위하여 너희들이 둘째 자식을 죽음
으로 몰아넣어 그것을 큰 자식에게 본
보기로 삼아 그를 바로 세우고자 했다
면,
9 제 동생을 죽음으로 몰아넣어 그 큰
자식인 저를 다스리고자 하는 그 부모
의 심정을 따르지 아니하고 행하지 아
니한다면, 과연 그 부모는 큰 자식을
그냥 두겠는가?
10 절대 그를 용서하지 못할 것이니라.
11 너희들이 나의 아들 예수가 죽음이요,
그 보혈로써 피를 흘리고 죽어 간 것
이 너희들의 죄를 대신 졌으며 너희들
의 죄를 속죄한 것이며 너희들의 죄를
다 용서한 것이라 하면,
12 너희들이 지금 사탄이 우글거리는 세
상이요, 죄를 짓고 있으며, 너희들이
나에게 오를 수 없는 그와 같은 범법
의 행위만을 하고 지금 이 세상을 지
배하고 다스리는 그와 같은 자들, 너
희들을 내가 용서했겠는가?
13 너희들의 죄를 속죄하며 너희들이 나
의 아들의 피로써 구원을 받는 그것으
로써 나의 아들이 죽어 간 것이 아니
기에,
14 내가 지금 몇천 년 동안 그를 방관하
며 보고만 있으며, 내가 벌로써 다스
리지 아니함을 너희들은 알라.
15 자식 하나를 가르치기 위하여 한 자식
을 죽였을 때, 살아 있는 자식이 그 죽
은 자식의 공로요, 그 마음을 모르고
따르지 아니한다면, 그 부모도 그를
용서하지 아니할 것이거늘,
16 창조주 나 여호와가 너희들의 죄를 대
신하며 너의 죄를 씻어 주기 위해서
나의 아들이 죄를 모두 안고 가게 하
여,
17 천년만년 살아가면서 영원히 인간이
존재하는 너희들의 모든 죄를 다 안고
간 나의 아들의 죽음이라면,
18 너희들이 죄짓고 범법 행위를 하는 것
을 보고 용서할 수 있는 나 여호와라
생각하는가?
19 절대 내가 너희들을 용서하지 아니할
것이며, 모두를 재앙으로써 다스렸을
것이니라.
20 그러나 나의 아들의 죽음으로써 그를
원한 것이 아니요, 나의 아들로 하여

금 너희들이 하늘에 오르는 길이요,
참진리요, 사랑의 실천하는 것을 내가
전하고 깨우쳐 주려 했기 때문에,
21 지금 2천 년이라 하여 기나긴 그 세월
을 참고 내가 너희들을 방관하고 놔두
었음을 너희들은 알아야 될 것이니,
22 이와 같은 나의 뜻을 모르는 너희들이
이제 두 번 다시 그와 같은 말을 하지
말라.
23 그와 같은 것으로써 내가 나의 아들을
죽게 했다면, 정녕 그 길을 가지 아니
하며 너희들을 용서치 아니하였을 것
이니라.
24 이제 나의 뜻을 가지고 나의 아들 예
수와 같은 그 이름을 너희들이 왜곡되
게 전하지 말며, 그를 가르치며 울고
불고 너희들이 사악한 행위를 더 이상
하지 말라.
25 정녕 너희들의 그러한 대가로 나의 아
들이 죽었다면, 오늘의 종교 집단이
요, 지도자 너희들을 다 절대 용서치
아니하며 방관치 아니하였을 것임을
알라.
26 내가 다시 기다리고 인내하는 것은 다
른 뜻이 있었으며, 내가 바라는 것이
다르기 때문이며, 내가 바라는 것은
그 뜻이 아니기 때문이었음을 너희들
은 알라.
27 그리하여 너희들에게 내가 마지막 시
대에 다시 한 번 기회를 준다 하였음
이니라.
28 사랑하는 마음이요, 하늘에 오르는 길
을 깨우쳐 바로 보고 나에게 오르도록
너희들에게 기회를 주며,
29 그를 역사하는 내가 인내함을 너희들
이 알지 아니하면 절대 아니 됨을 알
라 그리 전하라, 사랑하는 나의 아들
아!
30 과연 그들이 나의 법전을 읽으면서도
이 뜻을 깨우치지 못한다면, 그들은
그들대로 버려지는 백성이 될 것이며,
유황불에 들어가 타 버리는 그와 같은
자들이 될 것이니 그리 알라 그리 전
하라.

10,077 번째 하나님 말씀

2004년 3월 26일 11시 34분

1 사랑하는 나의 아들아!
2 "네, 아버님! 말씀하옵소서."
3 너의 제자들은 바로 깨우치며 바로 알
아야 되며, 하늘의 뜻이 무엇인가를
그 정답을 아는 백성이 되어야 될 것
이니라.
4 너희들이 하나가 되기 위해서 너희들
이 나에게 오르는 길은 너희 자신을
버려야 되는 것이며, 너를 지워 버리
는 그와 같은 삶을 사는 것이 나 여호
와의 뜻이요,
5 너희가 겸손하고 겸허하고 양보하는
마음, 이해하는 마음, 사랑하는 마음,
그 모두가 너를 버리고 너를 지워 버
리는 것이라 너희들은 그리 생각하고
살아갈 것이니라.
6 그러나 너희들은 알아야 될 것이니라.
7 나 여호와가 너희들의 모두를 버리고
지워 버리고 하나가 되라는 것은,
8 너희들이 다른 사람들보다 양보하며
그리고 겸손하며, 사랑으로써 모두를
다스려 나가는 그와 같은 마음으로 사

는 것이 너희 자신을 버리며 너를 다
스리는 것이라 생각하는 그와 같은 믿
음, 여기서 너희들은 한 발짝 더 나아
가야 되느니라.
9 내가 진정 너희들이 지워 버리고 너
를 버려 하나가 되어 나의 뜻에 따라
역사하라 가르치는 것, 나의 아들과
더불어 너희들이 하나의 오차도 없이
나의 아들이 온 그 길을 바로 밟고 따
라올 수 있는 사람이 되라 하는 것, 그
것이 버려지는 거고 너를 지우는 것
이라 하는 것은 너희들은 이와 같은
뜻임을 알아야 될 것이니라.
10 그러나 너희는 정녕 그와 같은 생각
이요, 너희들이 전진하는 것, 그리고
변화되는 것, 그것이 너희들이 아님이
니, 이제 너희들은 바로 깨우쳐 전하
도록 하라.
11 너희들이 지금 살아가는 삶에서 무엇
이 너희들의 모두를 버리고 지우며
놓는 것인 줄 알겠느냐?
12 너희들이 지금 살아가는 육체와 너희
들의 마음이 잘못되고 잘못 다스려져
가는 것, 그 모두를 다 지워 버리는 것
이 너희들을 완전히 버리는 것이요,
너를 멸하는 것이라는 것을 알아야
될 것이니라.
13 너를 지워 버리고 버리라는 것, 그것
이 바로 양보요, 겸손이요, 사랑의 실
천함이 아니요,
14 네 육체요, 네 마음이 잘못되는 것, 잘
못 다스려지는 것, 그 모두를 다 지워
버리고 버리는 것이 바로 너희들이 완
전한 버림이요, 너희 자신을 놓는 것
이라는 것을 잊어버리지 않도록 그리
하라, 사랑하는 나의 아들딸들아!
15 너희들이 육의 보이는 것이 네가 아니
요, 네 영혼이 보이지 않는 그 삶을 사
는 것이 진정한 너를 발견하는 것이
며, 너의 삶이며 너 자신이 사는 것이
라 내가 말하지 아니하였더냐?
16 그와 같은 뜻으로 의미를 안다면, 너
를 버리고 너를 지워 버리라는 것은
겸손이요, 양보요, 그 이해하는 마음
으로써 모두를 다 너희들이 손해 보는
삶을 사는 것이 너를 버리고 너를 지
워 버리는 것이 아니라,
17 네 육체와 네 마음의 잘못된 생각 그
모두를 다 지워 버리는 것, 네 육체와
네 마음의 모두를 다 지우는 것이 완
전히 너를 버리고 너를 지워 버린 삶
이라는 것을 알도록 그리 전하라, 사
랑하는 나의 아들딸들아!

10,078 번째 하나님 말씀

2004년 3월 26일 11시 38분

1 사랑하는 나의 아들아!
2 "네, 아버님! 말씀하옵소서."
3 나의 많은 피조물 만백성이요, 지금의
믿음의 길을 가는 종교 집단의 지도자
그 신도들이 무어라 말하느냐?
4 나를 경배하고 나를 찾으며 나의 아들
예수를 찾는 것으로써 나의 백성이 너
희들이 된 것이며,
5 그리고 나는 친히 너희들과 같이하며,
그리하여 나를 찾는 백성 너희들에게
모든 눈물이요, 그 눈에서 흐르는 눈
물을 내가 다 씻어 주며,
6 다시는 사망이 없고 애통하는 것이 없

으며 곡하는 것이 없으며 아픈 것이
없으며 슬픈 것이 없는 그와 같은 세
상이 되는 것이며,
7 그리하여 너희들은 지난날의 모든 것
은 다 지워 버리고 잊어버려도 될 것
이며, 거듭난 백성이라 내가 너희들에
게 그리 전하며 성서에 기록한 내용을
너희들은 과연 어찌 해석하는가?
8 너희들은 나의 아들을 찾고 부르짖으
면 너희들이 그와 같은 역사를 이룬다
생각하고 지금의 믿음으로 가고 있으
니, 그것이 너희들이 잘못 감이니라.
9 나는 나의 성령이 임하지 아니하는 백
성은 바로 내가 될 수 없으며 내가 너
희들과 같이할 수 없다는 그 뜻을 전
한 것임을 너희들은 알아야 될 것이니
라.
10 너희들이 나의 성령으로써 임하지 아
니한 백성은 그 모두를 거둬들일 수
없으며 역사할 수 없는 것이라는 것을
내가 기록하여 전함이니,
11 너희들이 나의 뜻을 모르고 그것으로
써 나의 아들 예수를 찾으며 나를 부
름으로 너희들이 그 모든 은혜요, 영
광 속에 들어간 자요, 그 모두가 행하
여지며 너희들에게 내려지는 축복이
라 그리 믿고 가니, 그 애통한 마음을
내가 어찌하겠는가?
12 이는 너희들이 성령으로써 임하지 아
니하여 거듭나지 아니한 백성은 결코
그와 같은 은혜요, 그와 같은 세상에
들어갈 수 없으며 그와 같은 삶을 누
리고 살 수 없다는 것을 내가 너희들
에게 깨우쳐 주고 전하기 위하여 기
록한 내용이지,
13 너희들이 나의 아들 예수를 찾으며 나
를 찾기만 하면 그와 같은 영광이요,
축복된 은혜 속에서 산다는 것이 아니
니,
14 내가 전하고자 하는 그 뜻을 잘못 기
록하여 잘못 전하였음이니, 그 애통함
이요, 내 마음이 얼마나 아픈 줄 알겠
느냐?
15 그리하여 성령을 훼방하는 자 용서하
지 아니한다 하였음이니,
16 성령의 한두 자요, 한 획을 잘못 기록
함으로 그 뜻이 틀려, 그 책이 존재하
며 성경이 존재하는 동안 영원히 그는
잘못 가르치며 만백성이 잘못 배우고
가기 때문에 그를 용서하지 아니한다
함이지,
17 너희들이 나의 법전을 전하는 것을 방
해하는 그와 같은 것으로써 성령의 훼
방죄라 하는 것이 아님을 너희들은 알
라 전하라, 사랑하는 나의 아들딸들아!

10,079 번째 하나님 말씀

2004년 3월 26일 11시 44분

1 사랑하는 나의 아들아!
2 "네, 아버님! 말씀하옵소서."
3 너희가 나와 같이할 수 있는 그 자격
이 필요함이니라.
4 너희들이 나와 같이할 수 있는 그 자
격이 없음이니, 그리하여 너희들이 그
모두를 알 수 없으며 그 모두를 역사
할 수 없는 것이 아니더냐?
5 그리하여 나 여호와는 지금 나의 아들
을 따르는 제자요, 나의 법전을 읽고
깨우쳐 가는 그 백성들에게 고통과 시

련을 주는 것이 무엇인 줄 알겠느냐?
6 너희들이 나와 같이할 수 있는 그 자
격증을 얻게 하고자 함이니라.
7 너희들이 이 세상에 나 여호와가 같이
하며 나의 집에 올 수 있는 자격증을
가지고 있는 백성이 없음이니, 그것이
나 여호와의 어떤 마음인 줄 알겠느냐?
8 너희들이 육을 가지고 사는 자 사망하
는 그 고통과 같은 것이며, 너희들이
가장 애통함을 겪는 그 백성의 마음이
요, 너희들이 가장 아픔과 슬픔을 겪
는 그 백성들보다도 더 아픔이요, 더
애통함이요, 더 사망의 고통을 겪고
있는 것이 나 여호와임을 너희들은 알
아야 될 것이니라.
9 또한 너희들이 나에게 오를 수 있는
자격이 없는 백성이 그러하니라.
10 사망과 애통과 슬픔과 슬픔의 그 아픔
을 너희들이 다 모두 겪고 살아가는
것이 나의 백성들이라 함을 너희들은
알아야 될 것이니라.
11 그러니 너희들이 이와 같은 것을 벗어
날 수 있는 것은 바로 나에게 오를 수
있는 자격증을 취득하는 백성이니,
12 이는 곧 나의 법전을 읽고 깨우쳐 너
희들이 악과 선을 구분할 수 있는 그
지혜를 얻어 선을 선택하는 삶을 살아
야 된다는 것을 알아야 될 것이니라.
13 너희가 나와 같이하는 백성이 되게 하
기 위해 나 여호와는 어찌했는가?
14 너희들이 나로부터 올 수 있는 자격을
받은 자, 그 자격증을 가져 나와 같이
할 수 있는 그 백성을 탄식과 슬픔 속
에서 6천 년이라는 길고 긴 세월을 기
다렸음을 너희들은 알라.
15 탄식 속에서 6천 년이라는 그 세월이
흘러 지금에 와서 내가 나의 아들을
통하여 새로운 법전을 내려보내며,
16 이를 가지고 만들고 역사하는 나의 아
들을 따르는 제자들이요, 법전을 읽고
깨우친 만백성 너희들이니,
17 탄식의 6천 년을 다 접어 두고 다시
시작하는 것이 너희들이요, 그 역사하
는 것이 너희들과 더불어 감이니,
18 너희들이 귀하고 소중한 그 대명을 잠
시도 잊지 말도록 그리하라.
19 그것이 너희들이 지키고 가야 할 길이
니라, 사랑하는 나의 아들딸들아!

10,080 번째 하나님 말씀

2004년 3월 26일 12시 09분

1 사랑하는 나의 아들아!
2 "네, 아버님! 말씀하옵소서."
3 너희들이 나의 법전을 공부하며 강론
을 들어 참진리의 그 길대로 곧고 바
르게 살아가려 아무리 애를 써도, 제
대로 가지 못하며 제대로 서지 못하는
것이요,
4 죄를 짓지 아니하고 살려 아무리 노력
해도 스스로 죄를 지으며, 거짓을 하
지 아니하고 살려고 발버둥쳐도 너희
들이 거짓을 하게 됨이니,
5 그것이 오늘의 나의 아들을 따르는 제
자 너희들의 고민이요, 너희들의 그
고통일 것이니라.
6 너희들이 아름다운 생각을 하고 살려
하나, 눈을 감으면 너희들이 죄를 연
상하게 되며, 아름다운 생각보다는 너
희들이 죄짓는 생각을 더 많이 하니,

또한 너희들이 그것이 고통스러운 고
민이요,
7 법전을 정독하지만 너희들이 기억되
지 아니하며 그대로 행할 수가 없으며
그를 잊어버리고 사는 것이 너희들이
요,
8 아버님의 말씀이요, 너희들이 창조주
나 여호와의 뜻이라 하여 사랑을 실천
하고 살며 사랑을 베풀려고 해도,
9 너희들이 쥐고 있는 것이 아까워 소중
하니 손에서 떼지 못하여 사랑을 행하
지 못하며 실천하지 못하여 너희들이
그 고민 속에 삶을 사는 것이요,
10 계명이요, 법전대로 강론을 듣고 깨달
아도, 너희들이 실천하지 아니하며,
나의 아들의 강론을 듣고 너희들이 성
전을 나감이니 그 모두를 지워 버리며
너희들은 또 인간 세상으로 돌아가며,
11 시기하고 질투하지 아니하려 해도 너
희들이 그 시기하고 질투하는 마음이
너희들에게 지워지지 아니하며,
12 남을 의심하며 의혹하는 마음을 갖지
않으려고 너희들이 평소에 수없이 말
을 하나, 또 너희들이 부닥치면 남을
의심하며 의혹하는 마음이 네 가슴에
서 일어남이니,
13 네 불꽃을 끄지 못하여 너희 자신을
원망하며 자신을 욕하며 자신을 매질
하는 그와 같은 고통 속에서 너희들이
살아가는 것이 아니더냐?
14 자신의 모두를 태워서 너희들이 모두
를 다 지워 버리고 거듭나는 삶을 살
고 싶으나 너희들이 거듭나지 못하며,
15 다시 너희들이 살아가는 그 삶에 변화
되는 것을 보지 못하는 그것을 보면서
너희 자신을 원망하고 고통 속에 살아
가는 것이 아니더냐?
16 그리하여 너희들이 몸부림을 치고 있
는 것이니라.
17 그리하여 울며불며 너희들이 회개하
고 용서를 빌고 또 기도를 드려도, 너
희들이 돌이켜 보면 또 무너져 있으
며, 너희들이 다짐이 안 되어 있으며,
바로 서지 못하는 것이니,
18 너희들이 이와 같은 것의 고통과 고민
속에서 살아가는 것이니,
19 너희들이 돌이켜 생각하면 아무것도
이룬 것이 없으며, 아무것도 역사한
것이 없으며, 아무것도 변한 것이 없
음이니,
20 그를 가지고 너희들이 고민과 고민 속
에서 괴로워하는 삶을 사는 것이니,
21 이것이 바로 나의 아들딸들이 살아가
는 길이요, 깨달음을 얻은 백성 너희
들이 가는 고민이요, 고통이니라.
22 그러니 너희들이 정상적인 삶을 살아
가는 것이요, 정상적인 그 길을 걸어
가고 있으며, 한 발짝 한 발짝 너희들
도 모르는 사이에 나에게 오고 있으며,
23 너희들에게 누덕누덕 붙어 있던 그 죄
의 누더기를 하나하나 씻어 내는 그와
같은 삶을 사는 것이니라.
24 내가 지금 나의 아들을 통하여 법전에
기록하여 전했던 너희들의 고민이요,
그 고통이요, 너희들이 버리지 못하여
몸부림치는 것, 털어 버리지 못하여
애타는 것,
25 남을 마음대로 줄 수 없어 그 욕심의
마음을 버리지 못하여 네 손에서 물건
을 놓지 못하는 아픔이요,

26 너희들이 무엇을 이루고자 말없이 기
도하며 말없이 나온 그 소원을 너희들
이 속으로 생각하는 것이 잘못되었다
는 걸 깨닫고 너희 자신이 그와 같은
잘못을 고통으로 회개와 눈물로써 지
워 버리고자 하는 것,
27 그 고민과 고통이 바로 너희들이 나에
게 오르는 길이요, 나의 아들딸들이
가는 삶이 정상적인 길이니, 그리 알
도록 전하라, 사랑하는 나의 아들아!

10,081 번째 하나님 말씀

2004년 3월 26일 13시 04분

1 사랑하는 나의 아들아!
2 "네, 아버님! 말씀하옵소서."
3 나 여호와가 만든 이 지구상에 사는
모든 동식물 너희들은 물이 공급되지
아니하여도 너희들이 존재하지 못하
며, 산소가 또한 공급되지 아니하여도
너희들이 존재하지 못하며, 내가 빛을
내리지 아니한다 해도 너희들은 견딜
수가 없으며,
4 서서히 마르고 비틀어져 너희들이 죽
어 가는 그와 같은 형국일 것이며, 거
기서 결코 벗어날 수 없는 것이 너희
들임을 알아야 될 것이니라.
5 이제 나의 아들을 따르는 제자들이요,
그리고 만백성 너희들은 들으라.
6 모든 동식물에게 내가 산소요, 물이
요, 빛을 내리지 아니하면 서서히 말
라죽어 가는 그와 같은 형국은 볼 수
있으나, 어찌하여 너희들 자신이 말라
죽어 가는 것은 보지 못한단 말이더냐?
7 너희들은 나의 법전을 공급함이 무엇
인 줄 알겠느냐?
8 나의 법전을 공급받지 못하는 자, 이
를 접하지 아니하는 백성, 너희들이
물과 빛과 그리고 공기를 공급받지 못
하여 죽어 가는 그 모형과 무엇이 다
르겠느냐?
9 똑같은 형국이니라.
10 그러니 나의 아들을 따르는 제자 너희
들이요, 나의 법전을 접한 너희들이
얼마나 은혜와 영광 속에서 선택된 백
성이요, 나로부터 은혜를 받은 것인
줄 알겠는가?
11 동식물이 물이 없고 빛이 없어 말라죽
어 가는 것은 알면서, 너희들 스스로
죽어 가는 것은 모르는 것이 나의 백
성 너희들이니, 그 어리석음에서 벗어
나도록 그리하여야 될 것이니라.
12 이제 이 세상의 모든 생명체는 나의
법전이니라.
13 이것이 너희들이 육의 세상에 살면서
너희들이 바른 삶이요, 너희들이 진리
의 길을 알게 되며,
14 그 진리의 길을 깨달아 그 길을 따라
오는 자, 나에게 와 영원히 사는 세상
이요, 거듭나는 너희들의 그 생명이
태어남의 영광을 얻게 됨이니,
15 그러니 빛과 물과 그 공기보다도 더
소중한 것이 나의 이 법전이라는 것을
너희들이 잊지 말고 살아가라 그리 전
하라.

10,082 번째 하나님 말씀

2004년 3월 26일 13시 09분

1 사랑하는 나의 아들아!

2 "네, 아버님! 말씀하옵소서."
3 너의 제자들은 결코 나의 법전을 접하
지 아니하여 깨달음이 없다 하여 그들
을 이방인이라 그리 평하지 말라.
4 모든 믿음의 길을 가는 종교 집단이
요, 그들이 얼마나 어리석은 자들이더
냐?
5 저희들이 이방인이라는 백성을 벌레
취급하며 죄인 취급을 하는 자들이니
라.
6 그러니 그들이 얼마나 어리석고 불쌍
한 백성들이더냐?
7 저희들은 말하느니라.
8 이방인이라 살던 자가 죽음 직전에,
숨을 거두기 전에 나 여호와를 믿는다
시인하면 구원받으며, 선택된 백성으
로서 나에게 올 수 있다 말하면서,
9 너희들이 이방인이라는 그 백성이 사
는 기간이 많던가, 숨을 거두는 백성
이 사는 기간이 많더냐?
10 너희들이 그렇다면 지금 숨을 쉬고 사
는 백성이 죽음 직전에 나를 시인하면
이방인이 아니요, 구원받은 백성이라
함이니,
11 지금 나이가 어린 젊은이가 너희 뜻을
따르지 아니하며 너희들에게 와 헌금
을 바치지 아니하며 너희들의 교회에
와 십일조를 바치지 않는다 하여 이방
인이요, 죄인 취급하고 벌레 취급하는
그들이 회개할 수 있는 기간이 길고
많이 남아 있느냐, 숨을 거두는 사람
이 많이 남아 있겠느냐?
12 숨을 거두는 자가 숨을 거두기 전에
나를 믿으면 이방인이 아니요, 구원을
받음이라 하였음이니,
13 지금 살아 있고 젊은 그 백성들은 얼
마든지 회개할 수 있는 기회가 있으
며 나를 시인하고 찾을 수 있는 기회
가 수없이 많이 있거늘,
14 그와 같은 백성들을 이방인이라 하여
벌레 취급하며 죄인 취급하는 것이 너
희들이 얼마나 웃지 못할 형국을 하
고 있는 것인지 아느냐?
15 이것이 오늘의 믿음의 길을 가는 백성
너희들의 어리석음이요, 세상의 이치
를 모름이니, 하늘의 이치는 더욱 모
르는 너희들임이니,
16 내가 나의 아들을 통하여 너희들이 답
답하고 어리석은 짓을 하는 것, 나의
사랑하는 백성들로부터 너희들이 재
물을 갈취하며 고혈을 빨기 위하여 사
기극을 벌이는 것을 내가 하나하나 풀
어 그 사기극을 벌이지 못하도록 함이
니,
17 너희들의 답답하고 괴로운 심정은 이
루 말할 수 없을 것이니,
18 그리하여 그것이 곧 폭발하여 나의 아
들이요, 나의 아들의 제자요, 나의 법
전을 너희들이 찢어 버리고 태우는 그
와 같은 형국이 올 것을 내가 알고 있
으나,
19 너희들의 마음과 뜻대로 그리 역사하
지 못할 것이라는 걸 너희들은 알아야
될 것이니라.
20 이는 내가 주관하며 내가 마지막으로
역사하기 때문이니,
21 너희들이 예수를 죽게 한 것보다도 더
사악한 방법으로, 더 사악한 형국으로
하고자 하나,
22 너희들의 목줄을 자르며, 너희들의 생

명줄을 자르며, 너희들이 사기극을 벌
이는 것을 못 하게 하며,
23 나의 백성으로부터 고혈을 빨아 너희
들이 부귀영화를 누리는 것을 못 하도
록 그 모두를 세상에 밝히니,
24 너희들이 나의 아들을 죽게 하고자 하
는 마음이 이루 말할 수 없으나 너희
들 뜻대로 되지 아니함을 알라.
25 나 여호와의 본체가 사랑이라 하지 아
니하였느냐?
26 그리고 나의 아들 예수가 세상에 와서
너희들에게 전하는 것도 내 사랑의 본
체를 전함이요, 그 역사를 하는 것이
거늘,
27 어찌하여 나의 아들 예수와 나 여호와
가 이방인이라 하여 차별하며, 믿지
않는 백성이라 하여 나의 아들딸이 아
니라 그리 말한단 말이더냐?
28 그러니 이방인이라 말하는 자, 너희들
이 얼마나 어리석으냐?
29 너희들 앞에 죽음 직전에 시인 한 번
하며 네가 묻는 말에 '네'라고 대답하
면 구원받으며 이방인이 아니라 하면
서,
30 그 기회가 수억 번 있는 그 백성들에
게 그를 차별하는 어리석은 짓을 하지
말라.
31 지금 제3의 시대를 열면서 나는 어찌
하는가?
32 너희들이 구약과 신약의 그 모두를 덮
어 두며, 새로운 시대요, 새 역사가 이
루어짐이니,
33 내가 내리는 새로운 성경이요, 나의
법전을 읽고 깨우치는 백성, 그 누구
든 이방인이 아니요,
34 나의 성전을 찾고 안 찾는 것이 관계
없이 나의 법전을 읽고 깨우치면 너희
들이 구원을 받는다 내가 그리하지 아
니하였더냐?
35 이와 같이 모두를 다 초월하여 지금
구원의 역사를 이루는 것이 진정한 참
진리요, 나 여호와가 역사하는 것이라
는 것을 너희들은 알아야 될 것이니라.
36 나의 법전을 읽고 깨우치면 나의 백성
이 되느니라.
37 그러니 너희가 죽을 때 나를 시인하는
것으로써 구원받는다는 그와 같은 짓
을 하는 자,
38 그러면서 너희들이 믿지 않는 자를
이방인이라 하며 죄인 취급하며 벌레
취급하는 그와 같은 사악한 행위를 하
지 말라.
39 저 자신이 어디 있는 것이며, 제가 구
원받은 자인지 구원받지 않은 자인지,
40 제가 어디로 갈지도 모르는 자들이,
저희들이 그 믿음이 구원의 길이라 하
여 제 마음대로 평가하며 저 혼자 구
원받은 것처럼 도취되어 나의 사랑하
는 백성들을 죄인 취급하지 말라.
41 정녕 죄인은 너희들이며, 기회가 없는
것은 너희들이니라.
42 그들은 나의 법전을 접할 수 있으며
나의 법전을 읽고 깨우칠 수 있으나,
너희들은 죽기 아니면 살기로 구원을
받은 자라 생각하고 있기에, 나의 법
전을 접할 기회도 없으며 읽지도 않을
것이니,
43 바로 죽은 자요, 죄인은 지금의 믿음
의 길을 가고 있는 너희들이요, 광분
하는 신도들이요, 맹종 맹신하는 너희

들이라는 걸 절대 잊지 말라.

10,083 번째 하나님 말씀

2004년 3월 26일 13시 14분

1 사랑하는 나의 아들아!

2 "네, 아버님! 말씀하옵소서."

3 정녕 나에게 오는 백성이요, 구원을 받는 백성이 무엇인 줄 알겠느냐?

4 천만 년이요, 너희들이 죽을 때까지 나를 찾고 나를 부르며, 예수를 찾고 복음을 전하는 사업을 했다는 백성, 그리고 저희들은 선택된 백성들이요, 저희들이 아닌 다른 이방인들은 짐승이요, 벌레처럼 취급하고 선을 긋고 살며, 그와 같이 깨끗한 체하며 사는 것,

5 그리고 너희들이 이방인을 무시하며 나 여호와의 백성이 아니라 하여 짓밟는 행위를 하는 것, 멸시하는 것,

6 그리고 기적을 이루고 또 은혜의 역사요, 병을 고치는 은혜요, 방언의 은사를 입고 나에게 받았다 하는 백성, 너희들이 어떠한 것을 역사한다 해도,

7 불법을 행하는 자는, 불법을 행하는 삶을 사는 자는 나와 아무런 관계가 없으며, 나의 백성이 아니라는 것을 너희들은 알아야 될 것이니라.

8 그러니 이와 같은 이치를 깨닫지 아니하는 자, 너희들이 어떠한 형태로써 평생을 나를 위해 바쳤으며 나를 위한 사업을 역사했다 해도, 너희들은 불법을 행하는 그것으로써 나와 관계없는 백성이요,

9 그 불법을 행하는 자, 나를 욕되게 하는 것이요, 내 역사요, 내 복음을 전하는 것을 방해하는 자이지, 너희들이 나의 복음을 전하는 백성이 아님이니,

10 너희들은 나와 관계없는 백성이요, 아무런 상관이 없는 백성이요, 그리하여 내가 너희들을 모른다 하는 백성이라 함을 알라.

11 나 여호와의 뜻이며 하늘의 법도는 심판의 그 기준이 바로 너희들이 불법을 행하고 행하지 아니함으로써 모든 기준을 이루는 것이요,

12 그리하여 너희들이 나에게 구원을 받고 못 받는 것은 거기서 결정됨이지,

13 너희들이 기적을 이루고 은혜를 입어서 방언의 은혜요, 은사의 은혜요, 기적의 은혜요, 어떠한 것을 한다고 해도, 불법을 행하는 자는 나와 관계없다는 것을 명심하고 명심하도록 그리하라.

14 너희들이 정녕 나에게 오를 수 있는 길이 어떠한 길이며 어떠한 방법인지 모르겠느냐?

15 너희들은 간단하니라.

16 불법을 기뻐하며 죄악의 행위를 하는 자는 나에게 오를 수 없는 것이요,

17 진리를 기뻐하며 진리를 행하는 것을 즐거움으로 하는 자, 그는 나에게 오를 수 있는 백성이라는 것을 너희들은 알아야 될 것이니라.

18 불의를 행하지 아니하며 죄를 짓지 아니하고 정의로운 삶을 살며 정의로운 삶을 기뻐하는 그 길만이 나에게 오르는 길이요, 그를 행하는 백성이 나에게 올 수 있는 길이라는 것을 너희들은 알아야 될 것이니라.

19 그러니 그 길이 어렵고 힘들다 했음이
니라.
20 그리하여 어렵고 힘들다 해도 그 모든
고통과 시련을 참아 내며 나를 믿는
마음이 변하지 아니하며,
21 너희들이 한 가지 나를 믿는 마음으로
써 모두를 의지하고 살아가는 것,
22 그리하여 너희들이 나의 계명이 두려
운 줄 알며, 지금 새로 내리는 나의 법
전이요, 새로운 성경의 두려움을 알
며, 이를 버리지 아니하고 지키는 삶
을 살기 위하여 너희들이 모두를 다
바치는 백성,
23 그와 같은 백성만이 불법을 행하지 아
니하며 불법된 삶을 살지 아니하는 것
이요,
24 그리고 너희들이 불의를 보고 기뻐하
지 아니하며, 정의로움을 기뻐하며,
25 너희들이 불의를 기뻐하여 따르지 아
니하며, 참진리를 기뻐하며 따르는 그
와 같은 너희들의 삶으로 변화될 것이
니,
26 그것이 하늘에 오르는 길이요, 심판의
기준에서 너희들이 나에게 구원을 받
을 수 있는 점수가 거기서 나온다는
것을 잊지 말도록 전하라, 사랑하는
나의 아들아!

10,084 번째 하나님 말씀

2004년 3월 26일 13시 17분

1 사랑하는 나의 아들아!
2 "네, 아버님! 말씀하옵소서."
3 내가 성서에 기록된 한 토막을 너희들
에게 깨우치고자 하여 나의 아들을 통
하여 너희들에게 전함이니, 이를 잘
받아들여 너희들은 깨우침을 얻도록
그리하라.
4 사랑은 언제까지든 떨어지지 아니한
다 하였으며, 그리고 너희들의 사랑은
너희들에게서 떨어지지 아니하며 지
워지지 아니하고,
5 너희들의 예언은 폐해지며, 너희들의
방언이요, 그와 같은 것은 다 고쳐지
고 지워진다 하였음이니라.
6 그리고 너희들이 가지고 있는 지식이
요, 상식 그 모두는 폐해지며 잊어지
는 것이라 내가 그리 너희들에게 가르
쳤음이니라.
7 그러니 여기서 너희들은 무엇을 원하
며 무엇을 역사하고 무엇을 깨우쳐야
되겠는가?
8 나는 너희들에게 그리 가르쳤느니라.
9 너희들이 하늘에 오르기 위하여 역사
하는 것, 그 모두는 다 너희들이 어찌
살았느냐 하는 것이 가장 중요한 것이
며,
10 너희들이 어찌 살았는지 그 삶을 기록
하는 것, 그것을 가지고 너희들에게
심판을 역사한다 하였음이니라.
11 너희들이 죄를 짓고 사는 것, 사악한
짓을 하는 것, 그 모두도 다 너희들에
게 떨어지지 아니하며 삭제되지 아니
한다 함을 너희들은 알지 않는가?
12 너희들은 그렇게 생각하지 않느니라.
13 내가 성서에 기록하여 행함은 너희들
을 떠나지 아니하며 너희들에게서 지
워지지 아니한다 하였음이니,
14 내가 너희들이 알고 짓고 모르고 짓는
그 죄에 대한 것은 너희들에게서 떠나

지 아니하며 너희들로부터 멀어지지
아니한다는 나의 가르침을 너희들은
알겠느냐?
15 사랑이 떨어지지 아니하면 죄지은 것
도 떨어지지 아니함이니라.
16 예언은 폐해지고 방언의 은사요, 병
을 고치는 은사요, 그리고 너희들이
가지고 있는 지식이요, 그 모두는 지
워지고 떨어진다 해도,
17 사랑은 너희들에게서 떨어지지 아니
함이니, 너희들이 지은 죄 또한 떨어
지지 않는다는 나의 아들을 통하여 너
희들에게 가르쳐 준 그 귀하고 소중한
것을 의식하지 아니하면 아니 됨을
알아야 될 것이니라.
18 그러니 너희들이 살아가면서 하나하
나 행함이 얼마나 중요한가를 내가
기록하였거늘,
19 어찌하여 너희들은 행함은 소중하지
않다 하여 삭제하여 지워 버리고, 임
의대로 너희들이 그저 나를 찾으며 나
의 아들 예수를 부르기만 하면 구원을
받는다 그리 말하느냐?
20 여기서 너희들은 깊이 깨우치라.
21 내가 성서에 기록하여, 사랑은 언제든
너희들에게서 떨어지지 아니한다 하
였듯이,
22 내가 나의 아들을 통하여 나의 법전에
기록하여 너희들에게 가르치기를, 죄
를 지은 것은 너희들에게서 떨어지지
아니한다는 그 의미를 너희들은 이제
깨달았으면 알았을 것이니,
23 떨어지지 않는 그 죄를 위하여 너희들
이 떨어졌다 생각하며 지워졌다 생각
하며 표백되었다 그와 같이 생각하는
믿음으로 가는 어리석은 백성들이요,
그 가르침에서 헤어나지 아니하면,
24 영영 구원의 길을 볼 수 없으며, 나에
게 오르는 역사를 이룰 수 없다는 것
을 명심하고 또 명심하도록 하라, 사
랑하는 나의 아들딸들아!

10,085 번째 하나님 말씀

2004년 3월 26일 15시 50분

1 사랑하는 나의 아들아!
2 "네, 아버님! 말씀하옵소서."
3 나 여호와가 이 세상의 그 모두를 존
재케 하였음이니, 모든 것은 다 제자
리에서 제 역할을 하며 그 자리를 충
실히 지키고 있음이니라.
4 너희들에게 태양의 빛을 비추어 주는
그 태양이요, 달이요, 별이요, 또한 지
상에 존재하는 모든 것들이 다 제자리
에 서서 제 임무를 충실히 하고 있음
이니라.
5 또한 말 없는 식물들은 너희들에게 생
명을 공급해 주는 역사를 하도록 했으
며,
6 그리하여 그들은 또한 너희들로부터
도움이요, 너희들로부터 은혜를 입고
살아가는 그와 같은 것이며,
7 너희들에게 관리요, 보호를 받으며 살
아갈 수 있도록 모든 세상의 이치가
다 그리되었느니라.
8 모든 동식물 또한 그와 같이 저희들이
해야 할 일이 있으며, 제자리를 지키
고 있으며, 제가 살아가는 나로부터
받은 법도가 있음이니라.
9 수천 년의 역사가 흘러오면서도 그들

은 그를 지키며 그에 어긋나지 아니하
며 그를 위배하지 아니하고 살아가느
니라.
10 그러나 유독 지혜를 높이 준 사랑하는
나의 아들딸만이 어찌하여 그 길을 가
지 아니하며 그대로 지키지 아니하고
사는가?
11 지혜 있는 너희들에게 내가 지키라 하
여 열 가지의 계명을 내렸거늘, 너희
들은 정면으로 그를 지킬 수 없다 하
며 그를 지키고 행할 수 없다 그리 말
하니,
12 이 세상에 나의 아름다운 아들딸이요,
가장 내가 지혜롭게 만든 나의 백성들
만이 어찌하여 그를 지키지 아니하며
그 변질된 삶을 사는가?
13 너희들은 앞으로 가면 갈수록 변화되
는 삶이요, 더욱 나에게서 멀어지는
그와 같은 삶을 살게 됨이니,
14 너희들이 선을 행하는 그와 같은 마음
으로 변하는 것이 아니요,
15 '나' 자신의 이익만을 추구하며, 이웃
과 너희들이 더불어 사는 그와 같은
삶을 서서히 너희들이 지금 그 고리를
끊어 가고 있음이니,
16 머지않아 너희들이 부모와 자식 간의
그 고리가 소원하게 될 것이며, 형제
지간이라는 그 인연의 관계 자체도 소
홀히 생각하며, 남과 똑같이 생각하
고, 귀하고 소중하다는 그와 같은 생
각을 하지 아니하며 살아가는 형국이
될 것이니,
17 너희들이 자식과 부모 간의 소중하고
귀한 그 인연이 끊어진다면, 이 세상
의 그 모두를 소홀히 생각한다면,
18 너희들이 세상 것을 소중히 생각하며
귀히 다스리며, 내가 너희들에게 다스
리고 보호하고 이끌어 가라는 그 임무
를 과연 너희들이 수행할 수 있겠는가?
19 결코 너희들은 그리할 수 없는 것이니
라.
20 그리하여 내가 아담과 하와에게 내려
주었던 이 지상의 낙원을 너희들에게
돌려주는 것이요, 그와 같은 것을 회
복시키는 것이 나 여호와의 뜻이라 하
나,
21 너희들이 인간 본연의 마음 자세로써
나로부터 받아 간 심성이요, 그 명에
대하여 너희들이 지키고 살아가는 그
와 같은 백성으로서 너희들이 먼저 돌
아가는 그와 같은 인성의 교육이요,
너희들의 마음을 다스리기 위하여,
22 지금 내가 나의 아들을 통하여 160권
의 법전을 세상에 내려보내며, 너희들
의 손에 쥐여 주어, 가슴에 안고 정독
하여 너희들이 변하는 그와 같은 새로
운 역사를 이루고자 하는 것이니라.
23 너무나 너희들은 변질되었으며, 너무
나 너희들은 바뀌졌으며, 너희들은 너
무나 내 뜻과는 멀리 와 있는 백성들
이니,
24 머지않아 너희들이 스스로 네 부모요,
네 형제를 버리듯이, 머지않아 너희들
이 나를 찾지 아니하며 나를 버릴 것
이 또한 당연한 것이니,
25 세월이 가면 갈수록 너희들이 믿음이
라는 백성이 늘어나는 것이 아니요,
이제 점점 너희들이 그 믿음의 길로
가는 백성들은 구원을 받는다 하여 울
고불고하나,

26 진정한 나의 뜻에 따라 참진리의 길을
가는 백성은 지금의 너희들 속에서 더
이상 찾아볼 수도 없으며, 더 이상 그
려 볼 수도 없는 그와 같은 형국으로
될 것이니라.
27 그리하여 지금 나의 법전을 세상에 내
려보내어 그와 같이 삭막해지고 황폐
해져 가는 너희들의 마음을 다스리고
자 하는 것이 나 여호와의 뜻이니,
28 나의 아들딸이요, 나의 아들을 따르는
제자 너희들, 나로부터 선택된 너희들
이야말로 그 모든 마음이 다 유하고
부드러운 그 생활이요, 삶으로써 서서
히 하나씩 변해 가며 가꿔 가지 아니
하면 아니 됨이니,
29 나 여호와의 뜻이 여기 있음을 알라,
사랑하는 나의 아들딸들아!

10,086 번째 하나님 말씀

2004년 3월 26일 15시 53분

1 사랑하는 나의 아들아!
2 "네, 아버님! 말씀하옵소서."
3 내가 세상에 콩을 뿌리듯이 그 많은
너희들에게 깨우침이요, 너희들이 깨
달을 수 있는 백성을 세상에 내려보
냈다 하지 아니하였더냐?
4 그러니 그 모든 백성들은 부분적인
것을 알며 부분적인 것만을 예언하고
사느니라.
5 그러니 예언자요, 대제사장이요, 믿
음의 길을 가는 그 백성, 너희들이 나
의 참진리를 부분적으로만 아는 것이
니라.
6 나의 아들 예수 또한 그러했느니라.
7 창조주 나 여호와의 뜻을 부분적인 것
을 가지고, 나의 아들 예수는 나에게
명받은 부분적인 것을 가지고 만백성
을 깨우치며 가르치고 인도하고자 하
였다 나의 아들 예수는 그리 말하여
전했음이니라.
8 너희들이 하늘을 두루마리 삼고 바닷
물을 잉크 삼아 아무리 쓰고 써도 부
족한 그 진리를 나의 아들 예수인들
다 가르치고 전할 수 있겠느냐?
9 그러니 그 뜻을 아는 나의 아들 예수
는 나의 뜻의 부분적인 것을 가지고
모든 백성들을 깨우치며 너희들을 인
도하고자 그리 가르치고 역사했다 예
언하여 그리 말하였느니라.
10 그리하여 그 증거함으로써 너희들이
온전한 것이 올 때는 부분적으로써 하
던 것이요, 부분적으로 깨달은 너희들
의 모두를 폐할 것이라, 나의 아들 예
수가 성서에 기록하여 너희들에게 그
리 전하지 아니하였더냐?
11 그러니 그 시대가 지금 열림이니라.
12 구약과 신약의 그 모두는 다 부분적인
역사함이니라.
13 그러니 너희들이 그를 덮고 털고 일어
나 새로운 시대에 새로 역사하는 이와
같은 너희들의 깨달음이요,
14 나의 법전을 읽고 깨우쳐 이 대열에
합류하지 아니하는 백성, 너희들이 그
전부를 다 볼 수 없는 것이니라.
15 너희들이 160권의 법전을 정독하고
읽을 때 너희들이 하늘에 대한 눈이
열리며 귀가 열릴 것이며,
16 부분적인 그 깨달음에서 전체적인 흐
름이 무엇인가를 알 수 있는 역사를

얻을 수 있는 것이 나의 법전이라 함
을 너희들은 잊지 말라.
17 그러니 나의 법전을 너희들이 귀히 여
기며 소중히 생각하며 이를 너희들이
깨우쳐 네 것으로 만들어야 될 것이니
라.
18 이는 나 여호와가 직접 참여하여 직접
관장함이니,
19 너희들이 나의 법전의 뚜껑을 열 때
내가 너희들과 같이한다는 의미는, 바
로 법전이 나요, 내가 그 성령이요, 그
건 내 뜻임이니, 내가 같이하고 있다
는 것을 증거함이니라.
20 이제 부분적인 것으로써 부분적인 가
르침만을 역사했던 것, 성경의 그 모
두를 다 이제 내가 열고 있음이니,
21 모든 것을 너희들이 깨우치고 보는 그
와 같은 언약의 시대가 되었다는 것을
잊지 말라.
22 너희들이 그 모든 증거함을 나의 법전
속에서 알게 될 것이니, 이를 너희들
이 가슴에 안고 정독하여 하늘의 뜻을
깨달아, 하늘에 오르는 그 진정한 참
진리의 길을 오도록 그리하라, 사랑하
는 나의 아들딸들아!

10,087 번째 하나님 말씀

2004년 3월 26일 15시 57분

1 사랑하는 나의 아들아!
2 "네, 아버님! 말씀하옵소서."
3 나의 아들이 너희들에게 무어라 말하
였느냐?
4 지금의 믿음의 길을 가는 백성 너희들
이 초등 교육이요, 그 교육을 벗어나
지 못하다 말하지 아니하였더냐?
5 내가 성서에 너희들에게 그와 같이 기
록하여 전한 사실이 있음을, 너희들은
어찌하여 이를 부인하며 이를 받아들
이려 하지 않느냐?
6 내가 너희들이 성장하면서 교육 과정
을 거쳐 사회인으로서 살아가는 것와
같이, 너희들이 믿음의 길이요, 하늘
에 오르는 그 참진리의 길을 가는 것,
그 깨닫는 것, 또한 그렇다 하지 아니
하였느냐?
7 그리하여 나의 아들 예수가 너희들에
게 기록하여 전하며 그 제자들이 또한
전한 사실이 있지 않더냐?
8 너희들이 어렸을 때 말하는 것이 어린
이와 같은 말로써 어린아이의 언어로
써 너희들이 모두를 행동하며 어른의
행동을 할 수 없는 것이 어린아이의
자세라 하지 아니하였더냐?
9 깨닫는 것이 어린아이 같고 또 생각하
는 것이 어린아이 같으니, 너희들이
그와 같이 어린아이요, 깨달음이요,
생각하는 것, 또한 말하는 것, 그 모두
가 다 너희들은 어린아이는 어린아이
로서의 그 한계를 벗어나지 못한다 하
지 아니하였더냐?
10 성장한 사람이 되어서는 그 어린아이
의 일을 잊어버리며 지난날의 그 살아
왔던 것을 보고 너희들이 미숙했던
점, 잘못된 점을 보고 너희 스스로 웃
음을 금치 못하는 그와 같은 것이 너
희들의 인생의 사는 길이라 하지 아니
하였더냐?
11 그와 같이 어린아이가 거기에 맞는 수
준의 말을 하듯이, 지금 모든 믿음의

길을 가는 길이 다 그러하니라.
12 그리하여 내가 너희들에게 말한 모세
의 구약 시대는 출발의 시대요, 예수
의 신약 시대는 중간의 시대라, 그리
고 제3의 시대는 심판의 마지막 시대
요, 마지막 주자가 달려가는 것이라
하지 아니하였더냐?
13 그러니 지금 너희들이 성장한 백성이
요, 그리 성장하기에 너희들이 성장하
여 깨닫고 알아야 될, 내가 너희들에
게 내릴 명을 직접 나의 아들을 통하
여 너희들에게 내리거늘,
14 어찌하여 너희들이 이를 받아들이며
인정하지 아니하려 하는가?
15 너희들이 변화되고 성장한 것만큼 내
가 직접 너희들에게 나의 뜻을 거기에
맞도록 깨우치고 가르치거늘,
16 어찌하여 너희들이 이를 귀히 생각하
지 아니하며, 어릴 적에 너희들이 부
모로부터 들었던 말, 어릴 적에 너희
들이 보호를 받던 그때를 벗어나지 못
하고 너희들이 그것이 하늘에 오르는
길이라 그리 말하니,
17 그게 바로 너희들이 부모의 품 안에서
살던 편안한 시대의 그 삶이나,
18 너희들의 부모는 늙어 죽게 되며 너희
들이 모두를 이끌어 가는 세대가 올
것이니,
19 어찌하여 그와 같이 성장하는 백성이
되지 못하고 오늘도 초등 학문이라는
그 범주를 벗어나지 못하는 그와 같은
믿음으로 가느냐?
20 그러니 너희들의 미래가 어디 있으며,
너희들이 하늘의 뜻을 어찌 볼 수 있
느냐?
21 그와 같은 백성들이 나의 피조물 만백
성을 하늘에 오르는 길로 인도한다
하니, 앞으로 가는 자도 너희들이 묶
어 놓으며 더 나아갈 수 있는 자를 잡
아 놓음이니라.
22 너희들보다 성서의 눈이 뜨였으며 성
경의 의미를 알며 그를 깨닫는 그와
같은 백성들이 앞으로 가려 하나,
23 그것은 범죄 행위요, 그것은 나 여호
와를 거역하는 짓이요, 나 여호와를
능멸하는 짓이라 하여 절대 가지 못하
며 벗어나지 못하도록 하며,
24 너희들이 알고 있는 그 잘못된 믿음이
요, 비진리요, 초등학문을 가지고 너
희들이 그 모두를 묶어 놓고 안주시키
는 이와 같은 행위를 하고 있음이니,
25 여기에서 너희들이 떠나려는 자, 그리
고 벗어나려는 자에게 온갖 협박이요,
온갖 방법과 수단을 가리지 아니하고
떠나지 못하도록 그리함이니,
26 거기에서 헤어나지 못하고 거부하지
못하고 나오지 못하는 백성, 결코 나
를 볼 수 없으며 구원의 길에 들어설
수 없는 불행한 백성이라는 것을 알라.
27 용기가 필요함이니라.
28 새로운 가르침이요, 새로운 교육이요,
새로운 변화 속에서 너희들이 새로운
용기가 아니면 결코 너희들이 나와 더
불어 갈 수 없다는 것을 잊지 말라.

10,088 번째 하나님 말씀

2004년 3월 26일 16시 03분

1 사랑하는 나의 아들아!
2 "네, 아버님! 말씀하옵소서."

3 나의 아들 예수가 성서에 기록하여,
오늘의 새로운 성령이요, 나 여호와의
뜻이 직접 내려와 너희들이 마주 보는
것처럼, 너희들이 마주 볼 수 있는 그
와 같은 모두를 밝힐 수 있는 시대가
올 것이라 미리 성서에 기록하여 너희
들에게 전하지 아니하였더냐?
4 나의 아들은 그리 말하였느니라, 너희
들이 거울로 보는 것은 네 모습이 석
연치 않으며 확연치 아니하니, 네가
거울로 보는 것은 직접 네 모습을 바
라보는 것처럼 확실치 아니하며 그래
도 희미하며 잘 보지 못하는 구석이
있다 하지 않았느냐?
5 그러니 그때에 새로운 성령이요, 나의
새로운 뜻이 세상이 내려올 때에는,
너희들이 얼굴과 얼굴을 대하며 마주
보는 것처럼 모두를 다 확인하고 너희
들이 뒤져 보고 쳐다볼 수 있는 그와
같은 때가 될 것이라 그리 말하지 아
니하였던가?
6 그러니 지금 부분적으로 너희들이 알
고 있는 그와 같은 것이 아니요, 새로
운 보혜사가 새로운 성령으로써 세상
에 와 임할 때는 너희들이 만져 보고
뒤져 볼 수 있도록, 마주 보고 서로 확
인할 수 있는, 그리고 그 모두를 다 알
아볼 수 있는 것, 그와 같은 시대가 올
것이며, 그와 같은 변화의 역사가 이
루어질 것이라 그리하지 않았던가?
7 그때가 너희들이 모두를 역사하는 것
이요, 그와 같이 선명하게 알고 볼 수
있을 때가 있으니, 성서에 기록된 그
내용을 너희들은 과연 어찌 생각하는
가?
8 그와 같이 오늘의 나의 법전으로써 모
두를 헤쳐 보며, 너희들이 서로 보는
것처럼 나의 뜻을 만지며 나의 뜻을
들으며 나의 뜻을 읽으며 그리고 너희
들이 나의 뜻을 이리 역사하고 있지
않던가?
9 그러니 나의 뜻을 만들고 역사하는 너
희들이야말로 나의 뜻을 알며 내가 원
하는 것을 앎이니, 너희들이 사람을
마주 보고 그 사람의 심성이요, 그 뜻
을 꿰뚫어 보듯이, 나 여호와가 원하
고 역사하는 것을 모두를 보지 않더냐?
10 오늘의 너희들이 역사하는 이와 같은
시대요, 나의 아들을 따르는 제자들이
요, 나의 법전을 읽고 직접 깨우쳐, 참
진리가 무엇이며 믿음이 무엇인가를
확인하고 볼 수 있는 그와 같은 시대
가 온다고 했음이니, 그 시대가 지금
열렸음이니라.
11 그것이 언약이요, 미리 내가 너희들에
게 약속한 것이니,
12 오늘에 이와 같이 이루어지고 변화되
는 그 속에서 이를 거부하며 이를 등
돌리려는 어리석은 옹고집을 버리고,
13 너희들이 나의 법전을 가슴에 안고 정
독하여 하늘에 오르는 길을 바라보도
록 그리 만백성을 깨우치도록 하라,
사랑하는 나의 아들딸들아!

10,089 번째 하나님 말씀

2004년 3월 26일 16시 08분

1 사랑하는 나의 아들아!
2 "네, 아버님! 말씀하옵소서."
3 너를 따르는 제자들이요, 지금의 믿음

으로 가는 그 백성들, 그리고 나의 법
전을 읽고 깨우친 만백성 너희들은 들
어야 될 것이니라.
4 너희들이 나의 아들 예수를 구세주라
부르며 울고불고하는 것, 그리고 나
여호와를 찾으며 너희들이 예수의 이
름을 부르며 나를 찾으며 너희들이 지
은 죄를 고백하며,
5 지금까지 살아온 것의 잘잘못을 너희
스스로 시시비비하여 너희들이 그 잘
잘못을 가지고 회개하고 반성하는 그
와 같은 것이 너희들의 오늘의 믿음이
요, 울부짖는 믿음이 아니더냐?
6 그러니 그와 같은 믿음으로써 너희들
이 회개하고 모든 게 이루어진다 그리
생각하지 말라.
7 너희들이 정녕 어찌 살아가느냐가 중
요한 것이며, 그것보다 너희들이 더
귀하고 소중하며 먼저 행할 것은, 너
희들이 울고불고 네 죄를 고백한 다음
에 회개한다 그리하지 말며,
8 너희들이 나 여호와의 뜻이 무엇이며
내가 행하라는 것이 무엇인가, 내 뜻
을 들여다볼 수 있는 그와 같은 마음
의 변화를 먼저 이루도록 그리하라.
9 그리하여 너희들이 나의 뜻을 알며 나
의 사랑을 안다면, 너희들이 고백이
요, 회개하지 아니해도 너희들이 그를
고칠 수 있으며, 너희들이 얼마나 잘
못 살아왔으며 어리석은 백성인가를
스스로 알게 될 것이니,
10 너희들이 나에게 오르는 길은 지금 고
백하고 회개했다고 울고불고하는 그
와 같은 것으로써 너희들이 역사하는
것이 아니요,
11 나의 아들 예수요, 나를 찾는 것으로
써 부르짖는 것으로 역사하는 것이 아
니라,
12 창조주 나 여호와의 뜻대로 행하는 백
성이 되어야 한다는 것을 너희들은 알
라.
13 이제 나의 아들을 따르는 제자 너희들
은 누가 무어라 해도 너희들은 나 여
호와의 뜻에 의해 역사하는 것이 무엇
인지 내 참뜻을 헤아리도록 나의 법전
을 읽고 깨우쳐 그 속에서 나를 찾으
며 나의 뜻을 알도록 그리하라.
14 나의 뜻이 아니면 결국 무엇이더냐?
15 창조주 나 여호와가 이루고 자 하는
그 길에 너희들이 역사하지 못하며 나
와 더불어 내가 이루고자 하는 그 길
을 이룰 수 없는 것이 너희들이기 때
문이니,
16 나의 뜻을 너희들이 알 수 있는 길에
모두를 다 바치고 최선을 다하도록 그
리하라.
17 나의 뜻을 알지 못하고 너희들이 말로
써만 구원을 받았다 울고불고하는 그
백성들, 너희들은 나를 향해서 오는
백성들이 아니요, 나와는 거리가 먼
정반대 방향으로 역사하며 가고 있는
백성들이라 하는 그 무서운 뜻을 알겠
느냐?
18 그러니 너희들이 말로써 모두를 울고
불고 그리하지 말며,
19 나 여호와의 참뜻이 무엇이며, 내가
역사하고자 하는 것이 무엇이며, 내가
이끌고자 하고자 하는 길이 무엇인가
를 깨달아, 너희들이 거기에 동참할
수 있는 백성이 되어야 한다는 것을

절대 잊지 말라.
20 나의 반대 방향으로 달려가면서 나에게 오겠다 부르짖지 말라.
21 어찌하여 너희들은 나를 등지고 앞으로 달려가면서 나에게 오는 길이라 그리 어리석은 소리를 지른단 말이더냐?
22 이것이 오늘의 종교 집단, 지도자들이 나의 백성들을 잘못 가르쳤으며 잘못 인도하였기 때문에,
23 너희들이 지금 나에게 오르는 길이 아니요, 나를 거부하고 비극적으로 너희들이 지금 지옥의 낭떠러지요, 벼랑길로 달려가며, 그 모든 자들을 그 길로 인도하는 자들이니,
24 스스로 저도 떨어지며 모두가 같이 떨어진다는 것을 그들이 모를 리가 없건만,
25 어찌하여 저희들이 바로 서지 아니하려 하며, 저희들이 부끄러운 점을 버리지 아니하며,
26 저희들이 재물에 눈이 어두워 설교하고 가르치는 그와 같은 이중적인 자세를 다 털고 뽑아 버리지 못하고 지금 그리 간단 말이더냐?
27 그들이 겪어야 할 그 죄의 대가는 아무도 모름이니 그리 알라.

10,090 번째 하나님 말씀

2004년 3월 26일 16시 14분

1 사랑하는 나의 아들아!
2 "네, 아버님! 말씀하옵소서."
3 너의 제자들이 가는 그 믿음의 길이라는 것이 무엇이며, 너희들이 믿음의 길이 어떠한 길이며, 나에게 오를 수 있는 그 진정한 믿음의 길이 무엇인가를,
4 그를 분별할 수 있는 지혜를 얻은 너의 제자들이요, 선택된 나의 백성들이요, 법전을 읽고 깨우친 만백성, 너희들은 그보다 더 큰 상이 없음을 알라.
5 지금의 모든 종교 집단이요, 그들이 믿음의 길을 가는 그 형태의 방법으로써는 절대 구원을 받지 못한다는 것을 너희들은 확실히 알고 있지 않더냐?
6 지금의 믿음의 길을 가는 백성들이 교회라는 곳에 가 저희들의 소원을 빌며, 저희들이 바라는 것을 얻고자 울며불며 기도하며,
7 그리하여 재물을 바침으로써 내가 저를 기억해 주며 그 재물을 바침으로써 내가 저에게 은혜를 내려 준다는 그와 같은 어리석은 기복 신앙의 대표자요, 기복 신앙의 길을 가면서,
8 그들은 정녕 기복 신앙을 가는 것이 저 자신이라는 걸 모르며,
9 저희들이 돼지머리 놓고 절하고 춤추는 그와 같은 자들은 우상을 섬기며 그 복을 달라 빌기에 기복 신앙이라 그리 말함이니,
10 저희들은 한 가지 복도 아니요, 수천 수만 가지 복을 다 나 여호와에게 비는 자들이니, 대표적인 기복 신앙이요, 그들은 한두 가지를 놓고 빌지 않더냐?
11 이것만 보더라도 그들이 얼마나 잘못된 것이며 잘못 가고 있는가, 이것을 알고 보는 나의 아들을 따르는 제자 너희들의 그 축복이요, 은혜가 어떠한 것인가?

12 너희들은 그와 같은 전철을 밟지 아니
할 것이며, 그와 같은 역사에 임하지
않을 것이며, 그들이 전해 온 구전에
따라 너희들이 변화되는 그와 같은 삶
을 살지 아니하는 확고한 신념을 가지
고 살아가는 백성들이기에,
13 바로 너희들이 그 은혜와 축복보다
더 큰 영광이 없다는 것을 알고 있지
않으냐?
14 너희들이야말로 나 여호와의 참진리
요, 나의 뜻을 알고 받아들이는 것이
얼마나 중요한 길인지, 너희들이 해야
할 가장 중요한 역사라는 것을 알고
있지 않더냐?
15 그러니 그와 같은 것을 깨달은 너희들
이야말로 만백성을 구하는 데 최선을
다하지 아니하면 아니 됨이니라.
16 모르고 행하는 그 불쌍하고 가련한 백
성들에게 너희들이 어떠한 방법이든
그를 깨우치고 전하는 데 최선을 다하
도록 그리하라.
17 나의 법전을 접하지 아니하며 나의 법
전을 읽지 않는다면, 너희들이 그리
갈구하는 거듭나는 길이 없으며, 거듭
날 수가 없으며, 영원히 사는 나의 나
라에 올 수 없다는 것을 너희들은 알
고 있지 않더냐?
18 나의 아들 예수가 2천 년 전에 이 세
상에 보내졌음이니, 그 시대의 백성들
이 과연 무어라 말하였느냐?
19 나의 아들을 알아보지 못했으며 나의
아들이 나의 아들이라는 것을 거부했
으며, 그리하여 2천 년 전에 그들은
핍박하며 그 고통스러운 죽음으로써
나의 아들에게 그리 굴레를 씌워 죄
인으로서 그를 죽도록 하지 아니하였
더냐?
20 그와 같은 행위를 한 백성이, 2천 년
이 흐른 지금에 나의 성령이요, 나의
법전이 세상에 나와 어리석고 불쌍한
너희들을 깨우쳐 주며, 오늘의 믿음이
잘못되었으며 바로 보고 바로 가라 외
침이니,
21 과연 너희들이 2천 년 전에 했던 그와
같은 똑같은 행위요, 더 무서운 행위
를 지금 그 죄를 범하려 하는 것이 아
니더냐?
22 진리를 받아들이는 것을 거부하며, 그
를 보려 하지 아니하며, 그를 읽으려
하지 아니하며, 접하려 하지 않는 것
이 너희들이 아니더냐?
23 그러나 너희들은 알아야 될 것이니라.
24 나의 법전을 정독하지 아니하며, 나의
아들을 통하여 내리는 강론이요, 그
말을 듣지 아니하고는 너희들이 바로
깨우칠 수가 없으며, 나에게 오를 수
없다 것을 알라.
25 오로지 나의 법전을 읽고 정독하며 깨
우치며 강론을 들으며, 그 속에서 너
희들의 눈이 뜨이고 귀가 열려 성서를
볼 수 있는 지혜를 얻지 아니하면,
26 너희들은 결코 나에게 올 수 없는 백
성이요, 너희들 또한 믿음의 길을 잘
못 가고 있는 백성이라는 것을 알라
그리 전하라.

10,091 번째 하나님 말씀

2004년 3월 26일 16시 17분

1 사랑하는 나의 아들아!

2 "네, 아버님! 말씀하옵소서."
3 너의 제자들과 믿음의 길을 가는 모
든 백성 그들은 알라 전하라.
4 너희들은 내가 내린 열 가지의 그 계
명을 나 여호와가 내리는 것과 너희들
에게 해당되는 것을 그리 분류하여 너
희들이 말하고 전하지 않느냐?
5 앞에 있는 부분은 나 여호와를 위해
내린 것이요, 그 다음은 너희들에게
해당되는 것이라 너희들이 그리 말하
고 전하니, 또한 주기도문도 그러하니
라.
6 너희들이 주기도문도 몇 구절은 나에
게 해당되는 것이요, 너희들이 나에게
바치는 기도요, 다음 기도는 너희들에
게 관한 것이요, 너희들 것에 기도하
는 것이라 너희들이 구분함이니,
7 절대 너희들이 그와 같이 구분하지 말
라 전하라.
8 십계명의 그 뜻이 나를 위해 내리는
것과 너희들이 지키는 그것이 아니요,
너희들이 주기도문도 그와 같이 너희
들이 분류되는 그와 같은 뜻이 아님
을 알라.
9 너희들이 손을 가지고 손등과 손바닥
을 엎고 뒤집는 그와 같은 형국이니,
그게 똑같은 이치요 뜻이라 그리 전하
라.
10 십계명은 내가 직접 써 내린 기도문이
요, 또 주기도문이라 하여 너희들이
암송하는 것은 나의 아들 예수를 통하
여 내가 내린 그 기도문이니,
11 그 십계명 속에 주기도문이 또한 거기
에 들어 있으며 그 안에 존재하는 것
이니라.
12 그와 같이 너희들은 나의 그 모두가
다 역사함이니, 십계명에 너희들이 어
떤 것은 나 여호와를 위하여 내가 내
린 것이며, 나머지는 너희들이 지키는
것이라 그와 같이 분류하며 그것을 가
지고 시시비비하며 그것을 의논하지
말라.
13 그것은 다 너희들이 손바닥과 손등을
뒤집고 젖히는 그와 같은 똑같은 원리
이니, 하나로써 모두가 이루어진다는
것을 절대 잊지 말라, 사랑하는 나의
아들딸들아!
14 그와 같은 것을 가지고 분류하지 말며
너희들이 시시비비하지 말며, 그를 나
눠 가지고 연구하며 공부하려 하지 말
라.
15 손등과 손바닥의 이치의 그 의미라는
것을 내가 전함이니라.

10,092 번째 하나님 말씀

2004년 3월 26일 23시 14분

1 사랑하는 나의 아들아!
2 "네, 아버님! 말씀하옵소서."
3 너희들이 똑같은 말을 함에 있어서,
그 말의 진의가 어떠하냐에 따라 이는
사탄이요, 천사의 것이 된다 그리 말
하였음이니라.
4 너희들이 내가 직접 써 내린 십계명을
암송하고 암송하는 것 또한 그와 같으
니라.
5 너희들이 나의 십계명을 암송하면서
이는 나 여호와의 뜻이니 이를 지키고
행하겠다는 그와 같은 마음으로써 나
의 십계명을 암송하는 것은 나의 뜻을

암송하는 것이요, 그리고 너희들이 내
뜻을 역사하는 것이니라.
6 그러나 너희들이 나의 십계명을 암송
하면서 재물을 얻고자, 명예를 얻고
자, 너희들의 소원하는 것을 얻고자
한다면,
7 이것은 바로 너희들이 나의 십계명을
암송하는 것이 아니요, 사탄에게 너희
들이 고하는 그와 같은 나의 십계명을
읽어 바치는 것이니,
8 이것이 하늘과 땅의 차이보다도 더 멀
고 먼 차이가 있음을 너희들은 알아야
될 것이니라.
9 나의 십계명을 너희들이 부귀와 영화
의 너희들이 소원하는 것을 얻고자 그
를 암송하고 역사한다면,
10 너희들은 이것이 바로 나에게 거래하
고자 하는 자요, 너희들이 무엇인가를
얻고자 하는 것이니, 사탄으로서 너희
들이 하는 행위요,
11 너희들은 정녕 나의 백성으로서 십계
명을 암송하고 깨우치는 것이 아님을
알라.
12 이제 나의 아들을 따르는 제자들이요,
그리고 만백성 너희들은 들으라.
13 너희들이 십계명을 암송하고 정독할
때 과연 어떠한 마음으로써 암송하며
어떠한 마음으로써 정독하는가?
14 그것이 너희들이 진정 나의 십계명을
암송하는 것이요, 그렇지 아니하면 너
희들이 사탄으로서 나의 십계명을 흉
내를 내는 것이요, 그저 너희들이 남
들이 들으라 하여 너희들이 위장된 짓
을 하기 위하여 나의 십계명을 암송하
는 자이니,
15 이것이 그 차이점임을 알아야 될 것이
니라, 사랑하는 나의 아들딸들아!

10,093 번째 하나님 말씀

2004년 3월 26일 23시 19분

1 사랑하는 나의 아들아!
2 "네, 아버님! 말씀하옵소서."
3 나의 아들을 따르는 너희들이요, 그리
고 나의 법전을 읽고 깨우친 만백성
너희들은 이제 스스로 너희들이 어떠
한 위치에 서 있으며, 너희들이 과연
깨달음이요, 행함이 어디에 있는가,
생활 속에서 너희들을 점검해 보지 아
니하면 아니 될 것이니라.
4 너희들이 육의 세상에 생활의 어려움
속에서 그를 헤치기 위하여 불의한 행
동을 타협하며 불의한 행동에 수긍하
는 그와 같은 마음 자세는 과연 되어
있지 않은가?
5 어떠한 여건 속에서도 불의한 행동을
하지 아니하며 참진리의 길을 가는 그
와 같은 백성으로서 너희들이 지금 거
듭나고 있으며 거듭나 있는가를, 너희
들은 너희 자신을 다스려 봐야 될 것
이니라.
6 불의에 의하여 너희들이 부귀와 영화
를 누리는 삶을 살 수 있다면, 과연 너
희들은 나에게 오르는 그 모든 깨우침
이요, 깨달음을 저버리고, 너희들이
원하는 그와 같은 삶을 살 수 있는 백
성이 아니던가?
7 어렵고 힘든 삶의 길을 가는 것보다는
너희들이 부귀와 영화를 누릴 수 있다
하면, 불의와 타협하는 그것을 주저하

지 아니하는 그와 같은 너희들의 마음
은 과연 아닌가, 너희들 스스로 너 자
신을 점검해 봐야 될 것이니라.
8 너희들이 그 길을 선택할 수 있는 백
성은 과연 아니며, 결코 그와 같은 것
은 너희들에게 있을 수 없는 일이라
생각하며,
9 과연 그와 같은 것은 있을 수 없는 일
이 될 것인가, 너희들 자신이 한번 돌
이켜 봐야 될 것이니, 수시로 너희들
을 점검하도록 그리하라.
10 너희들 자신의 믿음이 과연 어떠한가?
11 그것이 너희들이 나에게 심판을 받는
마음이라는 것을 너희들은 알아야 될
것이니라.
12 너희들이 부귀와 영화를 위하여 불의
와 타협하고 손을 잡을 수 있는 마음
이 남아 있다면, 그것이 바로 너희들
이 나에게 심판을 받아 그 대가를 치
르는 것이요,
13 절대 너희들이 어떠한 고통과 시련이
있다 해도 불의와 타협하지 아니하며
그 손을 잡지 않는 백성, 그 또한 너희
들이 나에게 와 심판을 받는 것이요,
거기에 따라 너희들이 또 상을 받는
것이니,
14 이것이 오늘에 처해 있는 너희들의
삶이라는 것을 절대 잊지 말라.
15 나의 선택된 백성은 불의에 타협하지
아니하고, 무엇을 말해도 너희들이 믿
을 수 있으며 그리고 신뢰할 수 있는
그와 같은 삶을 살아가는 백성으로
거듭나지 아니하면 아니 되느니라.
16 아무리 귀하고 소중한 것이요, 그 양
이 많고 적고를 떠나서, 너희들에게
그것을 맡겼을 때 그 맡기는 자, 불안
한 마음을 갖지 않는 삶을 사는 것,
17 이것이 바로 나의 백성이요, 나의 아
들을 따르는 제자 너희들이 가야 할
길이며, 너희들이 행해야 할 길이라는
것을 잊지 말도록 그리하라.
18 절대적으로 너희들을 신뢰할 수 있고
믿을 수 있는 그와 같은 백성으로서
변화되지 아니한다면, 너희들은 과연
나의 법전을 만들 자격이 있다 말할
수 있는가?
19 그리고 나의 법전을 전할 수 있다 말
할 수 있는가?
20 너희들이 만백성을 구하는 선생이요,
전사로서 내 뜻을 다 수행할 수 있으
며, 내 뜻에 따라 너희들이 한 점의 부
끄럼이 없이 역사할 수 있는 백성들인
가?
21 그리고 지도자로서 너희들이 거듭나
는 데 하나의 손색이 없는가? 이 모두
를 스스로 너희 자신에게 엄격히 물어
보고 따지도록 그리하라.
22 그리하여 너희 자신을 다스리고 들여
다보지 아니하면 너희들은 무너짐이
니라.
23 다시 한 번 내가 너희들에게 묻느니,
너희들이 어렵고 힘든 길에 그를 인내
하지 못하며, 불의와 손을 잡아 부귀
와 영화를 누릴 수 있다면,
24 과연 그 길을 선택하고 그 길을 갈 수
있는 백성이 아닌가, 너 자신을 한번
심판해 보도록 하라.
25 그리하여 너희들이 심판하여 나오는
그 점수가 곧 나에게 받는 점수라는
것 또한 너희들은 잊지 말도록 그리하

라.

10,094 번째 하나님 말씀

2004년 3월 26일 23시 26분

1 사랑하는 나의 아들아!
2 "네, 아버님! 말씀하옵소서."
3 너희들은 알아야 될 것이며 깨달아야 될 것이니라.
4 인간 세상에서 너희들이 살아가면서 남을 속이며 거짓된 행위를 하고 사는 그와 같은 백성들이 천태만상이니라.
5 그러나 너희들이 거짓말이요, 남을 속이는 것도 완벽하지 못한 자세요, 어리숙한 것이요, 너희들이 그와 같은 어설픈 것으로써 남을 속이고 남에게 거짓말을 하는 것, 그 모두는 너희들 스스로도 알 수 있을 것이니라.
6 그러니 정녕 너희들이 가장 경계해야 될 것은 어떠한 것이더냐?
7 너희들이 어설프게 속이는 거짓말이요, 어설프게 속이는 것은 너희들이 속아 넘어가지 아니하며, 그들이 너희들을 속이고 거짓된 행동을 하고 있다는 것을 너희들이 알고 있음이니,
8 너희들이 어설픈 그들에게는 절대 넘어가지 아니하며 너희들이 지탱할 수 있는 힘이 있을 것이니라.
9 그러나 너희들이 가장 경계하고 멀리 해야 될 것은, 철저히 연구되고 철저히 위장된 거짓말이요, 그리고 철저히 계획된 속임수로 너희들을 속이고자 할 때,
10 정말 그 누구도 알 수 없으며 그를 깨달을 수 없도록 완벽한 방법으로써 거짓말이요, 속임수를 쓰는 자, 그와 같은 자들이야말로 너희들이 경계해야 될 자들이며,
11 그와 같은 자들을 너희들이 같이해서는 아니 되며, 그와 같은 자들에게 너희들이 현혹되어서 멸망의 구렁텅이로 빠지는 그와 같은 일이 있어서는 아니 될 것이니라.
12 완벽한 계획을 세워 완전하게 너희들을 속이고 너희들에게 거짓말하는 자, 그와 같은 백성들을 경계해야 될 것이며,
13 그들의 행동에 주의를 기울여 바로 보지 아니하면, 너희들이 완벽한 거짓된 속임수에 무너지고 넘어질 수 있는 것이 나의 사랑하는 백성 너희들임을 알아야 될 것이니라.
14 그러니 지금의 종교 집단과 지도자들이 어찌 가는가?
15 그들은 완벽에 가까운 그와 같은 거짓말로써 나의 피조물 만백성을 우롱하고 깨우친다 하여 가르치고 있으며,
16 그 대가로 재물을 거둬들이고 재물을 받아 갈취하는 그와 같은 형태로 지금 그들이 무너져 있다 하지 않더냐?
17 그러니 그와 같은 자들이 성경의 뜻을 모르고 가르치고 이끌고 가기 때문에, 2천 년이라는 긴 세월 속에서 지금 너희들의 오늘의 그 결과는 무엇이더냐?
18 사탄이요, 마지막 종말의 시대요, 도둑이 들끓는 이와 같은 세상을 만든 것이 그들이라 내가 하지 아니하였더냐?
19 이제는 너희들은 알라.
20 완벽에 가까운 거짓된 설교요, 가르침

으로써 2천 년 동안 나 여호와를 속일
수 있으며 너희들이 견딜 수 있었으
나, 이제는 내가 속지 아니하며 너희
들을 용서치 아니함이니,
21 아무리 너희들이 완벽하게 나를 속이
려 하며 나의 피조물 만백성에게 재물
을 거둬들이는 쪽으로, 너희들이 사탄
의 부하로서 나의 피조물 만백성을 지
옥의 낭떠러지로 밀어 넣는 그와 같은
행위를 하는 것,
22 그것을 이제는 내가 더 이상 너희들에
게 눈감아 주지 아니할 것이며, 결코
그를 모르는 체하고 넘어가지 아니한
다는 것을 알라.
23 너희들이 그와 같은 속임수로 그와 같
은 어리석은 행위로써 나를 속이고 지
금까지 2천 년 동안 왔다 너희들은 그
리 장담할 것이니라.
24 그러나 나는 때를 기다렸으며, 내가
너희들을 다스릴 때를, 그 시기를 기
다리고 있었음을 알라.
25 이제 너희들이 완벽한 속임수요, 완벽
한 거짓말로써 나를 우롱하며 만백성
을 이끌어 가는 그와 같은 행위를 내
가 더 이상 보지 아니할 것이며, 이를
바로잡을 것이며 바로 다스린다는 것
을 너희들은 알아야 될 것이니라.
26 그리하여 내가 이제는 나의 160권의
법전을 세상에 내려보내는 것이 또한
무엇이더냐?
27 너희들이 완벽에 가까운 방법으로써
거짓된 행위를 하며, 그리고 나의 피
조물 만백성을 속이는 그와 같은 행위
를 내가 더 이상 볼 수 없어,
28 나의 법전을 읽고 깨우치는 백성은 그
를 볼 수 있도록 내가 새로운 성경을
내려보내어 나의 아들을 통하여, 그
제자들을 통하여 지금 가르치는 역사
를 이루고 있는 나의 참뜻을 너희들이
알아야 될 것이니라.
29 그러니 너희들이 이제는 구분되는 세
상이요, 너희들이 선별되는 세상이요,
그와 같은 모두를 볼 수 있도록 너희
들의 지혜를 내가 높여 주는 그 나의
법전이요, 새로운 성경을 내려보내 주
었으니,
30 너희들은 이를 읽고 깨우쳐 바로 너희
들이 심판할 수 있도록 하며,
31 너희들이 심판은 무엇이더냐?
32 속지 않는 것이며 거짓말에 현혹되지
않는 삶을 사는 것이 너희들이 나로부
터 받은 은혜에 보답하는 길이라는 것
을 잊지 말라.

10,095 번째 하나님 말씀

2004년 3월 26일 23시 32분

1 사랑하는 나의 아들아!
2 "네, 아버님! 말씀하옵소서."
3 창조주 나 여호와와 나의 백성 너희들
사이에는 내 뜻이 너희들에게 전해지
는 그와 같은 것이 역사해야 되며,
4 너희들이 직접 들을 수 있으며, 또한
내가 너희들에게 직접 내릴 수 있는
그와 같은 관계로써
5 너희들과 나와의 그 교통의 통로가 열
어지도록 되어 있는 것이 나 여호와의
뜻이요, 내가 그와 같이 모두를 다 역
사하였음이니라.
6 그러나 너희들이 살아가면서 죄라는

것을 짓기 시작함이니, 너희들이 그
죄라는 것을 넘지 못하는 그와 같은
형국이 되니, 나 여호와와 너희들 사
이를 가로막고 있는 것이 바로 죄이니
라.
7 그 죄는 바로 너희들의 욕심에서 이루
어짐이니, 너희들이 욕심의 뿌리를 버
리지 못하였기에, 너희들이 나와 교통
되지 아니하며 내 뜻을 직접 들을 수
없도록 그 죄라는 것이 가로막고 있음
이니,
8 바로 너희들이 그리하여 교통되지 아
니함을 이제 알아야 될 것이니라.
9 그러니 너희들이 나와 교통되며 내 뜻
을 알아들으며 내가 너희들에게 직접
명을 내릴 수 있는 그와 같은 관계로
써 이루어지는 것은,
10 너희들이 죄라는 그 너희들이 넘지 못
하는 그것을 넘어야 될 것이며, 뿌리
뽑지 못하는 욕심이라는 그 뿌리를 너
희들이 뽑아 버리는 그와 같은 거듭나
는 삶으로써 역사하지 아니하면 아니
되는 것이니라.
11 나 여호와는 아담과 하와의 시대로 너
희들을 되돌려 놓고자 하는 것이 나
여호와의 뜻이라 내가 너희들에게 말
하지 아니하였더냐?
12 그러니 너희들은 이제 인간의 힘으로
써 역사할 수 없으며, 너희들은 나의
성령으로써 역사되어야 될 것이며, 나
의 성령으로써 너희들이 변화되는 그
와 같은 형국이 되었음이니라.
13 너희들 스스로 나로부터 받아 나간 그
본성의 마음이 변하지 아니하였다면,
너희들은 모두를 다 역사할 수 있을
것이니라.
14 그러나 너희들이 지금 죄라는 그 벽을
넘지 못하며, 스스로 너희들이 죄라는
그 무게에 매달려 있음이니,
15 지금의 모든 믿음의 길을 가는 백성들
이요, 구원을 받았다는 그 백성들, 그
자체가 너희들이 인간의 힘으로써 거
듭나는 역사를 이룰 수 없도록 너희들
이 지금 다 무너져 있다는 것을 너희
들은 알겠느냐?
16 그러니 그와 같은 백성들을 구원하며
너희들이 거듭나는 것은 나의 성령으
로써만이 너희들이 역사하고 이룰 수
있다 함이니라.
17 그리하여 내가 나의 법전이요, 새로운
성경이라 하여 나의 성령을 세상에 내
려보내거늘,
18 너희들이 나의 법전을 접하지 아니하
며, 이를 받아들여 귀하게 너희들 자
신이 변하는 그와 같은 역사의 가르침
으로 삼지 아니하고,
19 사탄이요, 이단이요, 사악한 자가 역
사했다 그리 말하고 있음이니,
20 과연 너희들이 나의 뜻을 어찌 들으며
너희와 내가 어찌 교통이 될 수 있겠
느냐?
21 나 여호와는 나의 아들딸 너희들과 교
통으로써 나의 모두를 역사하고자 하
는 것이니라.
22 그러나 너희들이 받을 수 있는 자격이
없으며 너희들이 교통될 수 있는 자들
이 되지 아니하였기에, 내가 너희들과
교통을 하지 못하고 있음이니, 이 답
답한 내 마음을 알겠느냐?
23 그러니 지금 나의 아들을 통하여 내가

그와 교통하며, 내가 나의 성령을 너
희들에게 내려보내니, 이것을 새로운
성경이요, 법전이라 하여 그 모두 그
속에 담아 내려보내니,
24 너희들은 내가 내려보냄을 깨닫고 깨
우쳐 거듭나는 백성으로서, 그리고 나
의 명을 직접 받으며 너희들이 나와
교통할 수 있는 내 음성을 들을 수 있
는 백성으로 변화되지 아니하면 아니
됨이니 그리 알라.

10,096 번째 하나님 말씀

2004년 3월 27일 06시 17분

1 사랑하는 나의 아들아!
2 "네, 아버님! 말씀하옵소서."
3 수천 년 동안에 그 많은 백성들이 내
곁에 온 나의 아들딸이 없다 그리 말
하였음이니, 과연 그 길이 어떠한 길
이며 얼마나 어렵고 힘든 길이던가?
4 너희는 그를 알아야 될 것이니라.
5 그러나 나의 아들 너는 그 길을 와야
되며 그것을 역사해야 되며,
6 너의 제자들 또한 그 길을 너를 따라
와야만 되는 것이 너희들이 이루어야
될 길이며 너희들이 역사할 길임을 잊
어서는 아니 됨이니라.
7 아무도 올 수 없는 그 길이 어렵고 힘
든 길이요, 아무도 온 사람이 없기에
너희들이 어렵고 힘든 길이니라.
8 그러나 너는 와야 되며 너의 제자들은
또한 와야 되는 그 길이라는 것을 절
대 잊지 말라 그리 전하라.
9 다만, 너희들이 마음 자세를 어찌 가
지며 생각을 어찌하느냐에 그 모두가
달렸음이니라.
10 나는 너의 제자들에게 묻겠노라.
11 너희들이 지금의 나이를 먹으며 살아
온 그 인생 속에서 과연 너희들은 하
늘을 향하여 한 점의 부끄럼이 없는
삶을 살았는가?
12 너희들은 씻을 수 없을 만큼 누덕누
덕 알고 모르고 지은 그 죄의 대가를
치른다면, 과연 너희들은 어떠한 결과
가 오겠느냐?
13 지금이라도 너희들이 그 죄를 짓지 아
니하며 짓지 않는 방법이 무엇이며,
그리고 너희들이 어찌하여 나에게 오
를 수 있는 것인가를 지금 깨달았음
이니,
14 남은 여생의 삶을 너희들이 과연 어
찌 살 것인가 그것이 소중한 것이며,
15 그러나 또한 너희들은 어떠한 은혜를
받았더냐?
16 너희들이 남은 인생에서 죄짓지 아니
하며 부끄럼이 없는 그와 같은 삶을
살 수 있는 기회를 얻은 너희들이니,
너희들보다 더 은혜 받은 자요, 축복
받은 백성이 없다 그리하였음이니라.
17 그러니 너희들이 지금까지 살아온 그
모든 너희들의 잘잘못을 따져 볼 때,
너희들이 부끄러운 삶이 많다면, 그를
다 지워 버려야 되는 것이 아니더냐?
18 지금이라도 너희들이 지워야 되는 이
유를 알며, 지워야 되는 그 길을 알며,
그리고 지우고자 노력하는 너희들이
니,
19 과연 너희들이 지금도 남을 시기하고
질투하며, 너희 자신이 오늘은 바로
사나 내일은 또 흔들리는 그와 같은

삶을 지금 산다면 아니 됨이니라.
20 그는 너희들이 지옥과 천국을 오가는
그와 같은 삶이라 하였거늘, 너희들이
어찌하여야 나에게 오르는 길이며 지
금까지 살아온 것이 무슨 죄에 해당하
며, 얼마나 무서운 것인가를 알면서,
지금도 오락가락 흔들리는 그와 같은
마음 자세로 산다 하면,
21 너희들은 나로부터 받은 그 은혜를 저
버리며, 영원히 살며 거듭날 수 있는
그 기회를 저버리는 백성이라는 것을
알아야 될 것이니라.
22 지금도 흔들리는 그와 같은 마음이면
안 되는 것이니라.
23 너희들이 가슴에 손을 얹고 한번 생각
해 보라.
24 너희들이 나의 아들을 만났으며 나의
법전을 만났으며, 내가 나의 아들을
통해 내리는 그 강론을 수없이 들은
너희들이 그와 같이 변해지지 아니하
였다면 과연 어찌하는가?
25 모든 믿음의 길을 가는 백성들이 구원
을 받았으며, 저희들은 하늘에 올 수
있는 자격을 얻었다는 그 백성들, 정
녕 그와 같은 자신을 가지고 그와 같
은 생각을 할 수 있는 것이 너희들이
어야 되지 않겠느냐?
26 그러나 지금도 그와 같은 마음을 갖지
못한다면 어찌하는가?
27 지금의 모든 믿음이 있는 백성들이 구
원을 받았다 하는 것은 나의 아들 예
수의 보혈로써 나의 아들을 찾기만 하
면, 나를 찾으며 울고불고하는 것으로
구원을 받았다 하나,
28 너희들은 하나하나 악습을 씻어 내고
버리는 그 고통 속에서 너희들이 나에
게 오르는 길을 오고 있음이니,
29 과연 너희들이 그 악습을 모두 다 버
렸으며 너희들이 지금의 오늘의 삶에
있어서 한 점의 부끄럼이 없는 그와
같은 삶을 사는가?
30 너희들이 스스로 너희 자신을 평가하
면, 그것이 너희 자신이 나에게 와 심
판을 받는 그 대가라는 것을, 그게 심
판의 기준이라는 것을 너희들은 알아
야 될 것이니,
31 너희들이 바르고 고운 삶을 사는 것이
며 한 점의 부끄러움이 없는 그와 같
은 삶을 사는 것을 놓고 시시비비할
여지도 없으며 시시비비할 가치도 없
는 것이니라.
32 그리고 너희들 마음속에 머릿속에 생
각하는 자체도, 너희들이 나에게 한
점의 부끄럼이 있는 그와 같은 생각을
할 가치도 없으며, 할 수도 없으며, 감
히 그와 같은 생각을 가질 수도 없는
것이 오늘의 너희들의 마음 자세가 되
어야 함이니라.
33 그렇지 아니하고 너희들이 오락가락
하는 그와 같은 오늘의 삶을 산다면,
너희들은 귀하고 귀한 것을 너희 품에
온 것을 모두를 다 놓치는 그와 같은
형국이 되는 것이니라, 사랑하는 나의
아들아!
34 너희들이 열 달 동안 아이를 잉태하여
세상에 내보냈으니, 그를 일순간에 잃
는 슬픔, 그와 같은 것보다도 더 비참
하며, 그것보다 더한 슬픔이요, 더한
고통이라는 것을 너희들은 알아야 될
것이니라.

35 정녕 나의 법선을 읽고 깨우친 너희들
이 해를 거듭하였으며, 그 많은 강론
을 들었으며, 법전을 읽은 너희들이
한 점의 부끄럼이 없는 오늘의 삶을
살지 못하면,
36 내가 너희들에게 선택하도록 한 내가
너희들을 부른 그 은혜에 보답하지
못하는 백성들이니라.
37 다시 한 번 너희들 자신을 돌이켜 보
라.
38 그리고 결코 너희들이 어떠한 위치에
서 어떠한 삶을 사는가, 너희들은 각
오를 다시 하지 아니하면 아니 되느
니라.
39 너희들이 영원히 살면서 지은 죄를
용서받을 수 있는 기회가 있는 것도
아니요, 너희들이 살아온 만큼 나로부
터 용서를 받으며 회개하며, 또 아름
다운 삶을 살 수 있는 기간은 얼마 남
지 아니하였느니라, 사랑하는 나의 아
들딸들아!
40 내 이 애절한 뜻을 나의 아들을 통하
여 그 제자들에게 전함이니, 내가 너
희들을 얼마나 사랑하고 너희들이 나
에게 오기를 바라는 것인가를, 나 여
호와의 마음을 들여다볼 수 있는 그
와 같은 너희들의 마음 자세로 세상을
생각하고 본다면,
41 너희들은 모든 아이요, 추한 생각이
요, 하늘을 향하여 한 점의 부끄럼이
있는 그와 같은 생각과 행동은 감히
너희들 머릿속에 가슴속에 한 점이라
도 남아 있어서는 아니 되는 것이 오
늘의 너희들이 서 있는 자리이니라.
42 그러나 아직도 너희들이 오락가락 왔
다 갔다 하는 그와 같은 삶에서 벗어
나지 못하고 있다면, 그 슬픔을 어찌
하려 하느냐, 사랑하는 나의 아들딸들
아!

10,097 번째 하나님 말씀

2004년 3월 27일 06시 24분

1 사랑하는 나의 아들아!
2 "네, 아버님! 말씀하옵소서."
3 세상의 이치는 너희들이 모두가 다 시
작이 있으며 그리고 또 끝나는 기한이
있는 것이니라.
4 사랑하는 나의 아들딸 너희들이 또 태
어나는 시점이 있으며, 그리고 너희들
이 또 죽어 가는 그 때가 있는 것처럼,
그 모두는 다 시작과 끝이 있게 되어
있음이니라.
5 그리고 기한이라는 것이 정해져 있음
을 너희들은 알아야 될 것이니라.
6 또한 나는 성경에 기록하여 이와 같은
뜻을 미리 전하였으니, 너희들이 모든
것이 기한이 있고 목적이 있으며 때가
있다 기록하여 전한 사실을 너희들은
아는가?
7 이것이 모든 이치요, 지상의 이치요,
하늘의 이치라는 것을 너희들은 알아
야 될 것이니라.
8 너희들의 믿음이요, 성경 또한 한없이
전해지고 시금같이 전피하는 것, 그와
같은 것으로써만 계속 역사한다 너희
들이 그리 생각하지 말라.
9 한없이 전해지고 전달되는 그 과정을
계속하게 되어 있지 않음을 알라.
10 어느 한 시점에서 너희들이 오늘의 그

전하는 방법이요, 복음을 역사하는 것
이요, 그리고 그 자리를 돌고 도는 그
와 같은 것, 그것도 때가 있으며 끝나
는 시기가 있다는 것을 알아야 될 것
이니라.
11 사람이 태어나고 죽으니, 너희가 계속
사람은 태어나며 반복되는 그 믿음의
길을 가도록 그리 가면 된다 생각하나,
12 그 모두가 때가 있으며 그것도 또한
너희들이 끝남이 있음을 알아야 될 것
이니라.
13 그러니 너희들은 이제 모든 것을 정리
하며 끝나는 그 시대가 왔기에 내가
나의 아들을 통하여 새로운 성경이요,
새로운 법전이라 하여 세상에 내려보
내는 이치를 너희들은 알겠는가?
14 이제는 너희가 나의 뜻을 이루고 이를
따르지 아니하면, 너희들을 버리고 취
하는 그 역사 속에서 너희들은 정녕
버려지는 그와 같은 자가 됨을 알라.
15 너희들이 세상에 태어나 복음이요, 깨
달음을 공부하다 죽어 가며, 그리하여
다시 태어나는 백성이요, 다른 지도자
가 또 그 길을 반복하고 또 반복하는
그와 같은 너희들이 반복하는 훈련으
로써 그것도 모두가 거둬들일 때가 있
으며 그것도 끝나는 때가 있다 하였음
이니,
16 그러니 지금 제3의 시대를 역사하여
내가 새로운 성경이요, 하늘에 오르는
길이라 하여 나의 아들을 통하여 너희
들에게 모두를 다 풀어 세상에 내려보
내니,
17 이게 다 때가 되었으며 너희들이 또한
그 시한이 되었으니, 기한이 되었다는
것을 알아야 될 것이니라.
18 그러니 너희들이 이와 같이 새로운 역
사가 이루어지는 것, 모두가 진행되는
그 과정이 다 정해진 역사 속에서 이
루어짐이니라.
19 그리하여 새로운 시대가 열리며 또한
새로운 역사를 이루기에,
20 너희들이 지금까지 인봉해 두었던 그
성경의 비밀을 내가 열어 너희들에게
모두를 헤쳐 주는 것은 무엇이더냐?
21 새로운 시대요, 마지막 시대요, 그때
가 되었기 때문이니라.
22 때가 되는 것이 마지막 시대에 모두를
정리하며 너희들이 옳고 그름을 선별
하는 것, 그리고 버릴 자와 내가 귀히
거둘 자를 선별하는 그와 같은 때가
되었으며,
23 그때에 성경의 모두가 다 개봉됨이니,
지금의 모든 성서를 내가 개봉해 줘
너희들에게 그 뜻을 알려 주니, 이때
가 되었음을 너희들은 알라.
24 구약 시대의 백성들은 그것만이 영원
히 존속되는 것이며, 그것만이 너희들
에게 구원이요, 그 모두가 역사하는
것처럼 그리했음이니,
25 그 구약 시대도 한계가 있으며 그 때
가 있으며 그 모두가 끝나는 기한이
정해져 있는 것을 너희들은 알라.
26 신약 시대도 또한 너희들이 그러하니
라.
27 어떤 기적의 역사요, 어떤 것으로써
너희들이 모두를 다 이룬다 해도, 그
것도 또한 그 기한이 있으며 그 끝나
는 점이 있다는 것을 너희들은 알라.
28 지상과 하늘의 이치에 너희들이 시작

하고 끝나는 그것을 벗어나는 것이
없음이니라.
29 너희들이 태어나는 시기가 있고 죽어
가는 때가 있는 것처럼 모두가 그와
같이 나의 뜻이 역사함을 알라.
30 이제 모두를 다 덮어 두며 새로운 시
대요, 새 역사가 이루는 것, 그것도 내
계획에 의하여 모두가 이루어지는 것
이니,
31 지금 나의 아들을 통하여 내리는 나
의 법전이요, '하늘에 오르는 길'이요,
'하나님! 말씀하옵소서.' 이 책을 너희
들이 정독하고 깨우치며, 나의 아들을
통하여 직접 내리는 그 강론이요, 가
르침을 듣지 아니하고는 너희들이 나
에게 오를 수 있는 길이 없다는 것을
명심하고 또 명심하라.
32 모든 것이 기한이 되었고 때가 되었기
때문에 새로운 역사를 이룸을 알라,
사랑하는 나의 아들딸들아!
33 모든 믿음의 길을 가는 백성들이 정신
나간 자요, 미친 자의 소리라 하나, 너
희들은 그를 따르지 말며 나의 아들이
내리는 그 뜻을 따르며 그를 믿으라.
34 너희들이 상식적이요, 이치적으로 생
각해도 그리고 나의 법전을 읽고 깨우
치는 너희들이 스스로 너희들이 그래
도 변하는 삶을 살 수 있다는 것, 그것
이 바로 나의 진리요, 나의 뜻이요, 내
가 역사함의 증거이니,
35 너희들은 두려워하지 말며 최선을 다
하여 나의 법전에 기록된 대로 그 삶
을 사는 데 주저하지 말도록 하라, 사
랑하는 나의 아들딸들아!

10,098 번째 하나님 말씀

2004년 3월 27일 06시 32분

1 사랑하는 나의 아들아!
2 "네, 아버님! 말씀하옵소서."
3 나의 피조물 만백성이 오늘의 나의 법
전이 세상에 내려감이니, 이를 접하여
너희들이 지키고 지키지 않는 그 백성
의 차이가 얼마나 무서운 것인가를 너
희들은 어찌하여 모른단 말이더냐?
4 나의 법전을 접하고 깨우친 자들은 하
늘에 오르는 길을 보고 오는 백성이
요, 그렇지 아니하는 백성은 정녕 나
에게 오를 수 있는 그 길이요, 그 빛을
볼 수 없다 내가 그리 말하였음이니,
너희들은 어찌하여 이 무서운 뜻을 소
홀히 들어 그리 어리석게 행하는가?
5 감히 사탄이요, 이단이요, 그 모두가
역사하는 것이라 너희들이 그리 말함
이니, 너희들은 알아야 될 것이니라.
6 이제는 너희들이 거듭나지 아니하면
아니 되며, 너희들이 새로운 백성으로
서 새로 태어나지 아니하면 아니 되며,
7 나의 법전을 읽고 깨우치며 나의 아들
의 강론을 듣는 백성, 선택된 너희들
은 이제 모든 백성들을 깨우치고 이끄
는 데 모두를 다 바치지 아니하면 아
니 되느니라.
8 그때가 왔음을 너희들은 알라.
9 내가 성시에 기록하여 일찍이 너희들
에게 무어라 전하였느냐?
10 2천 년 전에 나는 나의 아들이 이 세
상에 다시 오며 새로운 보혜사로서 나
의 성경이요, 나의 뜻을 가지고 모두
를 역사하는 시대가 올 것이라 기록하

였느니라.
11 너희들은 예수가 올 것을 예언한 그
제자들이요, 그 제사장이요, 그리고
그 예언자들이요, 그 모두를 믿고 그
를 진실된 것이라 생각하면서,
12 어찌하여 너희들이 그 성서에 기록하
여 전한 보혜사요, 새로운 성령이 새
로운 자가 세상에 내려와 예수가 역사
하던 것을 그대로 시행하고 지키는 자
가 올 것이라는, 그 예언의 약속은 어
찌하여 믿으려 하지 아니하고 그를 인
정하려 하지 아니하는 어리석은 삶을
사느냐?
13 새로운 보혜사요, 새로운 성령이 세상
에 내려와 역사할 것이라 기록되었으
며, 그때가 되면 너희들이 모두를 개
봉하여 모두에게 쉽게 알리며 너희들
이 깨닫도록, 그리 비유의 역사로 가
르치지 아니한다 기록하여 되어 있지
않더냐?
14 정녕 나 여호와요, 예수가 그리했느니
라.
15 나를 보낸 아버지께서 때가 되면 이
모두를 개봉하며, 오늘처럼 비유의 것
으로써 비사로 가르치지 아니하며, 직
접 너희들이 알아듣고 깨우치기 쉽도
록 전한다는 예수가 기록한 그 내용이
성서에 기록되어 있거늘,
16 그 모두가 지금 이루어지며 그가 역사
하는 것이거늘, 너희들은 어찌하여 그
를 믿으려 하지 아니하며 너희들은 그
를 따르려 하지 아니하는가?
17 그러니 너희들이 성서를 믿고 그 한
획도 고치지 말며 한 자도 더하지도
말며 그대로 믿고 따라야 된다 너희들
이 말은 그리하면서,
18 거기에 기록된 것이요, 새로운 변화
요, 새로운 시대가 오는 것 그 변화를
추구하는 것은 너희들이 모두를 반대
하며 믿으려 하지 아니함이니,
19 너희들이 정녕 성서를 만든 자요, 나
보다 너희들이 더 높은 자리에 있는
자들이요, 나를 지배하는 백성이라 착
각하고 있는 어리석은 자들이 아니더
냐?
20 너희들은 알아야 될 것이니라.
21 그 모든 언약의 시대를 나는 지킴이니
라.
22 지금의 나의 새로운 성령이요, 이는
참진리요, 너희들에게 하늘에 오르는
길을 안내하는 그 역사가 시작됨을 너
희들은 알아야 될 것이니라.
23 구약과 신약의 시대의 모두를 증거하
여 역사하는 이 시대가 시작되었거늘,
어찌하여 너희들은 이를 모른단 말이
더냐?
24 나의 아들이 구약과 신약의 그 뼈대를
두고 인간 너희들의 생각으로써 너희
들이 거기에 기록한 것을 모두 찾아내
며, 너희들의 작품으로써 이룬 것, 너
희들의 생각으로써 기록한 것을 다 지
금 삭제하며,
25 나 여호와가 내린 나의 뜻의 그 골격
만을 가지고 그 모두를 깨우치고 모두
역사하는 그와 같은 지금의 시대가 열
어지고 있거늘,
26 너희들이 이를 보지 아니하며, 오만하
고 자만한 마음으로써 이는 사탄이요,
이단이 하는 짓이라 그리 말하고 있음
이니,

27 너희들이 다른 사람들까지 하늘에 올
수 있는 그 길을 막는 그 죄가 얼마나
너희들에게 무서운 것인가를 알아야
될 것이니라.
28 나는 너희들에게 말하였느니라.
29 아담 한 사람이 죄를 지음으로써 지금
까지 나의 피조물 만백성 너희들이 죄
속에 사는 것처럼, 한 사람의 의인이
세상에 나오면 모든 백성을 구할 것이
라 했으니,
30 너희들이 구원할 수 있는 자요, 구제
받을 수 있는 백성들을 수없이 지옥의
낭떠러지로, 벼랑으로 밀어붙이는 그
와 같은 짓을 하고 있는 오늘의 종교
집단이요, 지도자 너희들은 그 죄가
얼마나 무겁고 큰 것인가, 그를 어찌
감당하려 하느냐?
31 너희 자신이 스스로에게 묻느니라.
32 모든 종교 집단이요, 지도자요, 그리
고 광신하는 그 신도들이요, 맹종 맹
신하며 구원을 받았다 하는 백성 너희
들이 가슴에 손을 얹고 생각해 보라.
33 과연 너희들이 나에게 올 수 있는 그
와 같은 삶을 사는 백성들이요, 하늘
을 향하여 한 점의 부끄러움이 없이
당당히 내 뜻에 의해 살았다 하여 나
에게 올 수 있는가?
34 너희들이 그리 살 수 없으며 그리 행
하지 못하는 자들이기에, 육의 세상에
사는 것은 너희들이 구원과 관계없는
것이며,
35 오로지 나를 찾으며 나에게 기쁨을 안
겨 주며 나의 아들 예수의 피 흘려 죽
은 것에 감사하며 그 은혜에 갚을 길
이 없다 울고불고 통곡하는 것으로써
너희들이 구원을 받는 길이라 하며,
36 너희들이 쓰다 남는 그 재물이라는 것
을 그 백사장에 모래알만도 못한 것을
갖다 많이 바치고 많이 쌓아 놓음으로
너희들이 구원을 받는다는 너희 스스
로 만들어 낸 자작극에 의하여 더 이
상 우롱당하지 말며,
37 너희들이 더 이상 너희 자신을 버리는
그와 같은 삶을 살아서는 아니 될 것
이니,
38 하늘을 보고 너 자신을 평가하여 네가
부끄러움이요, 고개를 들 수 없거든,
그 삶을 반대로 바꾸며 다시 시작하라
는 것이 나 여호와요, 나의 법전의 가
르침이라는 것을 너희들이 어찌 모른
단 말이더냐!

10,099 번째 하나님 말씀

2004년 3월 27일 06시 36분

1 사랑하는 나의 아들아!
2 "네, 아버님! 말씀하옵소서."
3 내가 너희들에게 말하여 전했느니라.
4 기적과 이적의 어떠한 역사도 그는 나
의 뜻에 의하여 모두가 행해지며 역사
하는 것이 아니라 내가 그리 말하였느
니라.
5 정녕 나 여호와의 뜻은 성령으로써 나
의 뜻이 전해지는 것이며,
6 너희들이 말하는 창조주 아버님의 그
말씀이요, 그 가르침이 바로 너희들이
물 흐르듯이 흘러가는 것,
7 진리는 진리로써 역사하는 것이며, 만
백성이 듣고 읽고 깨우치는 그것이 바
로 나의 성령이요, 나의 진리라는 것

이니라.
8 너희들은 기적과 이적이 아무리 역사를 한다 해도 그는 말씀을 전하는 그 깊이가 없으며, 그리고 성령의 뜻을 전하는 것이 거기에 있지 아니함이니라.
9 너희들은 기적의 역사를 이루는 그 속에서 과연 거기에 나의 말씀이 있으며 창조주 아버님의 뜻이 거기 있다 생각하느냐?
10 너희들이 그리 갈구하는 나의 말씀이요, 그리고 너희들이 말하는 아버지의 참뜻이요, 그 모두는 거기에 있지 아니함을 알아야 될 것이니라.
11 그러니 너희들이 말하는 전지전능한 아버님의 말씀이요, 나의 뜻은, 물이 높은 데서 낮은 데로 흐르듯이 조용히 그리 흘러가는 것이 나의 성령의 뜻이요, 나의 가르침이요, 하늘에 오르는 길이니라.
12 이적과 기적은 아무리 큰 역사를 한다 해도 거기에는 나의 뜻이 없으며, 너희들이 말하는 창조주 아버님의 말씀의 가르침이 거기에 들어 있지 아니하며,
13 너희들을 깨우치고 인도하는 것이 거기에 들어 있지 아니함이니, 그리하여 그것은 나의 뜻이 아니라 함을 너희들은 알아야 될 것이니라.
14 오로지 성령으로 임하여 성령으로써 조용히 전해지는 것, 곧 이것이 나의 뜻이라는 것을 알고 있지 않으냐?
15 그러니 너희들은 그와 같은 것에 현혹되지 말며 그와 같은 것을 바라는 마음으로써 믿음의 길을 가지 말라.
16 기적은 나의 뜻을 전할 수 있는 그 성령을 가르칠 수 있는 그와 같은 것이 거기에 없음이니라.
17 다만, 그 기적이요, 이적의 역사로 끝나는 것이요, 너희들이 듣고 보는 것으로 끝나는 것이니,
18 참진리의 뜻은 오로지 조용히 흐름이니라, 그리고 변화되는 것이 없음이니라.
19 너희들이 말하는 창조주의 말씀이요, 말씀으로써 전해지며, 너희들이 말하는 아버지의 뜻과 뜻으로써 조용히 흐르며, 그 역사가 이루어져 너희들이 변하는 삶을 사는 것이니,
20 기적과 이적은 그와 같은 나의 뜻이요, 너희들이 말하는 아버님의 말씀을 가르치는 것이 없으며, 너희들 가슴에 심어 주는 것이 없으며,
21 거기는 성령으로 임하는 길의 가르침이 없기 때문이라는 것을 너희들은 알라, 사랑하는 나의 아들딸들아!

10,100 번째 하나님 말씀

2004년 3월 27일 06시 43분

1 사랑하는 나의 아들아!
2 "네, 아버님! 말씀하옵소서."
3 너를 따르는 제자들이요, 나의 법전을 읽고 귀가 열린 백성 너희들은 과연 어떠한 것이 나 여호와의 뜻이요, 어떠한 것이 성령을 전하는 길인지를 알고 있을 것이니라.
4 너희들은 기적과 방언이요, 그리고 치료하는 은사요, 그 모든 은혜를 입은 것, 그리하여 그것이 나로부터 선택된

백성이요, 그것이 참진리의 길을 가는
것이라 생각하나,
5 그는 성령을 전하는 것과 나의 뜻을
전하는 것과는 아무런 관계가 없는 행
위라 그리 말하였느니라.
6 그와 같은 역사는 나의 참뜻을 알지
못하여 그것을 전하는 것이 아니요,
그러니 나와는 관계없는 그와 같은 행
동이기 때문이라 내가 그리 말하였음
이니,
7 진리를 전하는 곳에 그 진리를 전하는
그와 같은 역사의 힘이 거기에 없기
때문이니라.
8 나는 너희들에게 일찍이 기록하여 전
한 그 대목을 너희들은 어찌 모른단
말이더냐?
9 나는 성서에 기록하여 너희들에게 그
리 전하였느니라.
10 '너희들이 교회에서 남을 가르치기 위
하여 너희들이 깨달은 마음으로 다섯
마디의 말하는 것이 일만 마디의 방언
으로 말하는 것보다 더 나으며 소중하
고 귀하다.'는 것을 내가 성서에 기록
해 주었으니,
11 그러니 내가 나의 아들을 통하여 방언
의 은사요, 치유의 은사요, 그 모두가
다 성령을 전하는 것과 아무런 관계가
없다 하였음이니라.
12 이제 나의 아들을 따르는 제자들이요,
그리고 나의 법전을 읽고 깨우친 백성
너희들은 알라.
13 2천 년 전 내가 나의 아들 예수를 통
하여 성서에 기록해 주었느니라.
14 너희들이 모든 백성을 깨우치기 위하
여 네가 스스로 깨달은 그 마음에서
나와 너희들의 제자를 가르치는 다섯
마디의 깨달음이 너희들이 일만 마디
의 방언을 하는 것보다도 위대한 것이
며,
15 방언이라는 것은 거기에도 미치지 못
하는 것이라는 것을 내가 너희들에게
일찍이 기록하지 아니하였더냐?
16 일만 마디의 방언을 가지고 그를 가르
친다면, 너희들은 몇 시간을 떠들어야
일만 마디의 그 뜻을 세상에 전할 수
있는 것이니,
17 그 몇 시간을 떠드는 그 방언이 아무
런 가치가 없으며 의미가 없다 하였음
이니라.
18 너희들 스스로 그 제자들을 가르치기
위하여 너희들이 전하는 깨달음이요,
스스로 네가 얻은 다섯 마디를 전하는
말만도 못한 것이 방언이라 하였음이
니,
19 기적의 은사요, 너희들이 모든 역사하
는 것이 얼마나 무의미한 것인가를 알
겠느냐?
20 그는 나의 참진리요, 나의 뜻을 가르
치고 역사하는 그 힘이 없기 때문이니
라.
21 다만, 너희들이 나의 법전을 읽고 깨
우쳐 너희들이 변하는 것, 그리고 변
하여야 된다는 것을 알고 살아가는 그
힘이 바로 너희들은 나의 진리를 따르
는 것이며, 나의 뜻을 아는 것이요,
22 그리고 만백성을 구하는 나의 진리요,
참뜻을 그대로 너희들이 계승하여 전
하는 역사를 하는 것이기 때문이니,
23 너희들이 이와 같은 의미를 알았다면
너희들이 나의 법전을 읽고 깨우치는

것을 너희들이 다섯 마디만 백성에게
전한다 해도, 하루 종일 방언하는 그
은사보다도 더 위대한 가르침이라는
것을 너희들은 알라.
24 그러니 지금까지 너희들이 나의 법전
을 읽고 깨우쳤으며 나의 아들을 통하
여 강론을 들었으니, 너희들이 수없이
그를 가르치고 전할 수 있는 것이니,
너희들이 얼마나 귀하고 소중한 나의
백성들이더냐?
25 스스로 깨우쳐 다섯 마디를 너희 제자
들에게 가르치는 것이 만 마디의 방언
을 하는 것보다도 더 위대한 가르침이
라 했으니,
26 나 여호와가 직접 내린 나의 법전을
읽고 깨우치며 나의 아들을 통하여 내
리는 강론을 듣고 깨달은 너희들이 수
없이 그들을 가르칠 수 있는 지혜가
있음이니, 그리고 전할 뜻이 있음이니,
27 그 그릇이 너희들이니, 바로 그것이
소중하고 귀하다 함이니, 깨지지 말기
를 바라며 새지 말기를 바라며 굳건히
너희들이 역사하기를 바라는 것이니
라, 사랑하는 나의 아들딸들아!
28 너희들이 오늘의 고통과 그 시련을 두
려워하지 말라.
29 불에 달구고 달궈서 세상에 나오는 그
도자기라는 것이 있지 않더냐?
30 그는 달구고 달군 만큼 그가 변질되지
아니하며, 그를 배신하지 아니하며,
31 제 본체의 모든 아름다운 모습을 버리
지 아니하는 것이 그것이 아니더냐?
32 그러니 너희들이 뜨거운 불에 달구고
달궈 강도가 높은 곳에서 견디고 견디
는 만큼 그 찬란한 빛을 내는 도자기
는 그 빛이 변하지 아니하며 그 색채
가 변하지 아니함이니,
33 나의 아들딸 너희들을 그리 달구고 달
궈, 너희들이 변하지 않는 아들딸이
요, 변할 수 없는 자식으로서 너희들
이 나에게 존재하기를 바라느니라.
34 너희들이 그저 깨우치기 위하여 너희
들이 깨달음을 얻은 것 다섯 마디가
만 마디의 방언보다 소중하다 했으니,
35 너희들이 얼마나 많은 것을 알고 있으
며 얼마나 많은 것을 전할 수 있는 그
릇이 지금 되어 있으며, 그 모두를 너
희들 가슴에 안고 있는 하나의 큰 그
릇이니,
36 그 그릇은 계속 성장하며 더 커져 가
는 그릇이니, 그게 깨지기를 바라지
않는 내 마음이요, 새지 않는 너희들
이 되기를 바라는 것이 나의 간절한
마음이니,
37 그게 너희들이 나에게 소중한 자요,
만백성을 지도하는 지도자로서, 전사
로서 역사할 수 있는 자들이라는 것을
믿고 믿으라.
38 그저 인간이 깨달은 것 다섯 마디를
전한 것이 소중하다 하였으니, 너희들
이 얼마나 많은 것을 지금 가슴에 안
고 있는 그릇이더냐?
39 이것을 안다면 너희들이 얼마나 소중
하며 나로부터 너희들이 받은 은혜가
얼마나 영광이요, 축복된 것인가를,
스스로 하늘을 향하여 감사의 기도를
드리는 마음으로 살아가야 될 것이니
라, 사랑하는 나의 아들딸들아!

10,101 번째 하나님 말씀

2004년 3월 27일 06시 48분

1 사랑하는 나의 아들아!
2 **"네, 아버님! 말씀하옵소서."**
3 고난과 고난의 눈물의 그 고통 속에서 너희들이 거듭나야 됨이니, 내가 그리 하여 너희들을 거듭나게 하고자 함이니라.
4 너희들이 뜨거운 불 속에서 그 강도를 지키고 지키는 도자기라는 것은 그 아름다운 빛이 변하지 아니하고 찬란히 지킨다 하였음이니라.
5 그러니 너희들이 그보다 더한 고난과 눈물의 그 고통을 이기고 견디는 그 속에서 참진리의 빛을 볼 수 있는 것이며, 진리를 볼 수 있는 그 지혜를 너희들이 얻고 터득하게 됨을 알아야 될 것이니라.
6 내가 일찍이 나의 아들을 통하여 너희들에게 전했느니라, 강한 열에 달구어진 그 금은 순금이 될 수 있듯이, 너희들이 그와 같이 달궈지지 아니하면 진정한 나의 뜻을 전하는 백성으로 역사할 수 없다는 것을.
7 너희들이 얼마나 소중하고 귀한 자식이요, 아들딸이더냐?
8 내가 나의 아들을 통하여 내린 강론이요, 나의 법전을 읽고 깨우친 너희들이 수천수만 마디로써 나의 피조물 반 백성들을 가르치고 다스릴 수 있는 그릇으로서 되어 있으며,
9 그 그릇은 서서히 계속 성장하고 있기에 너희들이 귀하고 소중한 나의 아들딸이라 하였느니라.
10 너희들이 인간이 한 마디를 깨우쳐 가르치는 것이 그것도 소중하다 하였음이니, 너희들은 끝이 없는 그 깨우침이요, 가르칠 것을 가지고 있음이니,
11 단 몇 마디를 깨우치는 것도 너희들이 방언의 만 마디보다도 더 소중하고 귀한 은혜요, 상을 받는다 하였거늘,
12 너희들의 담아 있는 그 그릇 속에 있는 것에 얼마나 많고도 많더냐?
13 그러니 너희들이 에덴동산에 네 이름이 기록되었으며 너희들이 나에게 올 수 있는 백성이라 한 뜻을 이제야 알겠느냐?
14 그러니 너희들이 오늘의 그 눈물과 고통 속에 시련을 좀 더 견디고 넘어가야 하는 것이니라.
15 그렇지 아니하면 너희들이 완벽하게 서지 못하기 때문이니라.
16 나는 너희들을 사랑하느니라.
17 지금의 너희들의 어렵고 힘든 그 눈물의 고통을 내가 모르는 것이 아니요, 너희 자신의 마음을 또한 너보다도 내가 더 잘 알고 있으며 잘 들여다보고 있는 것이 나 여호와라는 것을 너희들은 알아야 될 것이니라.
18 사랑하는 나의 아들아!
19 **"네, 아버님!"**
20 너의 제자들에게 그리 전하라.
21 인간인 너희들도 서로 만나며 서로 교통을 하다 보면 그 사람이 생각하는 것이 무엇이요, 그가 가지고 있는 마음이 무엇인가 그 속내를 알 수 있거늘,
22 창조주 나 여호와가 나의 피조물인 너희들의 속마음이요, 너희들이 가지고

있는 생각을 모른다 생각하느냐?

23 모두를 다 알고 있으며 모두를 들여다 보고 있음이니라.

24 그러니 너희들의 그와 같은 것을 내가 알면서도 오늘의 너희들에게 강도 높은 그 훈련을 하는 것은,

25 너희들이 정녕 넘어져서는 아니 되며 쓰러져서는 아니 되는 것이요, 그리고 빛이 바랜 사람이 되어서도 아니 되며 너희들이 거기에 이물질이 들어 있는 몸체가 되어서도 아니 되기 때문에 그 모두를 눈물의 고통과 시련 속에서 뽑아내고자 함이니,

26 그를 뽑아내는 자, 너희들이 그 고통과 훈련의 과정을 이수하는 것이요, 훈련에서 벗어나는 것이라는 것을 알라.

27 너희들이 거듭나기 위하여 그 오늘의 훈련 과정을 일찍 단축시키느냐, 길고 길게 너희들이 죽을 때까지 끌고 와 그 훈련의 과정이 모두가 수포로 돌아가는 그와 같은 삶을 살 것인가는 너희들에게 달렸음을 알라, 사랑하는 나의 아들딸들아!

10,102 번째 하나님 말씀

2004년 3월 27일 06시 55분

1 사랑하는 나의 아들아!

2 "네, 아버님! 말씀하옵소서."

3 내가 친필로 직접 써 내린 그 십계명을 암송하는 것도 제가 소원을 하고자, 무엇을 얻고자, 부귀영화를 이루고자 하여, 나로부터 무엇의 은혜를 입고자 너희들이 십계명을 암송한다면, 그것은 사탄이 십계명을 암송하는 행위요, 사탄이 울부짖는 소리라 그리하였느니라.

4 그러나 너희들이 만백성을 구하겠다는 것, 너희 스스로 천사와 같은 사람이 되어 나 여호와의 은혜에 보답하겠다 하여 너희들이 그 십계명을 암송하며, 조건이 없으며 바라는 것이 없는 순수한 아름다운 마음으로 십계명을 암송한다면,

5 이는 천사가 십계명을 암송하며 세상에 전하는 것이라 하였으니, 이와 같이 너희들이 같은 십계명을 암송하되 그 차이가 있음이니라.

6 더욱이 내가 나의 아들을 통하여 만백성을 구하려 내리는 160권의 법전을 가슴에 안고 정독하는 자, 하늘에 오르는 찬란한 빛을 볼 수 있다 함이 무엇인 줄 알겠느냐?

7 너희들이 온갖 정성을 다하여 가슴에 안고 정독하는 자는 천사가 되고자 하는 그 백성이요, 그리고 나의 백성으로서 임하나,

8 너희들이 그저 무엇인가를 얻고자 계산된 마음으로써, 이를 읽고 정독함으로써 너희들이 어렵고 힘든 한 고비를 넘길 수 있다는 것, 그리고 나의 아들을 통하여, 나를 통하여 너희들이 무엇인가를 얻고 편안한 길을 가고자 한다면,

9 너희들이 그것은 사탄이 읽는 것이요, 사탄이 울부짖는 것이니,

10 똑같이 읽는 소리라 해도 너희들이 만백성을 구하는 약으로 쓸 수도 있는 것이요, 만백성을 지옥으로 모는 극약

으로써 써서 죽음으로 모는 그와 같은
형국이 될 수도 있는 것이 하늘의 이
치요, 나의 법전의 이치임을 너희들은
알라.
11 그리하여 내가 너희들에게 가훈을 내
리지 아니하였더냐?
12 하늘을 향하여 한 점의 부끄러움이 없
는 아들딸이 되라는 것, 그러니 한 점
의 부끄럼이 없는 아들딸이 되어 너희
들이 나의 법전을 읽고 정독했을 때
그 속의 뜻을 알게 될 것이며, 너희들
이 만백성을 구하는 약이 되는 것임을
잊어서는 아니 될 것이니라.
13 그러니 너희들이 모두 살아가고 행동
함에 있어서 너희들이 대가를 바라며
조건을 걸고 하는 그 행동은 나에게
거래하는 행동이라 하지 아니하였더
냐?
14 그러니 대가가 없는 것, 바라는 것이
없는 것이 천사가 하는 길이요, 내가
기억하는 길이요, 너희들이 나에게 와
상을 받을 수 있는 것이라는 것을 알
라.
15 너희들은 나에게 와서 상을 받는 것이
무엇이더냐?
16 너희들이 얼마나 아름답고 곱게 살았
느냐, 그것으로써 너희들이 나에게 상
을 받는다는 걸 명심하고 또 명심하도
록 그리하라.
17 너희들이 재물을 바치는 것, 그리고
너희들이 그 모두를 갖다 바치면서 울
고불고하는 것, 그리고 너희들이 하늘
에 쌓음으로 그 대가를 열배 백배를
받는다는 생각에서 재물을 바쳐 너희
들이 은혜를 받는다는 생각, 그 어리
석은 생각을 하지 말라.
18 그것은 하늘의 창고에 쌓아 놓을 곳이
없음이니라.
19 다만, 너희들이 얼마나 아름답고 곱게
살았느냐 그것이 하늘의 네 창고에 쌓
아 놓는 것이며, 네가 그것으로써 심
판대에 너희들이 상을 받고 못 받음이
니, 그게 가장 귀한 진주요, 보석이라
는 것을 너희들은 알아야 될 것이니라.
20 그러니 그 행하는 것도 어떠한 마음을
가지고 행하느냐가 중하고 귀하다는
것,
21 아무런 조건이요, 아무런 기대하는 마
음이요, 거래하는 마음을 갖지 아니하
고 무의식적으로 행할 수 있는 그 아
름다운 마음, 그것이 바로 너희들이
나에게 상을 받을 수 있는 것이라는
것을 알아야 될 것이니라.
22 모든 지금의 천사와 같은 아이들은 나
의 법전을 읽을 때 그들은 아느니라.
23 그리고 나의 법전을 읽고 깨우치는 백
성들은, 그리고 어린아이들은 나의 법
전을 읽고 정녕 그가 깨우쳤을 때, 그
들이 귀신이요, 잡신들이요, 사탄들에
게 놀아나는 것을 볼 수 있음이니라.
24 다만, 지금 성장한 백성들이 나의 법
전을 읽고 정독해도 너희들이 그를 보
지 못함이니, 너희들이 진정한 아무런
티가 없는 마음으로 나의 법전을 읽고
깨우치라.
25 그러면 너희들이 말하는 그 잡신이요,
귀신이요, 그 사탄이요, 사악한 자들
을 볼 수 있음이니,
26 천사와 같은 마음으로 나의 법전을 접
할 때 그걸 모두가 다 볼 수 있으니,

어린아이 같은 자만이 그를 볼 수 있
을 것이니라.
27 그러니 어린아이들이 꿈에서 보며 환
상으로 보는 그와 같은 것을 말하는
것을 그 부모가 믿고 따르는 자가 없
으며, 그 두렵고 무서운 것을 아는 자
가 없음이니, 어찌 가르친단 말이더냐?
28 정녕 이를 볼 수 있는 것은 너희들이
어야 하거늘, 너희들은 마음이 추하고
검으니, 그를 볼 수 없으며,
29 정녕 봐서는 안 되는 어리고 착한 그
천사와 같은 아이들은 나의 법전을 읽
고 나의 아들을 만나며 강론을 들음으
로써 나의 아들을 볼 수 있으며, 나의
아들의 실체를 보며, 귀신과 그 사탄
들의 실체를 보는 그와 같은 것을 얻
느니라.
30 그러나 그들이 그 말을 전해도, 죄가
많은 백성이요, 어둠에 사는 백성들이
그를 듣지 아니하며, 두려움을 모르는
이와 같은 형국이니,
31 줄 자에게는 줄 수가 없으며, 주지 않
을 자에게 보여 주고 주는 나 여호와
의 이 아픈 마음을 너희들은 아느냐?

10,103 번째 하나님 말씀

2004년 3월 27일 06시 58분

1 사랑하는 나의 아들아!
2 **"네, 아버님! 말씀하옵소서."**
3 천진난만한 그 아이들은 너를 보면 알
며, 그리고 나의 법전에 그려져 있는
네 사진을 볼 때, 그들은 눈에서 나는
그 광채를 알며, 네가 누구인가를 그
들은 말할 수 있음이니라.
4 그러니 천사와 같이 아름다운 그 아이
들의 마음이요, 그 마음을 가진 자, 그
러니 세상에 너희들이 주는 것에 감사
하며 욕심을 내지 않는, 너희들이 정
신이 부족하다는 그 아이들은 그를 볼
수 있으며 그를 발견할 수 있음이니라.
5 다만, 나의 아들을 따르는 제자 너희
들이 나의 아들의 그 형체를 보지 못
하며, 나의 법전에 그려져 있는 나의
아들의 그 그림이요, 그 모습을 보고
그 눈에서 나는 빛이요, 그가 선지자
라는 것을 너희들이 느끼지 못하는 것
은, 너희들의 마음에 욕심이 아직 비
워지지 아니하였기 때문이니라.
6 욕심이 비워진 아이요, 그저 그 갓 말
문을 여는 아이들에게 나의 아들의 그
그림을 보여 줄 때,
7 그가 정녕 욕심이 없는 아이요, 천사
와 같은 마음이요, 인간의 마음이 찌
들어지지 아니한 아이는 선지자요, 나
의 아들이라는 것을 알 것이니라.
8 다만, 이것이 너희들과 차이점이니라.
9 나는 나의 아들을 따르는 제자 너희들
중에서 나의 아들의 눈에서 나는 빛이
요, 나의 아들의 그 형체를 볼 수 있는
그와 같은 자가 나오기를 바라고 기다
리고 있음이니라.
10 아무리 어린아이들이 말한들 어찌하
는가?
11 너희들은 기적의 역사를 보았을 것이
니라.
12 나의 아들의 그림을 보며, 말 못 하는
아이가 그 선지자라 말문을 여는 그와
같은 역사를 너희들 제자 중에 그와
같은 체험을 한 자가 있을 것이며, 나

오지 아니하는 그들도 또한 그를 체험
한 자가 있을 것이며,
13 이는 너희들이 나의 법전이요, 나의
성령을 듣기를 원하며, 저희들이 믿는
종교 집단이요, 그 부모의 손에 끌려
가는 것이 귀신들이 득실거리며 귀신
이 우글거리는 것을 보는 아이가 있음
이니,
14 그런 아이들이 있음을 너희들은 알게
될 것이며 그 소리를 듣게 될 날이 있
을 것이니라.
15 이것이 너희들의 마음이 비워지지 아
니함이요, 너희들이 마음이 다스려지
지 아니한 것이니,
16 너희들이 오만하지 말며 자만하지 말
며 너희 자신의 모두를 비우는 데 더
욱 노력하며, 한 점의 부끄럼이 없는
그와 같은 하루의 삶을 살도록 그리
하라.
17 그러면 너희들이 그 모두를 보고 듣고
알게 될 것이니라.

10,104 번째 하나님 말씀

2004년 3월 27일 07시 02분

1 사랑하는 나의 아들아!
2 "네, 아버님! 말씀하옵소서."
3 나의 백성 너희들은 너희 자신이 어떠
한 생각을 하고 삶을 사느냐, 그리고
너희들이 살아가면서 어떠한 행동을
하고 사느냐, 그것이 바로 너희들이
나에게 귀히 쓰이는 백성이요, 나에게
버림을 받는 백성이라는 것을, 거기서
너희들이 선별된다는 걸 알아야 될 것
이니라.
4 거기서 모두가 선별되거늘, 오늘의 종
교 집단이요, 지도자 그들은 너희들의
생각과 너희들의 행동하는 것은 한계
가 있으며, 인간의 생각이요, 인간의
행동으로써는 구원을 절대 받을 수 없
으며,
5 나 여호와의 성령으로써만 모두가 구
원을 받을 수 있으며, 내가 역사할 때
만이 구원을 받는다 가르치니, 이 얼
마나 답답하고 고통스러운 말들이냐?
6 너희들은 알아야 될 것이니라.
7 너희들이 어떤 생각을 하고 지금 살고
있는가, 너희 자신이 어떻게 지탱하
고 있는가, 그리고 네가 어떠한 행동
을 하고 사느냐,
8 그것에 따라서 너희들이 인간 세상에
서 귀한 자요, 귀하게 쓰지 아니하는
자로 구분된다 하지 아니하였더냐?
9 나는 너희들에게 말하였느니라, 지상
의 모든 백성으로부터 천사라 소리를
듣는 자, 그에게 천사의 날개를 달아
줄 것이며,
10 아무리 믿음으로 울고불고해도 너희
들이 사악한 자요, 천사와 같은 자가
아니요, 믿음의 길을 가는 자가 믿지
않는 자보다 더 사악한 자라는 그와
같은 소리를 듣는 자, 그는 결코 나의
백성이 아니요, 나와 관계가 없다 하
는 것을 너희들은 알라.
11 그러니 너희 자신이 어떠한 생각이
요, 어떠한 마음을 가지고 사는가가
가장 중요함이니,
12 오늘의 너희들이 생활 속에 사는 것
으로써 인간 세상에서 귀한 사람으로
서 대우를 받으며 필요한 사람으로

대우를 받을 때 나에게 필요한 자요,
13 너희들이 쓸모없는 자요, 대우받지 못
하는 가치 없는 인간으로서 대우를
받을 때, 그 또한 너희들은 나에게 가
치 없는 백성이라는 것을 알라.
14 어찌 너희들이 귀하게 쓰이며 귀하게
사람들에게 부름을 받고 사느냐에 따
라 내가 그만큼 너희들을 귀하게 쓸
것이며 귀하게 너희들을 부를 것이며,
15 너희들이 천대받는 자, 그리고 무가치
한 자, 존재하지 아니함만 못하다는
말을 듣는 그 백성, 너희들은 결코 나
에게 가치 없는 자요, 나에게 존재할
수 없는 백성이니,
16 모두는 여기서 스스로 너희들의 삶이
요, 생각에서 결정되고 이루어짐이니,
그러니 공의의 하나님이니라.
17 너희들이 이루고 닦은 만큼 내리고 거
둬들이는 나 여호와라는 것을 너희들
은 알라.
18 너희들 자신의 가치를 알 수 있는 것,
그것이 바로 무엇인 줄 이제 알았다
면, 너희들은 나의 법전을 읽고 정립
하여 전하고 만백성을 깨우치는 너희
들이 하는 일이 과연 어떠한 일이며,
어떠한 가치요, 어떠한 점수를 받을
수 있는 것인가를 알 수 있을 것이니
라.
19 내가 내리는 나의 성령을 받아 그 법
전을 만들며, 그를 가지고 만백성에게
전하며, 그를 가지고 만백성을 가르치
는 너희들이야말로 정녕 너희들이 상
상할 수 없는 점수요, 그 가치가 나에
게 필요한 백성이며, 귀하고 소중한
백성이라는 것을 알라.
20 그것으로써 너희들은 더 이상 바랄 것
이 없으며, 원할 것이 없으며, 너희들
이 이루고자 하는 것이 없는 마음으로
써 비워야 됨을 알라, 사랑하는 나의
아들딸들아!

10,105 번째 하나님 말씀

2004년 3월 27일 07시 07분

1 사랑하는 나의 아들아!
2 "네, 아버님! 말씀하옵소서."
3 나는 나의 피조물 만백성 너희들을 위
하여 미물과 사람과 그리고 하늘의 그
이치의 뜻이 동일하게 흘러가게 한 것
을 알아야 될 것이니라.
4 너희들은 '청개구리'라는 그 말을 아
느니라.
5 산으로 가라 하면 들로 가며, 들로 가
라 하면 산으로 가는 그 개구리가 그
새끼를 위해서 그는 얼마나 울어 대고
얼마나 짖어 대는가?
6 그리하여 그는 그를 바로 세우기 위해
서 얼마나 애통했으면, 죽을 때 그 자
식에게 저를 갖다 개울에다 묻으라면
산에다 묻을 것이라 하여 반대의 유언
을 남기고 죽었겠느냐?
7 오늘의 인간 세상에 살아가는 백성 너
희들도 그러하니라.
8 너희들이 자식들이 바로 가지 아니하
며 부모의 뜻을 따르지 아니하며, 그
뜻대로 살아가 만백성에게 칭송받는
자식으로 갈 수 있는 길을 저버려 두
고 남으로부터 저주받는 짓, 험악한
그와 같은 길을 가는 그 자식을 보고
애통하는 마음은,

9 청개구리가 그 새끼를 보고 울부짖는
것보다도 더 비통하며 그 아픈 마음은
더 저려 올 것이니라.
10 그러니 인간 세상에서 너희들이 몇 명
안 되는 그 자식들이 잘못 가고 부모
의 뜻을 따르지 아니하며, 너희들이
참진리요, 인간의 도리를 살지 않는
그 백성을 바로잡기 위하여 너희들은
매를 들며 울고불고 온갖 것으로써 다
바로잡고자 하느니라.
11 그리해도 그리 듣지 않을 때 그 포기
하는 마음이 얼마나 아프고 저려 오겠
는가?
12 하늘에서 보는 나 여호와는 수천 년
동안에 그 많은 나의 백성들을 세상에
내보내 너희들이 나간 그곳이요, 내
집으로 돌아오라 그리하였으며, 아들
로서 딸로서 아버지의 품에 오라 그리
말하였거늘,
13 그 반대의 길을 가며, 너희들이 울고
불고하며 거기에 찬송하며 광란의 짓
을 하면서, 그것이 나에게 오르는 길
이 아니라 해도 듣지 아니하며,
14 그것이 나에게 오르는 길이라 하여 만
백성을 그곳으로 이끌어 가는 이와 같
은 행위를 하는 것을 수천 년 동안 바
라보는 나의 절규는 과연 어떠하겠는
가?
15 내가 오죽 답답하고 아프면 지금 내가
나의 아들을 통하여 마지막 시대라 하
여 160권의 법전으로써 너희들을 깨
우치고자 이 역사를 이루며,
16 나의 아들이 죽을 때까지 하늘의 뜻을
기록하여 너희들에게 전하여, 한 사람
이라도 깨우치는 그 역사를 얻고자 이
몸부림치는 나 여호와의 아픈 마음을
아는가?
17 청개구리가 그 새끼를 위하여 그를 바
로잡기 위해 울부짖는 그 소리나, 자
식이 잘못 가는 것을 보고 울부짖고
통곡하며 아파하는 그 부모의 마음보
다도 천 갈래 만 갈래 내 마음이 더 찢
어짐이니,
18 수억의 셀 수 없는 그 많은 백성, 나의
아들딸들이 나의 뜻에 의해 따라오는
자가 한 명도 없음이니, 나의 고통이
요, 나의 절규는 과연 청개구리에 비
하겠는가,
19 인간의 너희 부모의 마음에 비하겠는
가?
20 너희들은 어느 곳에도 비할 수 없는
나의 고통이요, 슬픔에 찢어지는 이
아픔이니,
21 이제 너희들이 자식이 잘못 가는 심정
을 아는 그 부모라도 너희들이 바로
서고 깨우치라 하여 나의 법전을 알기
쉽게 너희들이 아들과 부모와 모두가
볼 수 있도록 내가 함이니 그리 알라,
사랑하는 나의 아들딸들아!

10,106 번째 하나님 말씀

2004년 3월 27일 07시 11분

1 사랑하는 나의 아들아!
2 "네, 아버님! 말씀하옵소서."
3 너희들 자신이 천사와 같이 변하는 것
은 어렵고 힘든 길이며, 결코 쉬운 길
은 아님이니라.
4 그것 또한 나도 알고 있음이니라.
5 너희들이 악으로 빠지는 것, 사탄으로

변화되는 것이야 너희들이 일순간에
그 모두를 갈 수 있으나,
6 천사로서 변하는 것, 아름다운 마음으
로 변하는 것, 그리고 나의 아들딸로
서 거듭나는 그 길은 어렵고 힘든 길
이니, 결코 쉽게 너희들이 역사할 수
없다는 것을 잘 알고 있느니라.
7 그리하여 오죽하면 그 모든 종교 집단
이요, 믿음의 길을 가는 그 백성들이
수천 년 동안에 살아오고 가르치면서
저희들이 그와 같이 변할 수 없고 변
화될 수 없다는 것을 깨달았으니, 그
들이 내린 결론이 바로 무엇이더냐?
8 인간의 노력과 인간의 생각으로써는
천사와 같이 변화될 수 없으며,
9 창조주 아버님의 능력으로써, 아버님
의 성령으로써 인간의 힘이 아닌 그
위대한 힘을 빌어서 너희들이 변화될
수 있다 그리 결론을 내려, 모두를 포
기해 버렸으며 모두를 접어 둔 그와
같은 삶을 살지 않느냐?
10 그리하여 나의 피조물 만백성이 지금
잘못되었으며 너희들이 다 무너지고
부서지는 그와 같은 오늘의 형국이요,
11 도둑이 들끓는 세상이요, 너희들이 말
세의 시대라 그리 말하느니라.
12 그러나 이제 나의 아들을 따르는 백성
들이요, 나의 법전을 읽고 깨우친 만
백성 너희들에게 하늘에 오를 수 있는
그 변화의 길을 가르쳐 줌이니라.
13 너희들이 정녕 어렵고 힘들고 변할 수
없다는 그것은 아무것도 아님이니라.
14 이제 나의 아들을 따르는 너희들은 가
장 쉽고 가장 하기 쉬운 것, 그리고 작
은 것부터 너희들이 하나하나 변화를
이루도록 그리하거라.
15 그리하면 너희들이 모두를 다 변할 수
있으며 모두를 다 지울 수 있음이니,
16 이를 너희들이 두 손에 오늘 아침에
꼭 쥐고 가도록 그리하라.
17 그리하여 너희들이 두 손에 꼭 쥔 이
것을 잊지 말라.
18 오른손에 쥐고 있는 것은 가장 쉬운
일을 시작하는 것이며, 왼손에 쥐고
있는 것은 가장 작은 것부터 너희들이
변화하는 그 삶을 너희들은 항상 그리
살아가라.
19 이제 오늘 아침에 나의 기도를 듣는
자요, 내 명을 듣는 자요, 나의 성령을
내림을 듣는 너희들은 항상 오른손과
왼손을 쥐고 그를 생각하라.
20 그리하여 너희들이 정녕 깨우치고 갈
수 없거든, 오른손을 펴 쉬운 것을 너
희들이 실천하며 왼손을 펴 작은 것을
실천하는 그와 같은 변화를 이루도록
하면,
21 너희들이 나에게 오를 수 있는 백성으
로서 모두가 못 이룬다는 것, 모두가
변화될 수 없다는 것을 너희들은 변화
할 수 있으며 역사할 수 있는 것이니,
22 내가 답을 가르쳐 줌이니라, 사랑하는
나의 아들딸들아!

10,107 번째 하나님 말씀

2004년 3월 27일 07시 16분

1 사랑하는 나의 아들아!
2 "네, 아버님! 말씀하옵소서."
3 내가 너희들에게 사랑을 베풀고 사는
것은 무엇이라 가르쳤더냐?

4 "네, 아버님! 그렇사옵나이다.
5 천사는 사랑이 필요 없다 하였으며,
천사는 사랑이라는 것을 위해 노력할
필요가 없다 하였음이니라.
6 인간은 부족하기 때문에, 부족한 것을
채우기 위하여 서로 사랑하며, 서로
사랑하는 속에서 그 부족한 것을 채우
는 역사를 이룰 수 있기에, 남을 사랑
하는 것은 나의 부족한 것을 채운다
그리 말씀하셨사옵나이다."
7 과연 너는 그를 믿고 그리 실천하는
가, 그리고 너는 그것으로써 모두가
역사한다 생각하느냐?
8 "아버님! 저희들이 사랑하는 것, 사랑
하는 마음으로써는 저희들이 거듭나
는 그와 같은 은혜를 또한 얻는 것이
라 저는 그리 생각하고 있사옵나이다.
9 저희들이 베푸는 것, 사랑을 실천하는
것은 저희들이 부족한 것을 채움이니,
10 그것은 곧 모든 백성들이요, 믿음의
길을 가는 그 백성들이 하늘에 재물을
많이 바쳐 보물을 쌓아 놓는다는 것,
11 정녕 그 보물을 쌓는 것이요, 보물의
창고에 그 보물을 쌓는 것, 그것이 사
랑을 베푸는 것이라 그리 생각하옵나
이다."
12 사랑하는 나의 아들아! 그러하니라.
13 너희들이 하늘에 보물을 어찌 쌓아 놓
는단 말이더냐?
14 모래알만도 못한 그 가치 없는 그 무
게 있는 것을 어찌하여 너희들은 쌓아
놓는단 말하느냐?
15 사랑을 베푸는 것은 너희들이 부족한
것을 채워 완벽한 사람으로 만듦이니,
완벽한 자만 나에게 올 수 있으며, 완
벽한 자가 쌓아 놓는 그 사랑이야말로
너희들이 그 보물이 쌓임이니라.
16 그것이 바로 너희들이 보물의 창고에
있는 것으로써 상을 받는 것이 아니요,
17 그 너희들이 사랑을 베풀어 보물 창고
에 쌓아 놓는 그 무게와 너희들이 지
금까지 잘못 살며 알고 모르고 지은
그 용서받지 못할 그 죄들과 그 무게
를 달아,
18 너희들이 사랑의 보물을 그득히 쌓아
놓은 자는 나에게 가볍게 올라오는 것
이요, 그렇지 못한 자는 나를 등지고
떠나는 것이라 함을 알라.
19 이제 하늘의 보물의 창고에 쌓아 놓는
것이 무엇인 줄 알겠느냐?
20 나의 법전을 읽고 깨우쳤으며 나의 아
들의 강론을 들었으니, 내가 이 말을
전해도 너희들은 알아들을 것이며,
21 하늘의 보물의 창고에 쌓고자 너희들
이 노력하는 백성으로 변화될 것이니,
그리하여 너희들이 보물의 창고가 있
음을 알려 주느니라.
22 너희가 쌓아 놓는 보물의 창고가 있음
을 알라, 사랑하는 나의 아들딸들아!
23 너희들이 보물의 창고에 사랑의 보물
을 그득히 쌓아 놓겠느냐, 악의 창고
에 너희들이 악함을 쌓아 놓겠느냐?
24 하늘에는 너희들이 보물의 창고만 있
는 것이 아니라, 너희들이 악을 쌓아
놓는 창고가 같이 있다는 것을 만백성
에게 전하라.
25 모든 종교 집단이요, 믿음의 길을 가
는 백성들, 나에게 오는 천국의 문에
들어설 자격을 얻었으며 구원을 받았
다 말하는 백성들이, 저희들이 보물의

창고는 있는 줄 알면서 저희들이 죄를
쌓아 놓는 창고가 있는 것은 모름이
니, 그게 얼마나 어리석고 불쌍한 백
성들이더냐?
26 너희들이 대화를 할 때 일방적인 것
으로써 이루어지며, 제 욕심만 채운다
해서 모든 것이 원칙으로 이루어지더
냐?
27 화해도 될 수 없으며 같이 나눌 수도
없으며 같이 갈 수도 없는 것이 일방
적인 욕심을 가지고 있는 자의 살아
가는 방법이니라.
28 그러니 나의 피조물 만백성 너희들은
알라.
29 나의 법전에 기록하는 이 뜻을 너희들
은 나가 만백성에게 전하라.
30 저희들이 하늘의 창고에 보물을 그득
히 쌓아 놓는 것, 재물을 바치는 것이
창고에 쌓아 놓는 것이요, 그것으로써
은혜와 영광의 축복을 받는다는 것을
생각하지 말며,
31 너희들이 사랑하는 마음으로써 사랑
을 베푸는 그 창고가 바로 하늘의 보
물의 네 창고요, 네 이름이 써져 있는
보물의 창고 반대편을 보면, 너희들의
죄를 쌓아 놓고 악을 쌓아 놓는 네 창
고가 또 하나 이름이 같이 붙어 있음
이니,
32 어디에 무엇을 많이 쌓아 놓는가에 따
라 너희들이 나 여호와로부터 하늘에
오르는 길에 버림을 받는 자와 구원을
받는 자가 되는 것이 거기서 답이 난
다는 것을 그들에게 깨우쳐 주라.
33 그래도 그들은 고개를 흔들며 미친 자
요, 헛된 소리라 할 것이니라.
34 오로지 모든 축복이요, 영광만이 있으
며, 그 죄의 창고는 나의 아들 예수가
모두가 때려 부수고 다 그를 갖다 없
애 버렸으니, 그 창고는 없다 그리 말
할 것이니라.
35 그러나 나 여호와는 나의 아들을 통하
여 전했음이니, 너희들이 그 죄의 창
고가 더욱 완벽하며 더 단단하게 되어
있다 그리 전하라.

10,108 번째 하나님 말씀

2004년 3월 27일 07시 19분

1 사랑하는 나의 아들아!
2 "네, 아버님! 말씀하옵소서."
3 오늘의 나의 기도를 듣는 백성들 너희
들은 전하라.
4 너희들이 오른손에는 쉬운 것을 행하
는 것을 쥐고, 왼손에는 작은 선함을
베푸는 것을 시작하여, 너희들이 그
모든 것에 악을 제거할 수 있는 그와
같은 삶을 살라 하였으며,
5 하늘에는 너희들이 악을 쌓아 놓는 네
이름의 창고와, 너희들이 사랑을 베풀
어 금은보화의 그 보석보다 더 귀하고
소중한 보물을 쌓는 그 창고가 두 개
가 있다는 것을 그들에게 깨우쳐, 그
들이 바로 갈 수 있도록 그리하라.
6 그것은 너희들이 면할 수 없으며 벗어
날 수 없는 길이라는 것을 알라.
7 이와 같은 이치요, 이와 같은 뜻을 알
고 있는 너희들이 이 귀하고 소중한
나의 뜻이요, 나의 법도를 만백성에게
전하며 깨우쳐 주지 아니하면 너희들
또한 그 대가를 치른다는 것을 잊지

말라.
8 내가 너희들을 선택한 것은 무엇이더
냐?
9 깨닫고 배운 것을 만백성에게 전하여,
너희들이 근본의 삶으로써 그들이 너
희들을 따라올 수 있도록 하라 하여
내가 너희들에게 전한 그 모두가 있음
이니라.
10 그러니 이제 너희들은 어떠한 창고에
무엇을 더 쌓아 놓는 것인가를 알며
살아가도록 하라.
11 하루에 너희들이 나쁜 일을 하는 것,
그것은 악한 창고에 기록되며, 너희들
이 선한 일 또한 선한 창고에 기록됨
이니,
12 너희들이 어떠한 것을 많이 보내고 어
떠한 것을 많이 하늘에 쌓아 놓는가,
그것을 스스로 너희들이 깨달아야 될
것이니,
13 악의 창고에 너희들은 하루에 하나를
넣어서도 아니 되며, 1년에 하나를 넣
어서도 아니 되며, 평생에 걸쳐 하나
를 넣어서도 아니 됨이니라.
14 그러니 너희들이 어떠한 것을 어느 창
고에 많이 채워야 되는 것인가?
15 너희들이 선한 창고에 채우기 위하여
노력한다면, 자연적 악의 창고를 채우
는 것은 줄어들며, 반대의 현상으로써
그는 없어지게 됨이니라.
16 이를 명심하여 너희들부터 행하며, 모
든 너희 형제요, 이웃에 있는 백성에
게 먼저 전하라.
17 네 부모요, 너희 형제들부터 이를 깨
닫도록 전하도록 하라, 사랑하는 나의
아들딸들아!

10,109 번째 하나님 말씀

2004년 3월 27일 07시 31분

1 사랑하는 나의 아들아!
2 "네, 아버님! 말씀하옵소서."
3 나의 법전이 나 여호와가 마지막 역사
하는 것이며, 새로운 만백성이 그 역
사하는 시대를 열고 있는 것이요, 너
희들이 구원을 받고 못 받는 그 모든
근본이 다 여기에 있다 하였음이니,
이는 무엇을 의미하는 것이냐?
4 나의 이 새로운 성경 속에는 답이 없
는 것이 없으며, 모두를 망라하여 여
기에서 답을 얻을 수 있으며, 너희들
이 깨우침을 얻을 수 있는 것이기에,
5 너희들은 구약 시대의 그것보다 신약
시대의 그것보다도 더 소중하고 위대
한 것이 나의 새로운 성경이라는 것을
알아야 될 것이니라.
6 그 모두 속에서 너희들이 답을 찾지
못하는 것이 나의 법전 속에 답이 있
으며, 그리고 너희들이 풀지 못하는
그 열쇠까지도 나의 법전 속에 모두가
들어 있음을 너희들은 알아야 될 것이
니라.
7 그러니 이 세상에 너희들이 만들어 낸
어떠한 책이요, 글로써 써낸 것보다도
가장 위대하고 가장 소중한 것이 나의
법전이라는 것을 너희들이 스스로 알
게 될 것이니라.
8 너희들이 아무리 좋은 책이요, 아무리
훌륭한 책이요, 성인이 썼다는 그와
같은 책이라 해도, 너희들이 모든 답
을 거기서 찾을 수 없는 것이며, 모두
를 깨우칠 수가 없으며, 모두를 얻을

수가 없는 것이니라.
9 인간 세상에 변화되는 것은 너희들이
서로 상대하고 보고 대화를 하다 보면
너희들은 서로 느끼고 알 수 있으며
그것을 대략 짐작할 수 있다 하였음이
니라.
10 그러나 하늘의 뜻은 너희들이 그와 같
은 눈치로써 알 수 없으며, 대화로써
알 수 없으며, 그와 같은 어떠한 방법
으로도 알 수가 없는 것이니라.
11 그러니 그 하늘의 뜻을 알 수 있으며,
그를 볼 수 있도록 하는 것이 나의 법
전이요, 새로운 성경이니,
12 이 성경보다 더 위대하고 소중하고 귀
한 책이 없다는 것을 너희들은 먼저
생각하고 믿으라.
13 그리하여 너희들이 나의 법전을 가슴
에 안고 정독하는 자, 하늘에 오르는
빛을 본다 했음이니, 하늘에 올 수 있
는 그 빛을 보는 것이 바로 무엇이더
냐?
14 모두를 너희들이 깨닫고 모두를 변화
되는 역사를 한 백성만이 그를 알 수
있음이니, 그 모든 답이 여기 있다는
것을 알라.
15 그러니 너희들이 가장 귀하고 소중한
나의 법전을 만드는 제자들이요, 그리
고 이를 읽고 깨우치는 제자들이요,
이를 전하는 너희들이 얼마나 너희들
의 마음 자세요, 행동의 자세요, 남을
향하여 한 점의 부끄러움이 없는 삶을
살아야 되는가?
16 그리고 가장 귀하고 소중한 보배를 너
희들이 손에 쥐고 있다는 것, 네 가슴
에 안고 있다는 것을 절대 잊지 말도
록 그리하라.
17 그 가장 소중한 것을 너희들이 안고
있음이니, 가장 소중한 너희들의 구원
이요, 하늘에 오르는 그 모든 역사가
이루어질 수 있는 것이 나의 법전 속
에 있다는 것을 명심하고 또 명심하도
록 하라, 사랑하는 나의 아들딸들아!
18 너희들보다 더 귀한 것을 가지고 있는
자 없으며, 너희들이 귀한 것을 가지
고 있으니 너희보다 소중하고 귀한 그
릇이 없음이니라.
19 내가 오죽하면 성서에 기록한 뜻을 너
희들에게 다시 한 번 가르치더냐?
20 인간의 교회라는 곳에서 선생이 가르
치기 위해서 너희들이 몇 마디의 말을
가르치고 깨우치도록 전해 주는 것은,
만 마디의 너희 방언하는 것보다도 더
소중하고 귀한 것이라는 그 뜻을 내가
다시 한 번 상기시켜 주는 것은,
21 너희들이 나의 뜻을 담고 있는 그 그
릇에 얼마나 많은 것을 담고 있더냐?
22 그러니 그것이 깨질까 봐 샐까 봐 내
가 두려워하는 마음이라 그리하는 뜻
을 너희들은 깊이 새겨 두도록 하며,
23 나의 법전을 접하는 것을 너희들이 귀
히 다스리며, 이 영광보다 더한 것이
없음을 너희들이 항상 알며,
24 항상 감사하는 마음으로써 법전을 읽
고 깨우쳐 만백성에게 전하도록 그리
하라.

10,110 번째 하나님 말씀

2004년 3월 27일 10시 57분

1 "너는 나 외에는 다른 신들을 네게 있

게 믿지니라.
2 너를 위하여 새긴 우상을 만들지 말
고, 또 위로 하늘에 있는 것이나 아래
로 땅에 있는 것이나 땅 아래 물속에
있는 것의 아무 형상이든지 만들지 말
며, 그것들에게 절하지 말며 그것들을
섬기지 말라.
3 너는 너의 하나님 여호와의 이름을 망
령되이 일컫지 말라.
4 안식일을 기억하여 거룩히 지키라.
5 네 부모를 공경하라.
6 살인하지 말지니라.
7 간음하지 말지니라.
8 도적질하지 말지니라.
9 네 이웃에 대하여 거짓 증거하지 말지
니라.
10 네 이웃의 집을 탐내지 말지니라.
11 나 여호와가 존재함을 믿는 그 자체가
구원의 길에 들어서는 기본이요 근본
이며, 나의 법전을 가슴에 안고 정독
하는 자, 반석 위에 서서 하늘에 오르
는 찬란한 빛을 보게 되는 영광을 얻
게 됨이니라."
12 사랑하는 나의 아들아!
13 "네, 아버님! 말씀하옵소서."
14 네가 절규에 가깝도록 나의 십계명을
기록하여 나의 법전에 기록하고 또 기
록하여 만백성에게 전하는 그 뜻이 과
연 어디에 있는가?
15 네 마음을 너는 너의 제자들에게 전하
도록 그리해야 될 것이니라.
16 "네, 아버님!
17 제가 처음에는 십계명을 암송하며 의
미도 몰랐으며 뜻도 몰랐사옵나이다.
18 그러나 아버님께서 내리시는 성령의
그 말씀이요, 하늘의 뜻의 진리를 계
속 받고 받아 기록하면서 십계명을 임
송할 때마다 제 마음이 피가 마르는
것 같사오며, 피가 거꾸로 솟는 것 같
은 그 절규의 마음이요, 찢어질 듯 울
려오는 그 가슴을 안고 십계명을 암송
하옵나이다.
19 그리하여 십계명을 그 법전에 기록하
고 또 기록하여, 만백성이 그를 읽어
제가 절규하는 마음처럼 그 백성들이
그를 알 수 있도록 그리하고자 하여
그리 기록하고 있사옵나이다.
20 이 세상에 사람이 살아가면서 세상의
법도가 있으며 질서가 있으며, 또한
아버님께서 거하시는 하늘의 법도가
있고 질서가 있사옵나이다.
21 모든 사람들이 살아가기에 도덕적으
로 한 점의 부끄러움이 없는 삶을 살
아야 되며, 그리고 한 점의 아름다움
을 위하여 살아가는 그와 같은 삶을
사는 것이며,
22 인간이 인간의 도리를 갖추고 살아야
된다는 것이 저희들이 세상에 태어나
부모님으로부터 사랑을 받으며 말귀
를 알아들으며, 말을 할 때서부터 그
부모님들은 저희들에게 가르치며, 또
그를 주입시키고 또 그리 주입시켰사
옵나이다.
23 그리하여 그들은 도덕적으로 부끄럽
지 않는 삶이요, 그리고 남들에게 폐
를 끼치지 않는 삶이요, 부끄러운 삶
을 살지 않는 것이 인간의 도리라 수
없이 듣고 들어 와 그리 성장하는 백
성들이옵나이다.
24 그러나 그 아이들이 성장하며 자라면

서 지금의 종교 집단이요, 교회라는
곳에 부모의 손을 잡고 그곳을 감이니,
25 그곳에서 가르쳐 전하기를 인간의 도
덕이요, 인간이 윤리적으로 사는 것은
중요한 것이 아니며,
26 오로지 아버님을 기쁘게 하며, 창조주
아버님의 기뻐하는 일만을 하면, 부모
요, 형제에게 잘못하는 것은 죄가 아
니요, 인간 세상에 도덕적으로 사는
것은 별문제가 아니요, 그건 걱정할
것이 없다 그리 가르치니,
27 그들이 어려서부터 받아온 수십 년 동
안 머릿속에 있던 그 교육의 모두가
다 거기서부터 뒤집어지며 거기서부
터 모두를 버리게 됨이니,
28 그 어리고 어린 하나님의 아들딸들이
그때서부터 변하여 그 마음이 사악해
지며 제 욕심이 있으며 분배의 원칙
에서 더 큰 것을 놓고자 하는 마음이
생기니,
29 정녕 도덕적으로 사는 것이 이 세상을
정화하는 것이요, 아름다운 세상을 만
드는 것인가,
30 인간 세상에 살면서 인간의 도덕적인
그 근본의 질서를 파괴하는 것이 이
세상을 정화하는 것이요, 하늘의 뜻이
라 말할 수 있는가,
31 저는 이와 같은 것을 생각하면서 제가
십계명을 암송할 때마다 제 가슴이 찢
어지는 그와 같은 아픔이 나와, 아버
님이 말씀하시는 것처럼 절규에 가까
운 마음으로 십계명을 암송하고 또 암
송하고 있사오며,
32 이를 암송하기에 잠시도 게을리하지
아니하고 있사옵나이다.
33 제가 십계명을 암송할 때마다 그를 법
전에 기록하여 그를 전하고 싶으나,
모두가 다 십계명으로써 덮인 책이요,
아버님의 말씀이라 그리 말할 것이며,
34 아버님이 명하지 아니하시기에 제가
감히 그를 기록하여 전하지 못하며,
35 아버님께서 기록하라 명하는 것만을
그를 전하는 것이 제 마음이옵나이다.
36 제 인간의 생각으로써는 아버님께 기
도 올릴 때마다 암송하는 그 십계명을
그대로 법전에 기록하여, 모든 백성이
요, 그와 같이 암송할 수 있도록 하고
자 하는 것이 인간인 저의 생각이나,
아버님께서 허용하지 아니하시오며
아버님의 뜻이 아니기에 그를 그리하
지 못하고 있사옵나이다.
37 아버님! 저는 그를 모든 백성들에게
묻고자 하옵나이다.
38 과연 도덕적으로 윤리적으로 지키고
사는 것이 이 세상을 정화하는 것이
요, 아름다운 세상을 만드는 것인가,
39 그를 무시하고 하나님의 역사요, 하나
님의 나라를 이루기 위해 사는 것이
과연 아름다운 세상을 만드는 것인가,
과연 무엇이 맞는가 그를 저는 그들에
게 물어보고 싶사옵나이다."
40 사랑하는 나의 아들아!
41 어떠한 형태로 살아가든, 어떤 모양으
로 살든, 너희들이 도덕적이요, 아름
다운 모습으로 살아가는 것이 기본이
요 근본이요,
42 그것이 무너지고는 이 세상이 아름다
워질 수 없으며 그를 무너트리는 백성
은 나에게 올 수도 없음이니라.
43 세상을 오염시키며 지상을 오염시킨

사악한 그와 같은 백성이 하늘나라에
올 수 없으며,
44 그가 온다 하여도 하늘까지 오염시키
려 대들 수 있는 사악한 자니,
45 그들이 그 인간의 도덕이요, 인간의
법도에 어긋나지 않는 삶을 사는 것이
가장 소중하고 귀한 것이니, 너는 그
리 깨우치고 전하도록 그리하라.
46 그것이 아니라 가르치는 자, 그가 다
사탄이며 나에게 올 수 없는 백성들이
하는 소리이니,
47 거기에 현혹되어 너희 스스로 무너지
는 그와 같은 삶을 살지 않도록 가르
치고 또 가르치도록 그리하라.

10,111 번째 하나님 말씀

2004년 3월 27일 11시 01분

1 사랑하는 나의 아들아!
2 "네, 아버님! 말씀하옵소서."
3 나의 아들을 따르는 제자들이요, 그리
고 법전을 읽고 깨우친 만백성 너희들
은 나 여호와가 원하는 참진리를 전하
는 데 최선을 다해야 되며,
4 너희들이 거기에 충성을 다해야 됨을
너희들에게 내가 수천 번 전하였으니,
5 과연 너희들이 오늘의 삶을 그와 같이
사는가 한번 스스로 돌아다보도록 그
리하라.
6 진정한 참진리의 길을 가고 있는 백성
너희들은, 그 길을 행하는 백성은 하
늘의 열쇠를, 천국의 열쇠를 갖고 있
는 백성이라 하지 아니하였더냐?
7 그리하여 내가 성경에 기록하여 나의
아들 예수를 통하여 너희들에게 다음
과 같은 뜻을 전했느니라.
8 성령으로 임하여 사는 백성은 땅에서
무엇을 매면 하늘에서도 그와 같이 매
일 것이요, 땅에서 무엇이든 풀면 하
늘에서도 그와 같이 풀어진다 하였음
이니, 이것은 성령이 임한 백성만이
그리할 수 있음이니라.
9 그러나 오늘의 종교 집단이요, 지도자
들은 나를 찾으며 나의 아들 예수의
보혈로 은혜받았다 하는 것, 찾는 것
으로써 그 모두가 이루어진다 하느니
라.
10 그러나 너희들은 성령으로 임한 백성
만이 그를 행할 수 있으며 그와 같은
은혜요, 역사가 있다는 것을 알라.
11 그러니 지금 나의 아들을 따르는 백성
너희들이 나 여호와의 참진리요, 내
뜻을 행하는 자들이니,
12 너희들이 그 백성들에게 내 뜻을 전하
지 아니하며 그들에게 알려 주지 아니
한다면 그들이 어찌 무엇을 행할 수
있겠느냐?
13 그러니 지금의 모든 종교 집단이요,
지도자요, 그 울고불고 광란의 짓을
하는 그 백성들, 그들은 참진리가 아
니요, 비진리요, 인간의 교리를 가르
치고 있음이니, 그들로 하여금 이 세
상이 험악하여졌음을 알고 있느냐?
14 그러니 참진리를 전해야만 그들이 깨
우칠 것이며, 참진리를 전해야만 그들
이 성령으로 임하여, 땅에서 무엇을
매든 무엇을 풀든 하늘에서 똑같이 그
와 같이 풀어지고 맺어지는 역사가 똑
같이 이루어짐이니,
15 너희들이 나의 뜻을 전하는 것이 중하

고 귀함을 알겠느냐?
16 그리하여 너희들이 전하지 아니하면
그들이 들을 수 없으며 그들이 볼 수
없으니, 듣고 보지도 못한 그들이 어
찌 행하겠느냐?
17 너희들이 나의 법전을 가슴에 전해 주
는 것, 그것을 받아 읽고 깨우쳤을 때
그들은 모두를 행할 수 있는 것이니,
그 전하고 전하는 것이 그리 소중하고
귀한 것이니라, 사랑하는 나의 아들딸
들아!
18 또한 여기서 내가 너희들에게 무엇을
가르치느냐?
19 무서운 나 여호와의 뜻이 여기에 들어
있음을 알라.
20 너희들은 육의 세상에서는 그저 대충
대충 사는 것이요, 그것은 구원을 받
는 것과 관계없다 하나,
21 너희들이 육이 존재하는 이 세상에서
너희들이 행하는 대로 하늘에서 모두
가 받아들여지며 그와 같이 역사한다
는 무서운 가르침이 거기에 또 들어
있는 것을 나의 백성 너희들은 어찌
모른단 말이더냐?
22 이제 나의 아들을 따르는 제자 너희들
은 이 사실을 알고 행해야 될 것이며,
만백성에게 전하도록 그리하라.
23 성령이 임한 백성이 땅에서 풀면 하늘
에서도 풀어지며 땅에서 매듭을 지으
면 하늘에서도 매듭이 지어진다는 것,
24 이것은 너희들이 사는 대로 그에 대한
대가에 따라서 심판을 받는다는 무서
운 내용이니,
25 비유의 뜻이요, 비사의 뜻이라 너희들
이 알아듣지 못하며, 이를 알면서도
가르치지 아니하고 덮어 두고 가는 것
이 너희들이기 때문이니라.

10,112 번째 하나님 말씀

2004년 3월 27일 11시 12분

1 사랑하는 나의 아들아!
2 "네, 아버님! 말씀하옵소서."
3 성서에 너희들이 기록하여, 집을 떠난
그 탕자의 아들이 돌아오니, 그를 반
성하며 돌아오는 자식을 보며 너희들
은 과연 어떠한 마음으로써 그 부모가
맞이하였는가?
4 그 부모는 그리하였느니라.
5 재산을 가지고 나와 탕자의 생활을
하고 돌아온 그 아들을 '내 아들이 죽
었다 다시 살아났으며 잃었다 다시 나
의 아들을 얻었노라.' 하며 그는 기뻐
하였느니라.
6 그러니 인간도 집을 나간 탕자의 자식
도 부모가 그리 사랑하고 너희들이 그
리 소중히 여긴다 하였거늘,
7 그러니 창조주 나 여호와가 너희들을
반기는 것은 그보다 더한 것이며, 너
희들이 어떠한 죄를 짓고 산다 해도
나를 찾으면 된다 그리 말하느니라.
8 그러나 너희들은 여기서 짚고 넘어가
며 깨달아야 될 것이 있느니라.
9 너희들이 부모로부터 재산을 가지고
나간 그 탕자는 돼지죽을 먹으며 온갖
고통과 시련 속에서 반성하고 회개했
으며 빼저린 삶을 살았느니라.
10 그리하고 제가 제 부모를 찾아 돌아올
때, 결코 저는 받아주지 아니할 것이
며 용서하지 아니할 것이라는 그 두려

운 미음으로써, 마지막 죽더라도 그
부모 앞에 가 죽겠다는 생각, 그 한 가
지 일념으로써 그는 회개와 반성 속에
서 그 부모를 찾아왔음이니라.
11 그러니 너희들이 또한 그 자식을 부모
가 반겨 준 것처럼, 나 여호와도 너희
들을 반겨 주는 것은 그보다 더한 마
음으로 내가 너희들을 받아들이느니
라.
12 그러나 너희들은 여기서 알아야 될 것
이니라.
13 나 여호와가 너희들을 받아들이고 사
랑한다 하여, 너희들이 지금까지 살아
온 삶의 그 모두가 다 지워지는 것이
아니요, 그것으로 모두로 없어지는 것
이 아니라,
14 너희들은 심판이라는 그 한 과정을 거
쳐야 되는 것이니라.
15 인간 세상에서 탕자로 나가 부모를 찾
아오는 것과 너희들이 죄 속에서 지금
살며 너희들이 깨우쳐 나에게 오는
것, 나는 너희들을 또한 그보다 더 반
가운 마음으로 받아 주느니라.
16 그러나 너희들은 너희들의 삶에 너희
들이 지은 죄에 대한 그 심판을 받으
며, 그 심판에 대해 너희들이 모두를
역사한다는 것, 이것이 하늘의 법도임
을 알아야 될 것이니라.
17 그러니 너희들이 진정으로 회개하고
진정으로 깨우쳐 온 백성이라면, 너희
들이 그 모두로써 은혜를 받을 것이며
그와 같은 대우를 받을 것이나,
18 너희들이 진정으로 깨우치지 아니하
며, 진정한 나 여호와의 뜻대로 살지
아니하며,
19 너희들이 죄를 지으면서 두려움을 모
르며 알고 짓는 죄를 죄라 생각지 아
니하고 사는 것,
20 그리하여 너희들이 나를 찾는 대로 나
는 너희들을 반겨 주나,
21 너희들이 나에게 와 심판을 받는 그
과정에서는 천사와 사탄이 그 모두를
심판함이니,
22 너희들이 살아온 것을 하나하나 지울
수 없이 그 모든 심판을 받게 되는 것
이니,
23 이것이 인간 세상에서 탕자가 돌아와
그 죽었던 아들이 살았다 하여 춤을
추며, 잃었던 아들을 얻었다 하여 춤
을 추는 인간의 단순한 그것과는 다름
이니라.
24 또한 그 아들도 뼈저린 회개요, 또 그
뼈저린 양심의 가책이요, 그 반성하고
깨달음이 또한 컸음이니라.
25 그러니 너희들은 그보다 열 배 더한
깨달음이요, 진정한 회개하는 마음이
요, 진심으로 나를 경배하며 내 뜻에
따라 살아가는 마음으로써 거듭났을
때, 오늘의 죄 속에서 사는 너희들이
심판에서 구원을 받을 수 있는 것임을
알라.
26 너희들은 하늘의 법도가 있음이니라.
27 너희는 어찌하여 지금의 인간 세상에
살아가면서 모두를 너희들이 죄를 짓
는 것은 스스로 너희들이 회개하는 것
이 아니요,
28 너희들이 지은 죄요, 너희들이 잘못된
것은 하늘의 법도요, 하늘의 뜻에 너
희들이 그저 모두를 거기서 해결하려
드는가?

29 너희는 어찌하여 죄는 너희가 짓고 나
서, 인간의 노력으로써 용서받고자 하
는 것, 그를 해결하고자 하는 그 노력
을 하는 것은 나 여호와가 원치도 아
니하며,
30 그것은 너희들이 얻을 수 없는 결과를
가지고 몸부림치는 것이라 너희들이
말하고 가르치는가?
31 그것이 오늘의 종교 집단의 지도자들
이 아니더냐?
32 너희들은 너희들이 지은 죄를 해결하
며 그 대가를 치르고자 발버둥치고 회
개하는 것을 내가 원치 아니함이요,
그와 같은 가르침으로 가는 것이 아니
더냐?
33 그러니 너희들이 지은 죄를 지우기 위
해서는 너희들이 그 죄를 지워 줄 자
격을 가진 자, 그리고 용서할 자격을
가진 자, 이는 나 여호와 아버지라 말
하면서,
34 그 죄를 지워 줄 수 있고 용서할 수 있
는 아버님만이 지워 주고 너희들을 용
서할 수 있는 것이지, 인간의 너희들
의 노력으로써 역사할 수 없다 그리
말하느니라.
35 그것이 공의의 하나님이요, 나 여호와
라 너희들이 말하는가?
36 오늘의 너희들이 가르치는 그 설교의
방법이 그러하니라.
37 그러니 그것이 모두가 잘못되었으며
너희들이 잘못 역사한 것이라 내가 하
지 아니하였던가?
38 너희들은 말하느니라, 모든 것을 자기
가 잘못된 것을 만들고자 하는 것, 그
리고 원상으로 복구시켜 놓고자 하는
것, 그와 같이 너희들이 노력하는 것
이 필요 없느니라, 그리고 완벽하게
만들 수 있는 사람이 다 만들도록 하
는 것이지,
39 만들 수 없는 사람, 완벽하게 만들지
못하는 자가 만들려고 노력하며, 만들
려고 남의 것을 부숴 놓은 것을 죄스
럽게 생각하며 그를 보상하라는 것은
너희들이 잘못된 것이라 가르치는 것
이 너희들이 오늘의 가르침이 아니더
냐?
40 남의 것을 부숴 놓았으며 남의 것을
파괴시켰을 때, 그를 원상태로 만들려
는 노력이요, 그 재료라도 갖다 놓고
기술자가 바로 만들도록 하여 그 수고
로움이요, 그 재물을 덜어 주는 것이
인간 세상의 법도이거늘, 어찌하여 이
와 같은 것은 하늘에 적용하지 않는가?
41 너희들은 그저 노력하여 용서받고자
하는 것이 다 부질없는 것이며, 해결
하겠다는 노력이 다 부질없는 것이요,
42 용서할 수 있고 완전히 너희들을 지워
버릴 수 있는 것은 나 여호와만이 할
수 있는 것이라 하니,
43 남의 것을 너희들이 파괴해 놓고 너희
들이 그 물건이요, 재료도 주지 아니
하고, 이는 기술자만이 만들 것이라
너희들이 그리 저 자신의 잘못됨이요,
저 자신이 파괴한 것까지도 부끄러운
줄 모르며 그것이 잘못된 것도 모르는
자, 그리고 남에게 밀어붙이고 넘기는
것이 너희들이 아니더냐, 어리석은 백
성들아!
44 거기에서 깨어나지 아니하면 아니 됨
을 너희들은 알아야 될 것이니라.

10,113 번째 하나님 말씀

2004년 3월 27일 11시 20분

1 사랑하는 나의 아들아!
2 "네, 아버님! 말씀하옵소서."
3 너희들이 구약이요, 신약의 그 성서
요, 그리고 제3의 시대에 법전을 읽어
가면서 너희들이 쭉정이와 알곡식이
라는 그 말이 수없이 너희들의 귀를
울리며,
4 그리고 유황불에 던져질 자와 던져지
지 아니할 자가 구분된다 하였음이니
라.
5 그리고 가라지와 알곡식이라는 그 이
야기를 수없이 들었음이니, 너희들은
그를 들으면서 과연 지금 너희들이 그
를 분별할 수 있는 능력이 있으며, 분
별하는 그와 같은 깨달음을 갖고 있는
가?
6 이제 내가 너희들에게 말함이니, 쭉정
이와 알곡식이요, 유황불에 던져질 자
와 던져지지 아니할 자의 구분하는 것
을 너희들은 알아야 될 것이니라.
7 너희는 나의 아들 예수의 보혈로 죄
사함을 받았다 말하는 자, 그러기에
너희들은 나에게 와 심판을 받을 필요
가 없다고 말하는 백성들, 너희들이
그와 같은 것으로써 가는 그 백성들이
야말로 잘못된 백성임을 알아야 될 것
이니라.
8 그러니 그와 같은 백성들이 이 세상에
존재하는 한 너희들은 유황불에 던져
질 백성이요, 너희들이 버려질 백성들
이요, 가라지는 수없이 뻗어져 가는
그와 같은 역사를 함을 너희들은 알아
야 될 것이니라.
9 너희들이 인간 세상에서 살아가면서
이미 심판을 받았다 감히 말하는 백성
들, 그러나 너희들은 알아야 될 것이
니라.
10 너희들이 그 말로써 믿으며 말로써
부르짖는 믿음이요, 행함이 없는 그와
같은 믿음으로써 가는 것, 너희들은
그 죽은 믿음이요, 그들이야말로 가라
지와 쭉정이요, 버릴 자들이요, 유황
불에 던져지는 백성들이요,
11 너희들이 행하는 믿음으로써 오늘의
어렵고 힘든 삶을 살며, 너희 인간이
행하는 대로 그 대가에 의해 너희들
이 벌을 받고 상을 받는 것이라 하여
너희들은 내가 내린 십계명을 지키려
하며, 나의 새로운 성경대로 지키려
하는 좁고 어려운 그 길을 가고자 노
력하는 백성,
12 너희들이야말로 유황불에 던져지지
않는 백성이요, 너희들이 알곡식이요,
버려지지 않는 백성이라는 것을 구분
하는 지혜를 이제는 알고 있을 것이니
라.
13 내가 너희들에게 하늘의 그 모든 뜻
을 가르쳤느니라.
14 나 여호와는 공의의 하나님이요, 그러
기에 내가 너희들에게 심판하는 것은
어떠한 것이든 기준이 있으며, 그 기
준은 천사와 사탄이 그를 가지고 행
하며 집행하는 것이라 그리하였느니
라.
15 그러니 사탄이 갖고 너희들에게 역사
하는 것, 천사가 너희들에게 역사하는
것, 그 모두는 너희들이 살아온 것을

행함이니,
16 너희들은 그 산을 넘지 않을 자가 없
으며, 그 산을 넘지 않고는 너희들이
어떠한 것도 이룰 수가 없으며 행해질
수 없음이니,
17 바로 사탄과 천사의 그 심판대 앞에
너희들이 서게 된다는 것을, 그를 피
할 자는 아무도 없으니,
18 그 산을 무사히 넘는 그와 같은 삶을
살지 아니하는 자는 결코 나를 볼 수
없으며, 나의 나라에 올 수 없다는 것
을 너희들은 알라.
19 모든 죄를 용서해 놓고 내가 기다린다
그리 생각하지 말라.
20 나의 아들 예수의 보혈로써, 나의 아
들 예수의 그 죽음으로써 너희들이 인
간 세상에 지은 그 모든 죄를 다 나 여
호와가 용서해 놓고 너희들이 나의 나
라 천국에 오기만을 기다리고 있는 것
이 나 여호와요,
21 사랑의 아버지기 때문에 너희들을 무
조건 받아들이기 위하여 기다리고 있
는 나라 그리 너희들은 말하지 말라.
22 너희들에게 이르는 것은, 너희들에
대한 사탄과 천사 앞에서 너희들이 그
심판을 받는 무서운 그 산을 넘지 아
니할 자가 없으며, 넘지 아니하면 아
니 된다는 엄연한 사실을 내가 간곡히
너희들에게 전함이니,
23 그 산을 넘을 수 있는 것은 지상의 세
상의 삶에서 너희들이 천사와 같은
삶을 살지 아니하면 아니 되느니라.
24 그러니 인간사의 죄는 죄가 아니라 생
각하여 무서운 줄 모르는 오늘의 너희
들이 지금 어떠한 형국에 이르렀느냐?
25 내가 너희들이야말로 지금 나의 아들
을 따라서 가르치는 나의 법전이요,
나의 성령을 거부하며, 너희들이 지금
까지 믿어 온 그 관습이요, 그 습관에
젖어 있으며,
26 그리고 너희들이 그저 죄를 무서운 줄
모르며 죄를 짓는 것은 두려운 것이
아니라 말하는 그와 같은 백성들 너희
들이 바로 유황불에 던져지는 백성이
라 하였음이니라.
27 너희들이 말하는 이방인이요, 죄인이
요, 벌레 취급하는 그 백성들은 나를
믿지 아니하며 나를 경배하지 아니한
다 해도 그들은 이와 같은 마음을 가
지고 사느니라.
28 그들은 나를 찾지 아니하며 내가 존재
함을 믿지 않는다 하더라도, 그들은
하늘의 두려움을 알며, 하늘을 향하여
한 점의 부끄러움이 있는 삶을 사는
것은 인간의 도리가 아니라 함이니,
29 그들은 내 가훈을 지키는 자요 내 뜻
을 지키는 백성들이니,
30 바로 내가 유황불에 던져지는 자요,
가라지와 쭉정이라는 것은 바로 오늘
의 잘못 믿음의 길을 가는 백성 너희
들이라는 그 이치의 뜻을 너희들이 알
게 될 것이며 깨우침을 얻어야 될 것
이니 그리 알라.

10,114 번째 하나님 말씀

2004년 3월 27일 11시 25분

1 사랑하는 나의 아들아!
2 "네, 아버님! 말씀하옵소서."
3 지금의 믿음의 길이요, 신앙의 길을

간다는 백성들, 그리고 저희들 문전에
들어서는 자만이, 그리고 재물을 바치
는 자만이, 저희들의 교회에 와 울고
불고하는 그 백성만이 구원을 받는다
그리 말하는 그 백성들의 그 가르침이
다 거짓된 것이요, 위선된 믿음이라는
것을 너의 제자들은 알도록 그리 알라.
4 그들이야말로 저희들이 죽어 와 하늘
에 오르는 길의 모두를 다 받은 영광
된 백성이라 하나,
5 지옥문에 들어설 때 몸부림치며 통곡
하는 것이 바로 그들의 모습이며, 그
와 같은 형국은 저희들이 머지않아 그
를 알게 될 것이며 그리 부딪치게 될
것이라는 것을 그들에게 깨우쳐 주도
록 그리 전하라.
6 저희들이 배우는 자요, 너희들이 신도
라는 자도 위선된 것이며 거짓된 것이
라는 걸 알고 있으며, 스스로 너희들
이 거짓된 생활에서 주저함이 없는 삶
을 사는 것이요,
7 그러니 가르치는 자도 위선자요, 배우
는 자도 위선자인 그와 같은 것이 오
늘의 믿음의 신앙생활이니라.
8 그와 같은 방법으로써 너희들이 가지
아니한다면, 내가 나의 아들을 통하여
대장정의 160권의 법전을 세상에 내
보내,
9 너희들에게 아름답게 살라, 거짓 하지
말라, 작은 거짓말이 살인이요, 남을
속이는 것이 살인이라 하며 내가 너희
들을 그리 달구어 가르친단 말이더냐!
10 하늘에 오르는 길은 뜨거운 불에 녹
이고 녹인 순금처럼 순수하지 아니하
면 올 수 없다 하며, 너희들이 높은 불
의 열에 달궈지고 달궈진 그 도자기는
그 색이 변하지 아니하고 변질되지 않
듯이 그와 같은 너희들이 달구고 달구
는 그 삶을 살라, 내가 뭐하러 너희들
에게 그리 말한단 말이더냐?
11 너희들은 나의 법전이 사탄의 것이요,
이단의 것이요, 마지막 거짓 선지자가
세상을 혼란케 하는 것이라 하나,
12 너희들이 믿음의 길을 가는 그 상태를
들여다보며, 나의 법전에 기록하여 전
하는 그것을 보며, 그 제자들이 살아
가는 모습을 보며, 그 선지자요, 또한
나의 아들이 살아가는 모습을 너희들
이 보라.
13 과연 누가 더 위선자이며 거짓된 자인
가 하는 것을 너희들이 한눈으로 알
수 있는 것이거늘,
14 어찌하여 너희들이 위선된 것이요, 거
짓된 것을 속이기 위하여 나의 피조물
만백성들을 지옥의 벼랑으로 몰아넣
느냐?
15 그것이 너희들이 얼마나 무서운 것인
가를 알겠느냐?
16 나는 나의 아들을 통하여 160권으로
써 세상을 덮었으며, 너희들이 가슴에
안고 정독하여 하늘에 오르는 길을 보
라 내가 미리 가르쳐 주고 전했으며
예언한 것을 실천함이니,
17 너희들은 나를 원망하지 말아야 될 것
이며, 원망할 일도 없을 것임을 너희
들은 알라.
18 신약 시대에 예언하여 기록한 보혜사
로 새로운 성령이 세상에 내려와 너희
들에게 전해 주는 그 역사를 이룸이
니, 그것이 신약 시대의 언약을 내가

약속한 것이며,
19 오늘에 또한 너희들이 나의 법전을 읽
고 깨우치는 것만이 하늘에 오르는 길
이라 함이니, 내가 너희들에게 또한
이를 명함이니라.
20 그러니 이와 같은 역사가 모두가 계획
된 한도 내에서, 계획된 범위 내에서
시작이 있고 끝이 있고 때가 있듯이,
때를 맞춰 모두가 역사하는 이와 같은
찬란한 빛을 내림이니,
21 이 빛을 너희들이 가리고 이 빛을 받
지 않으려 하며, 이 빛을 받는 것은 너
희들이 죽음이라 그리 말하는 너희들
이 오늘에 있음이니,
22 그들이 바로 서지 아니하며 그들이 깨
우치지 아니하면, 정녕 너희들은 암흑
의 세계에서 너희들이 치러야 할 대가
가 얼마나 무서운 것인가 머지않아 그
모두를 알게 될 것이니 그리 알라.
23 나의 법전을 세상에 내려보내니, 그들
이 공부하는 것과 지금의 믿음의 길을
가는 백성 너희들이 가는 것을 한눈에
볼 수 있으며, 다 너희들이 듣고 깨달
으면 알 수 있을 것이니,
24 너희 스스로 어떤 것이 거짓된 자요,
어떤 것이 위선의 믿음인가를 구분하
도록 그리하여 너희들이 구원을 받도
록 그리하라, 사랑하는 나의 아들딸들
아!
25 나 여호와가 자식을 사랑하는 부모의
그 애절한 마음보다도 더 간곡한 마음
으로, 하늘의 창조주 아버지가 너희들
에게 천배 만배 더한 마음으로 간곡히
애원함이니, 그 뜻을 받아들이도록 그
리하라.

10,115 번째 하나님 말씀

2004년 3월 27일 11시 28분

1 사랑하는 나의 아들아!
2 "네, 아버님! 말씀하옵소서."
3 너를 따르는 제자들이요, 나의 법전을
읽고 깨우친 만백성 너희들은 알라 전
하라.
4 너희들은 내가 나의 아들을 통하여 새
로운 성경을 세상에 내려보냄이니, 이
찬란한 대역사요, 이 위대한 빛을 내
려보내면서 내가 너희들에게 그를 깨
닫지 못하도록, 너희들이 들여다보지
못하도록 하겠느냐?
5 모든 형태로써 내가 너희들에게 보여
주고 역사함이니라.
6 미리 이루어질 것을 내가 꿈으로 보여
주는 것도 너희들이 나의 법전을 믿으
라 함이요,
7 나의 법전이 역사하고 나의 아들이 역
사함을 나는 너희들에게 알려 주고 있
으며 너희들이 깨닫도록 그리하고 있
음이니라.
8 너희들이 나의 법전을 읽으면서 깨닫
는 그 순간에 내가 너희들에게 깨달음
을 주는 것이며, 그리고 이 법전의 위
대한 마음이요, 위대한 뜻이라는 것을
내가 너희들에게 알려 주는 것이니라.
9 이것이 나 여호와의 뜻이라는 것을 알
려 줌이니,
10 너희들이 바로 나의 법전을 읽으며 그
한 구절을 읽고 가슴에 떨려 옴을 느
끼는 것, 그리고 두려움을 느끼는 것
이, 나 여호와가 너희들에게 나의 법
전이요, 나의 아들이 정녕 나의 명에

따라 역사하는 것이라는 것을, 참진리의 길을 인도하고 가르친다는 것을 너희들에게 알려 주고 깨우쳐 주는 것이거늘, 너희들은 어찌하여 알지 못하느냐?

11 다만, 너희들이 알지 못하는 것은 너희들의 마음이 곱지 못하며 천사와 같은 마음이 되지 아니하였기 때문에 너희들이 보지도 못하고 듣지도 못함이니라.

12 그러니 너희 자신이 성령으로 임하는 그와 같은 삶을 살라 함이니라.

13 너희들이 성령으로 임했을 때 그 모두를 볼 것이니라.

14 내가 160권의 대장정의 법전을 내려보내 너희들을 깨우치며, 생명의 근원이요, 이 찬란한 빛을 내려보내면서, 내가 사랑하는 나의 아들을 따르는 제자 너희들에게 어떠한 형태로든 깨우쳐 주지 않겠느냐?

15 너희들은 꿈으로써 형태를 볼 수 있으며, 너희들이 나의 법선을 읽는 것으로 형태를 볼 것이며, 나의 아들이 변하는 모습에서 너희들이 그를 들여다보고 깨달을 때, 그것이 바로 내가 너희들에게 알려 주고 보여 주는 것이거늘,

16 너희들이 그를 받아들이지 못하고 그를 알지 못하는 것은, 너희들이 아직도 마음의 뿌리가 그 욕심의 뿌리요, 검은 마음의 뿌리요, 죄의 마음의 뿌리를 버리지 못하였으며, 너희들이 아직도 흔들리는 그와 같은 자세니라.

17 천사와 같은 자요, 어린아이와 같은 마음이 되었을 때 너희들이 그 모두를 다 느끼고 볼 수 있음이니, 그를 보고 느끼도록 그리 가라 전하라.

10,116 번째 하나님 말씀

2004년 3월 27일 11시 32분

1 사랑하는 나의 아들아!

2 "네, 아버님! 말씀하옵소서."

3 인간 세상에 살아가면서 너희들이 인간과 인간의 그 사이에도 처음에 거짓으로써 남을 속이기 위하여 거짓말로써 시작한다면, 그는 그 거짓말을 지키고 그 뜻을 이루기 위하여 거짓말을 계속해야 되며,

4 계속 저희는 거짓말을 하지 아니하면 아니 되니, 그러니 그는 저 자신의 거짓말이 눈덩이처럼 불어나고 늘어남이니, 저 스스로 그와 같은 것을 알고 있을 것이니라.

5 그래도 그는 처음에 그 거짓말 한 마디를 지키기 위하여 계속 그와 같은 행위를 하는 것이 아니더냐?

6 내가 나의 아들을 통하여 너희들에게 이를 왜 깨우쳐 주는가?

7 지금의 종교 집단이요, 지도자 그들이 잘못되었음을 내가 너희들에게 상기시키고자 함이니라.

8 그들이 처음에 시작할 때 잘못되었으며, 거짓된 것이요, 인간의 교리로써 일관하여 나의 피조물 만백성들을 가르치는 그와 같은 신앙생활로 시작하였기에,

9 너희들이 2천 년 동안 거짓과 거짓이 늘어나, 지금 그것이 더 이상 늘릴 수 없으며 더 이상 팽창할 수 없는 그와

같은 한계가 되어 스스로 너희들이 무
너지고 스스로 붕괴되며 터지는 그와
같은 때가 되었음이니라.
10 그러니 수술할 때가 되었으며 터질 때
가 되었기에, 내가 그를 수술하고 그
를 터트리며 그를 다스리고자 하여 내
성령이요, 성경으로써 비유의 뜻이요,
비사의 그 모든 뜻을 지금 때가 되었
기에 풀어 너희들에게 전하는 것임을
너희들은 알라.
11 그리고 그것을 들여다볼 수 있고 만백
성이 깨우칠 수 있는 그 열쇠인 나의
법전을 세상에 내려보내는 것임을 너
희들은 알아야 될 것이니라.
12 지금도 계속된 거짓말의 행위를 하는
것이 목자들이요, 거짓에서 거짓으로
실천하여 눈덩이처럼 불어나 더 이상
굴릴 수 없으며, 더 이상 갈 수도 없으
며, 더 이상 늘릴 수 없는 그와 같은
자들이 이 세상을 지금 그들이 만들었
으며 이 세상을 그들이 지금 다스리고
있는 형국이니라.
13 그리하여 나 여호와가 이를 더 이상
볼 수 없으며 더 이상 내가 나의 피조
물 만백성이 지옥의 벼랑으로 떨어지
는 것을 볼 수 없기에,
14 내가 하늘의 뜻을 전하며 나의 법전을
세상에 내보내 그 모두를 터질 자 터
지며, 깨질 자 깨지며, 부술 자 부수는
그와 같은 너희들이 역사를 시작함이
니,
15 그들이 터지고 부서지는 그 소리가 세
상에 진동할 것이며, 이 지상에 한 번
은 너희들이 환란으로써 요란을 떨 것
이니, 그러나 나의 아들을 따르는 제
자 너희들은 두려워하지 말라.
16 모든 그 한 번의 역사는 거쳐야 될 것
이며, 그 소용돌이 속에서 진정한 숨
어 있는 백성이요, 말 않고 엎드려 있
는 그 백성들이 너희들과 더불어 이
역사를 이루게 될 것이니 그리 알라,
사랑하는 나의 아들딸들아!

10,117 번째 하나님 말씀

2004년 3월 27일 11시 39분

1 사랑하는 나의 아들아!
2 "네, 아버님! 말씀하옵소서."
3 너희들이 다른 신을 두며 우상을 섬기
는 것, 너희들은 그와 같은 우상의 개
념이요, 그 뜻을 이제 나의 아들을 따
르는 제자들은 만백성들에게 전해 주
는 그와 같은 일을 해야 됨을 알라.
4 너희들이 만드는 짐승의 형상이요, 그
리고 너희들이 깎아서 만드는 것이요,
그리고 부어서 너희들이 만드는 그 모
든 우상은 결코 그것은 무서운 우상이
아님을 알라.
5 너희들이 짐승의 형상이요, 각종 형태
를 만들어 너희들이 깎고 부어서 만들
어 놓는 그 우상이야말로 무생물의 형
태니,
6 그는 살아서 움직이지 못하며, 너희들
을 가르치지 못하며, 너희들을 다스리
지 못하며, 너희들을 유혹하지 못하는
것이니,
7 바로 너희들이 깎아서 만드는 그 무생
물은 그 무서운 우상이 아님을 알라.
8 너희들이 정녕 무서운 우상이란 무엇
인 줄 알겠느냐?

9 모두를 알면서 움직이는 것, 살아 있
는 것이 우상이니라.
10 그러니 그것이 무서운 우상임을 알라.
11 살아서 움직이는 그 우상이요, 다른
신이야 말로 너희들을 지옥 불로 인도
하며, 너희들을 사탄의 자식으로 인도
하는 그와 같은 역사를 함이니, 그것
이 다른 신이요, 우상이라는 것을 너
희들은 알라.
12 내가 너희들에게 무어라 말하였느냐?
13 우상이란 너희들의 마음속에 있으며,
너희들이 생각하는 것, 소원하는 것,
그리고 너희들이 얻고자 기도하는 것,
나 여호와보다 더 애절하게 생각하는
것, 그 모두가 살아서 움직이는 우상
이요, 그 우상의 무서움을 너희들은
알아야 될 것이니라.
14 이 이치를 너희들은 깨달았다면 만백
성에게 전하고 깨우쳐 주라.
15 너희들의 마음속에 소원하고 갈구하
는 것이 우상이라 했으며 그것이 다른
신이라 하였음이니,
16 이미 너희들의 마음속에 움직이는 악
한 생각이 곧 가장 무서운 우상임을
너희들은 알며, 다른 신임을 알라.
17 남을 해하지 않는 무생물의 그 깎아서
만드는 것은 가치가 없으며, 너희들을
깨우치지 못하며, 다스리지 못하며,
인도하지 못하며, 너희들에게 설법하
지 못하는 것이 아니더냐?
18 그러니 나 여호와가 너희들에게 무어
라 말하였느냐?
19 나는 성경에 이리 기록하여 너희들에
게 그 우상의 이치를 깨우쳐 주었느니
라.
20 '나 여호와가 빠른 구름을 타고 세상
에 내려올 때, 우상들이 내 앞에서 벌
벌 떨 것이며 그들이 그 공포를 느낄
것이며 두려움을 느낄 것이라' 하였음
이니,
21 과연 너희들이 깎아서 만들고 부어서
만든 그 아무런 생명체가 없는 것, 아
무런 감정도 없는 것, 아무것도 느끼
지 못하는 그와 같은 무생물의 형체가
나 여호와가 빠른 구름을 타고 세상에
내려와 내 뜻을 전할 때,
22 그들이 두려워 내 앞에서 떨며 살려
달라 애원하며 몸부림치는 그와 같은
형국을 하겠느냐?
23 그들은 아무것도 모르며 듣지도 못하
며 보지도 못함이니, 그건 너희들의
가장 무서운 우상이 아니요, 다른 신
이 아님을 알라.
24 모든 백성들이 깎아 만들고 부어 만든
것이 우상이라 하여 너희들이 그리 그
를 베어 버리고 그를 무너트리는 행위
를 하고 있지 않으냐?
25 너희들이 깎아 만든 것이 저희들의 믿
음과 다를 때, 그 목을 자르며 그걸 불
태우려 하며 그걸 부러트리고자 하는
것이 너희들이 오늘의 믿음이니, 그
신도들, 믿음의 길을 가는 그 백성들
이 그를 알지 못함이니라.
26 그는 하나의 조각품이요, 예술품에 지
나지 아니하는 것을, 어찌 우상이라
하여 너희들이 가장 무섭게 생각하느
냐?
27 그것 또한 너희들이 그를 믿고 기도하
는 것으로, 우상으로써 너희들이 숭배
하며 우상의 자리는 차지할 수 있으나,

28 그것이 가장 무서운 우상이 아니요, 다른 신이 아니라는 것을 이제는 너희들이 생각을 바꾸도록 그리하라.
29 살아서 움직이는 것, 상대방의 마음을 알며 상대방의 뜻을 알며 그를 가르쳐 제 편으로 만들며, 제가 이끌어 가는 살아 있는 것이 가장 무서운 우상이요, 가장 다른 신의 근본이라는 것을 너희들은 알도록 그리 깨우쳐 주라, 사랑하는 나의 아들딸들아!

10,118 번째 하나님 말씀

2004년 3월 27일 11시 43분

1 사랑하는 나의 아들이!
2 "네, 아버님! 말씀하옵소서."
3 너희들이 형태가 없으며 움직이지도 못하며 그저 만든 조각대로 서 있는 그것을 우상이라 하여 너희들이 거기에 얽매이며 그를 적대시하지 말라 그리하였음이니라.
4 너희들이 정녕 적대시하며 파멸할 그 우상은, 참진리요, 하늘의 뜻을 모르고 그를 가르친다 하여 역사하는 백성들이요, 그를 잘못 가르치는 자, 지금의 모든 믿음의 길을 가는 종교 집단이요, 지도자, 그 목자들이 바로 우상이요,
5 너희들이 바로 다른 신의 역할을 하고 있는 자들이라는 것을 알아야 될 것이니라.
6 지금의 잘못 가르치는, 참진리의 길을 모르고 나의 피조물 만백성들을 하늘로 인도한다고 지금 서 있는 종교 지도자, 목자, 그들이 우상 중에서 가장 사악한 우상이요, 무서운 우상임을 너희들은 알라.
7 말없이 서 있는 무생물이 너희들 백성을 어찌 지옥으로 인도하며 가르치며, 너희들을 벼랑 끝으로 그들이 밀어 넣는단 말이더냐?
8 살아서 움직이는 모든 목자들이요, 잘못된 종교 지도자들이 가장 큰 우상이요, 사악한 우상이요, 다른 신이 되어 너희들을 벼랑 끝으로 이끌고 가며, 너희들을 세 치 혓바닥으로 현혹하여 죽음의 길로 인도하니,
9 그것이 가장 무서운 우상이요, 다른 신이라는 것을 너희들은 이제 깨우치고 그들을 경계하지 아니하면 아니 될 것이니 그리 알라.
10 나의 뜻을 모르고 나의 뜻을 역사한다는 그 목자들, 저희들이 제왕적인 대우를 받고자 하는 것, 그리고 저희들이 남들보다 높이 있는 자, 귀한 대우를 받고자 하는 것,
11 그들이 가장 무서운 살아 있는 우상이라는 것을 너희들은 알아야 될 것이며, 그들을 경계하지 아니하면 아니 될 것이니라.
12 지금의 그 우상 중에서 다른 신 중에서 사악한 사탄 중에서 가장 무서운 사탄이 무엇이더냐?
13 유명세를 타고 우상화된 잘못된 종교 지도자가 우상의 상징물임을 너희들은 알아야 될 것이며,
14 그러니 지금부터 너희가 정녕 우상을 단죄하며, 너희들이 다른 신을 단죄하는 그와 같은 역사를 이룬다면,
15 거짓된 목자요, 그 유명세를 타고서

나의 피조물 만백성을 우롱하고 희롱
하는 자, 그리고 제왕적인 대우를 받
는 자, 거짓된 자, 그와 같은 자들을
파멸시키는 것이 너희들이 우상을 다
스리는 것이요, 우상을 파멸시키는 것
임을 알아야 될 것이니라.
16 이제 너희들은 형상으로써 형태에서
이루어진 말 못 하는 그 미물들이 가
장 무서운 우상이요, 다른 신은 신이
아니요,
17 너희들이 살아서 움직이는 잘못된 거
짓된 종교 집단이요, 지도자들이 다른
신이요, 무서운 우상이라는 것을 알아
야 될 것이니라.
18 그러니 너희들이 지금까지 적의를 품
고 있던 그 모든 우상이요, 거기에서
너희들이 지금 파멸시킬 우상이요, 다
른 신이 무엇인가를 바로 알고,
19 너희들이 그 목표를 설정하며, 그들을
파멸시키는 데 너희들의 모두를 다 바
쳐야 될 것이니라.
20 그저 깎아 놓은 무생물은 그저 백성들
이 마음을 의지하는 데 불과하며, 저
희들이 의지하는 것에 불과한 것이 그
무생물의 우상이 아니더냐?
21 그들 또한 단죄되어야 하며 그들도 용
서받을 수 없으나,
22 가장 무섭고 가장 두려우며 너희들을
지옥으로 이끌어 가는 우상이요, 다른
신은, 움직이는 자요, 말하는 자요, 너
희들의 뜻을 악용하는 자들임을 잊지
말라, 사랑하는 나의 아들딸들아!
23 이제 나의 아들을 따르는 제자들이요,
나의 법전을 읽고 깨우치는 만백성 너
희들은, 파멸시킬 우상이 어떠한 것이
며 파멸시킬 다른 신이 무엇인가를 알
았으면,
24 너희들이 그 일을 위해 최선을 다하며
묵묵히 역사하도록 그리하라.

10,119 번째 하나님 말씀

2004년 3월 27일 11시 48분

1 사랑하는 나의 아들아!
2 "네, 아버님! 말씀하옵소서."
3 내가 지금 수천 년 동안 흘러온 종교
집단이요, 지도자 그들이 우상이요,
그들이 유명세로써 모두 우상의 자리
를 지키고 있는 자들이요,
4 그들을 파멸시키며 그들을 무너트려
야 되는 것이 너희들의 대명이라 지금
나의 법전에 기록함이니,
5 이를 읽는 자, 유명세를 타는 그 사탄
이요, 그 우상의 상징인 그들이 너희
들을 핍박하는 것은 너희들이 감히 상
상할 수 없는 것으로써 너희들을 공격
할 것이니라.
6 그러나 이 법전이 세상에 나갔을 때는
나의 백성들이 이를 보호할 자가 있을
것이며 이를 깨달아 역사할 수 있는
백성들이 자리를 잡고 있음을 너희들
은 알아야 될 것이니라.
7 사랑하는 나의 아들아!
8 모든 종교 집단이요, 지도자들이 과연
우상이며, 그들이 지금 하고 있는 것
이 다른 신의 대우를 받으며 나를 능
가하는 행위를 하지 아니하는가 보라.
9 그리고 우상을 섬기는 그 백성 너희들
이 얼마나 가난한 자들이 되었는가?
10 유명세를 타는 종교 지도자요, 이름

있는 목자요, 지도자라는 자들이 나타
나서 그날의 설교요, 강론으로써 저희
들에게 무엇을 가르치고 전하는 그
설교도 하기 전에,
11 그와 같이 유명세를 타는 종교 지도
자가 단상에 올라와 진실이 무엇이며,
그가 가르치는 것이 무슨 내용인지도
모르면서,
12 그가 등장하자 '아멘, 할렐루야!' 그저
소리 지르고, 손을 들어 소리 지르면
그 소리를 듣고 박치기 하며 뒹굴며
광란의 짓을 하며 눈물을 흘리며 응답
하며 손발을 치며, 그와 같이 악을 쓰
는 것이 바로 그 백성들이요, 믿음의
길을 가는 자들이니,
13 그가 과연 무엇을 가르쳤으며 어떠한
말을 전할 것인가, 사탄이 되어 너희
들을 지옥으로 이끌어 갈 것인가, 그
렇지 않으면 천사의 뜻으로써 하늘에
인도할 것인가, 그 내용을 듣지도 아
니하며 보지도 않은 자가,
14 그가 나타나 두 손을 들고 '아멘, 할렐
루야!' 소리 지르니, 그저 뒹굴고 소리
지르고 손뼉 치고 온갖 짓을 다하니,
15 그것이 바로 우상이 된 자를 섬기는
백성들이요, 사탄의 자식이 되어 너희
들이 우상의 형태를 하는 것이 아니더
냐?
16 과연 무엇을 가르치며 무엇을 말할지
도 모르는 그가 나타나 '아멘, 할렐루
야!' 하며 그저 손들고 한 번 흔들어
주니,
17 울고불고 소리 지르고, 있는 것 없는
것 다 바치는 것이 은혜라 하여 뒹굴
고 소리 지르는 그 짐승만도 못한 행
위를 하는 것이 바로 너희들이 우상이
요, 다른 신을 섬기는 자요,
18 그들이 그 우상이요, 다른 신이 된 자
들이니, 그들이 가장 무서운 우상이
요, 사탄이요, 다른 신이라 함을 너희
들은 알아야 될 것이니라.
19 '할렐루야!' 말만 하고 나타나면 너희
들이 미쳐 몸부림치니, 과연 그 목자
가 우상이 되어 있는 자들이 아니던가?
20 그리고 그를 우상으로 만든 자들이 너
희들이 아니던가, 그리고 우상을 따르
는 백성들이 아니더냐?
21 그가 가르치는 진리요, 참뜻을 물 흐
르듯이 조용히 들어 너희들이 무슨 뜻
인가를 깨우쳐 역사하는 것이 아니라,
22 그와 같은 가르침은 나타나기도 전에
소리 지르고 광란의 짓을 함이니, 너
희들이 이 얼마나 웃지 못할 짓을 하
고 있느냐?
23 그것이 우상의 증거요, 그리하여 그들
을 멸망케 해야 될 것이며, 그들을 다
스리고자 하는 것이 나 여호와의 뜻이
니,
24 나의 법전이 세상에 나가 그 모두를
단죄할 것이니 그리 알라, 사랑하는
나의 아들아!

10,120 번째 하나님 말씀

2004년 3월 27일 11시 56분

1 사랑하는 나의 아들아!
2 "네, 아버님! 말씀하옵소서."
3 내가 네 마음을 알며, 너의 제자들의
그 마음도 아느니라.
4 모두를 거두고 모두를 역사하기를 바

라나, 그는 그리할 수 없는 것이니라.
5 공의의 하나님이요, 창조주 나 여호와
이기에 너희들이 역사한 대로만 역사
함이니, 그러나 다만 너희들이 오늘의
눈물의 고통이 어렵고 힘든 길이 영원
히 길지는 아니할 것이니라.
6 그러니 너희들이 오늘의 고통을 넘기
고 가는 것이 왜 그런지 알겠느냐?
7 너희들이 농부가 콩 하나를 심어 그것
을 거둬들인다면, 그 정성으로써 모두
가 이루어지며 간단하지 않느냐?
8 팥 한 포기를 심어서 그를 가꿔 너희
들이 음식으로 취하는 그와 같은 길이
라면, 너희들에게 이 어렵고 힘든 길
을 가라 하겠느냐?
9 농부가 넓은 들판에 1년의 농사를 짓
는 것으로써 역사하는 것이라면 무엇
인들 내가 너희들에게 못 내려 주겠느
냐?
10 너희들이 과수나무를 심어 그것이 몇
십 년 성장하여 열매를 얻을 수 있는
그 과수나무를 심는 것이라면, 내가
너희들에게 못 줄 것이 무엇이 있으며
못 내려 줄 것이 어디 있더냐?
11 이는 천 년에 걸쳐서 너희들이 아름다
운 세상을 만들며, 하늘에서 이루어진
것같이 지상의 낙원을 만들어 영원히
존재하는 대업을 이루는 것이니,
12 함부로 할 수도 없으며, 너희들이 선
불리 할 수도 없으며, 간단하게 갈 수
없음이니라.
13 너희들이 콩 한 포기, 고구마 하나, 땅
콩 하나 심는 것으로 수확을 하는 그
재미요, 그와 같이 역사하는 것이 아
니기 때문이니, 너희들은 알라.
14 그러니 너희들이 그저 농부가 좀 실수
한다 해도 그 잡곡은 거둘 수 있으나,
15 너희들이 백년대계가 아니요, 천년만
년 영원히 존재하는 역사를 이루는 너
희들이 바로 서고 바로 가꾸지 아니하
면 아니 됨이 여기 있느니라, 사랑하
는 나의 아들딸들아!
16 그리하여 내가 너희들이 가다 병든 자
를 버리며 내가 그를 다시 또 선택하
는 그와 같은 아픔이 있는 것이 나 여
호와의 뜻이라 하였으니,
17 너희들이 병들고 썩어져 가는 그와 같
은 백성이 되어서는 아니 될 것이니라.
18 작은 무엇을 하나 이루기 위하여 내가
백년 천년을 위해서 이루는 것도 아니
요,
19 영원히 존재하는 그 뿌리를 내리기 위
하여, 그 역사를 거두기 위하여 지금
너희들과 더불어 역사한다는 것을 너
희들은 알라.
20 그러니 너희들이 고통과 눈물의 그 시
련을 겪고 거듭나는 삶 속에서 이루어
지는 것이요,
21 하루아침에 1년이요, 그 계절에 따라
서 농사하여 거둬들이고 역사하는 것
이 아니기 때문이니,
22 영원히 존재하는 역사를 이룸이니, 너
희들이 오늘의 그 어렵고 힘든 길을
가야 하는 것은 당연한 것이라는 것을
알라, 사랑하는 나의 아들딸들아!
23 그것이 너희들이 귀중한 나의 아들딸
이요, 너희들이 함부로 선택됐다 하지
말며, 아무나 불러 쓸 수 있다 생각하
지 말라.
24 고르고 고른 자요, 미리 준비된 자요,

태초부터 너희들이 세상에 나올 때 모
두가 불러 쓰이도록 정해진 나의 아들
딸임이니 그리 알라.
25 너희들은 나의 뜻을 따라 천 년의 역
사를 이루며 영원히 존재하는 그 대업
을 이루는 나의 아들딸이니라.
26 그러니 너희보다도 더 소중하고 귀한
자가 없음이니, 너희들이 함부로 행동
하지 말며 오늘의 눈물의 고통이라 하
여 너희들이 등 돌리고 병들어 쓰러져
뽑아 버려지는 그와 같은 나무가 되지
말도록 그리하라, 사랑하는 나의 아들
딸들아!
27 내가 너희들과 같이하고 있으며 내가
너희들을 지키고 있거늘, 너희들이 무
엇이 두렵고 겁이 난단 말이더냐?
28 모두는 다 계획에 의하여 이루어지며,
모두는 때가 되면 이루어지느니라.
29 내가 구약과 신약의 성서가 무어라 하
였느냐?
30 그것도 모두 시작할 때가 있으며, 그
를 거둬들일 때가 있으며, 마칠 때가
있다 하지 않았느냐?
31 그러니 내가 성서를 개봉할 때가 되어
개봉하며, 나의 법전을 내릴 때가 되
어 세상에 내려보내니,
32 모두는 시작이 있으며 끝나는 것이 다
정해져 있으며, 끝나지 아니하는 것이
없음을 알라 내가 말하였느니,
33 너희들이 오늘의 눈물의 시련이요, 고
통도 영원히 지속되는 것이요, 너희들
이 죽을 때까지 그리 간다 생각하는가?
34 너희들이 시작한 때가 과연 몇십 년이
요, 몇백 년이 되었더냐?
35 너희들이 시작한 때가 있으면 멈추는
때가 있음이니, 그와 같은 때가 있을
것이니, 그리 알고 기다리고 너희들이
주저하지 말라.
36 다만, 내가 병든 나무는 열매를 거두
지 못한다 하여 버린다 했음이니,
37 너희들이 사탄에 물들며 나의 뜻을 버
리고 등 돌리는 그와 같은 백성이 되
면, 그 순간에 너희들이 유황불에 던
져 태워지는 그 고목이 되는 것을 알
라, 사랑하는 나의 아들딸들아!
38 내가 나의 아들을 사랑하듯이 너희들
을 사랑하며, 너희들이 오늘에 가고
있는 네 마음을 내가 알고 있음이니,
그 상은 반드시 너희들에게 있을 것이
니,
39 다만 기다리지 말며 그를 원하지 말라.
40 때가 되면 모두가 이루어질 것이니라.

10,121 번째 하나님 말씀

2004년 3월 27일 12시 15분

1 사랑하는 나의 아들아!
2 "네, 아버님! 말씀하옵소서."
3 성경에 비유요, 비사로써 인봉해 둔
것이 무엇이더냐?
4 이 비사요, 비유로써 인봉하여 내가
그 모두를 감춰 둔 것은, 모든 사물을
설명할 때, 그 본체를 보지 못하며 그
본체의 형태를 보지 못하고 설명하고
가르치는 그와 같은 형국이 되도록 비
유요, 비사로 되었음이니라.
5 그러니 그 모두를 보여 주는 그와 같
은 역사가 필요했기 때문이니라.
6 내가 감이라는 하나의 과일을 예를 들
어 너희들에게 깨우침을 주고자 함이

니라.
7 감이라는 것은 늦가을에 그가 빨갛게
익어 너희들이 그를 맛있게 취했을
때, 그게 감의 본체이니라.
8 그러나 그 감나무가 꽃이 피며 과일이
열어 가는 과정의 그 모두가 바로 무
엇인 줄 알겠느냐?
9 내가 너희들에게 비사요, 비유로써 인
봉해 둔 그 비밀이 거기에 있음이니라.
10 성장 과정에서 너희들이 감이라는 것
을 설명할 수 없으며 보여 주고 설명
할 수 없음이니,
11 가을이 되어 그 모두를 거둬들일 때
진정한 그 감이요, 결실을 볼 수 있으
니,
12 그때까지 내가 모두를 보여 주지 못하
고 그리 감추어 두었음이니라.
13 그러니 지금 모든 종교 집단이요, 지
도자들이 정녕 익은 감을 보지 못하
며, 성장하는 과정만을 가지고 너희들
에게 가르치고 나의 백성들을 인도한
다 하였음이니,
14 정녕 너희들이 감이 익은 그 본체의
형태를 볼 수 없었음이니라.
15 그리하여 내가 그 모두를 볼 수 있을
때까지 기다리며 그 시간을 기다리기
위하여 모든 것을 비사요, 비유로써
인봉해 두었음을 너희들은 알겠느냐?
16 이제 때가 되어 너희들에게 감이 익은
것을 내가 보일 때가 되었음이니, 그
리하여 내가 그 모두를 열어 줌이니라.
17 그리고 나의 법전을 너희들에게 내려
보냄이니라.
18 감을 설명하고자 하나, 모든 종교 집
단이요, 지도자들이 그를 본적이 없으
며 그 익은 것을 보지 못하였으니,
19 그들이 그 익은 형체를 가지고 설명할
수 없으며 깨달을 수가 없음이니,
20 그와 같이 오늘의 모든 종교 집단이
요, 그 믿음이 지금 그리 흘러왔음을
너희들은 이해하고 깨달을 수 있겠느
냐?
21 모든 구약과 신약은 감의 나무를 너희
들이 보는 시대였음이니라.
22 그리하여 너희들이 그 감나무는 볼 수
있었으며, 그리고 익은 감은 아직 때
가 되지 아니하며 너희들이 보지 못하
였음이니,
23 그 감나무를 보며, 그 감나무에서 꽃
이 피고 작은 열매가 열어 성장하는
그와 같은 과정의 형태만 너희들이 볼
수 있었지,
24 수확하는 그 감은 볼 수 없는 것이 오
늘의 종교 집단이요, 너희들이 가르쳐
온 모습이요,
25 그리하여 너희들이 그 설명을 하는
것, 또한 너희들이 익어 가는 꽃이요,
익어 가는 그 감이 성장하는 것만을
보고 가르치고 말했을 뿐이지, 정녕
진정한 그 감의 형태는 보지 못하고
지금까지 역사한 것임을 너희들은 알
아야 될 것이니라.
26 이제 내가 나의 법전을 세상에 내려보
내니, 이것은 바로 무엇이더냐?
27 익은 그 감을 내가 너희들에게 보여
줌이요, 이것이 진정한 감이라 하여
이 맛을 보도록 하며, 너희들에게 먹
어 보게 하는 것이 나의 법전의 오늘
의 가르침이라는 것을 너희들은 알라.
28 완전한 감이 익을 때까지 그를 내가

인봉해 둔 것이 성서요,
29 그래서 너희들이 익지 않은 감을 가
지고 설명한들 너희들이 알아들을 수
없으며 그를 이해할 수 없기에,
30 내가 모든 비유요, 비사로써 덮어 두
었다는 그 의미를 너희들은 알라.
31 그러니 지금 때가 되어 내가 직접 관
장하는 것이요, 나의 성령을 세상에
내려보내 너희들이 그 모든 과일의 형
태요, 그 익은 감을 보여 주며 너희들
에게 가르치는 것이 지금의 마지막 시
대이니라.
32 그러니 너희들이 이와 같은 의미요,
이치를 안다면, 비유의 뜻이요, 인봉
한 뜻이요, 너희들이 궁금해하던 그
의문점을 풀 수 있을 것이니라.
33 그러니 모두가 가르치고 역사하는 것
이 천태만상의 형국으로 갈라지고 찢
어진 것은 당연한 이치가 아니더냐?
34 이 의미를 너희들은 알 수 있을 것이
니라.

10,122 번째 하나님 말씀

2004년 3월 27일 12시 19분

1 사랑하는 나의 아들아!
2 "네, 아버님! 말씀하옵소서."
3 감이라는 과일을 하나 예를 들어 너희
들에게 깨우쳐 줌이니,
4 지금의 종교 집단과 지도자들이 나의
성령으로써 임하는 지도자가 있다 하
면, 너희들이 그 감나무를 볼 수 있으
며, 그리고 그 감나무에서 꽃이 피며
그리고 파란 감이 익어 빨갛게 되는
그 감의 형태를 모두 볼 수 있음이니
라.
5 그러나 그 성령으로 임한 백성이 없기
에 그를 볼 수가 없음이니,
6 너희들이 수천 가지 방법으로써 제 설
명이요, 제 뜻만이 옳다 주장하는 이
와 같은 형국이 되어 있음을 알아야
될 것이니라.
7 성령으로 임한 백성은 익은 감을 볼
수 있음이니 그를 설명할 수 있으나,
8 내가 모두를 인봉하여 두었으며 비유
요, 비사로 내린 것은, 성령으로 임한
백성만이 그 늦가을에 익은 그 빨간
감을 볼 수 있는 것이요, 그렇지 않은
자는 그를 볼 수 없도록 되어 있음이
니,
9 그걸 보지 못한 자들이 제 주장만 일
삼는 것이 오늘의 믿음이요, 너희들이
그 형국이 되어 있음을 알아야 될 것
이니라.
10 그들이 정녕 감의 열매가 익었을 때
거둬들이는 그 형태를 먹어 보지 못했
으며 그를 보지 못한 자들이니,
11 제 생각대로 그저 감이 이러려니 저러
려니 하며 저희들이 지금 마음대로 만
들어서 모두를 가르치고 전하며,
12 그것이 하늘에 오르는 길이라 하여 가
르치니, 그들이 모두가 허상에 젖어
있으며 꿈속에서 헤매는 그와 같은 믿
음이라 하였음이니라.
13 그리하여 그들이 울부짖는 것이 내가
뭐라 했느냐?
14 강아지 울음소리요, 개구리 울음소리
요, 그 바위에 부서지는 파도 소리만
도 못한 것이 너희들의 오늘이요, 너
희들의 그 믿음이라 하지 아니하였는

가?

15 그러니 자신도 저희들이 진정한 열매의 감을 볼 수 있는 성령이 임하지 아니하였으니,

16 그 종교 지도자 그들의 머리가 혼미하며, 저희들의 그 머리가 정리되지 아니하며, 혼돈된 그 머릿속에서 우왕좌왕하며 너희들이 그와 같이 깨닫지 못하는 것은 당연한 것이니라.

17 저 자신의 혼란을 정리하지 못하는 종교 집단이요, 지도자가 나의 피조물 만백성에게 재물이요, 금화와 은화를 거둬들였으며, 하늘에 오르는 길이라 하니,

18 그를 듣는 백성들 또한 그 머리가 혼란하며 그 머릿속이 정리되지 아니하고 우왕좌왕하는 그와 같은 너희들의 믿음 속에,

19 그래도 이것만이 하늘에 오르는 길이라는 두려움 때문에 너희들이 죽기 아니면 살기로 달려가는 것이 아니더냐?

20 그러니 평생을 가르친 지도자도 마지막 그들이 숨을 거둘 때는 뭐라 말하느냐?

21 평생을 단상에 서서 나의 피조물 만백성을 가르친 그들도 익은 감을 보지 못했으니, 감을 모르니, 저희들이 후회하며 참회의 눈물을 흘리면서 숨을 거두는 것이요,

22 평생 믿음의 길을 왔으며 착실히 믿었다는 그 성도도 죽어 갈 때 또한 저도 마지막에 후회뿐이며 남는 것이 아무것도 없으니,

23 그도 정녕 내가 너희들에게 먹이고 주려는 익은 감을 보지 못했기 때문이니라.

24 그러니 모두 허상을 가르친 종교 지도자요, 허상을 듣고 배운 것이 오늘의 너희들의 형국이니라.

25 그리하여 내가 때가 되어 익은 감을 너희들에게 내놓으며 이것이 감이요, 이것이 너희들이 감이라는 과일이라는 것을 먹고 맛을 볼 수 있도록 하는 것이 바로 내가 마지막 시대에 나의 법전을 내려 성경의 그 모두를 열어 줌이니라.

26 그러니 그것이 때가 되었으며, 늦가을에 거둬들이는 감처럼 이제 거둬들일 때가 되었으며,

27 익은 감을 가지고 너희들에게 제시하는 것이 나의 법전이라는 뜻을 알라, 사랑하는 나의 아들딸들아!

10,123 번째 하나님 말씀

2004년 3월 27일 12시 42분

1 사랑하는 나의 아들아!

2 **"네, 아버님! 말씀하옵소서."**

3 나의 사랑하는 백성 너희들이 이 세상에 존재함이니, 그리하여 내가 모두를 존재하도록 하였으며, 내가 가장 아름다운 모습이요, 가장 높은 지혜로써 너희들이 이 세상의 모두를 다 다스리며 역사하도록 너희들에게 주었느니라.

4 그러나 너희들은 나의 뜻에 감사하는 그와 같은 마음이 아니요, 너희들이 나를 얼마나 울리고 나를 얼마나 슬프게 하며, 내 가슴을 얼마나 조이고 아프게 하는지 아느냐?

5 너희들은 이 세상에 살아가면서 나로
부터 받지 않은 것이 없으며, 나로부
터 얻지 아니한 것이 하나도 없는 것
이 아니더냐?
6 너희들의 생명까지, 너희들이 존재하
는 그 모두요, 그리고 너희들이 모두
를 취할 수 있는 것, 하나서부터 끝까
지 나로부터 얻지 않은 것이 없으며
받지 않은 것이 없음이니라.
7 그리고 더욱이 그와 같은 모든 은혜
요, 혜택을 내가 내린 것은, 너희들이
나에게 원했든 원하지 아니했든 내가
일방적으로 너희들에게 사랑으로써
모두를 내려보냈으니, 이것은 부모로
서 자식에게 주는 것이 아니더냐?
8 부모가 자식에게 무엇을 계산하며 역
사할 수 있는가?
9 줄 수 있는 것은 모두를 다 주는 것처
럼, 나 여호와도 너희들에게 모든 혜
택을 네가 원하든 원하지 아니하든 그
모두를 내려 주었음이니라.
10 그러한 나의 사랑하는 아들딸 너희들
이 과연 나에게 감사하는 마음을 얼
마나 가지고 살아간단 말이더냐?
11 내가 너희들을 봄이니, 백 명 중에 너
희들이 나를 원망하는 마음을 가지고
사는 백성이 거의 다이며,
12 너희들이 만족하며 현실에 행복함을
느끼지 못하는 그와 같은 백성 너희들
은 나에게 감사하기 전에 나를 원망하
는 마음으로 살아가는 것이 아니더냐?
13 내가 사랑하는 나의 아들을 통하여 만
백성 너희들에게 물어보고자 함이니
라.
14 나 여호와가 너희들에게 준 것 중에서
내가 아담과 하와에게 내렸던 지상의
천국 다음에, 너희들 개인에게 내가
내려 준 가장 소중한 것은 무엇이더
냐?
15 바로 생명의 은혜로서, 내가 너희들에
게 내려 준 그 생명이 귀한 것이니, 너
희들 개인으로서는 그보다 더 귀하고
소중한 것이 없음이니라.
16 그러나 너희는 이를 나에게 욕되게 되
돌려 주고 되돌려 받는 그와 같은 행
위를 하고 있음이니라.
17 모든 백성 너희들이 무어라 말하느냐?
18 나로부터 은혜를 받아 세상에 살아가
는 것, 너희들이 존재하는 것을 감사
하기 전에, 너희가 차라리 사는 것보
다는 죽음을 택하는 것이 나으며 죽
는 것이 낫다는 그와 같은 말을 함부
로 함이니,
19 이것이 너희들이 나를 얼마나 슬프게
만들며, 나를 얼마나 가슴 아프게 하
며, 나를 능멸하며 부정하는 행위를
하는 것인지 알겠느냐?
20 이는 너희들이 나를 거역함이니, 너희
들이 다른 그 모든 생명을 끊는 것보
다도 더 사악한 행위를 하는 것이니
라.
21 이제 나의 아들을 따르는 제자들이요,
법전을 읽고 깨우쳐 선택된 너희들은
이 말은 절대 해서는 아니 됨이니라.
22 차라리 너희가 죽는 게 낫다, 차라리
너희가 나의 성전을 떠나는 게 낫다,
너희가 나의 법전을 덮는 게 낫다, 이
와 같은 말을 해서는 아니 될 것이니
라.
23 차라리 죽는 것이 낫다 그리 생각하거

든, 너희들이 그 목숨을 바쳐 나의 법
전을 가지고 만백성에게 전하며, 내가
전하는 그 뜻을 행하여,
24 너희들이 스스로 선한 마음이요, 변화
된 마음의 행복함이 무엇이며, 하늘의
이치를 아는 것이 얼마나 위대한 것
인가 아는 그와 같은 영광을 얻도록
그리하라.
25 이제 나의 아들을 따르는 제자 너희들
은, 차라리 죽는 게 낫다, 죽고 싶다는
말을 절대 해서는 아니 될 것이며,
26 성전을 떠나고 싶다, 이를 버리고 싶
다, 법전을 내던지고 싶다, 더 이상 법
전을 만드는 데 종사하고 싶지 않다,
이와 같은 생각을 잠시라도 한다면,
너희들이 영원히 나에게 올 수 있는
그 모두를 포기하는 자들이며, 나를
거역하는 자들이니 그리 알라.
27 그 모두가 얼마나 너희들이 욕심에 차
있는 백성이요, 욕심에 의하여 방자하
고 오만한 행동에서 이루어지는 것인
가를 너희들은 조용히 생각해 보도록
그리하라.
28 내가 나의 아들을 통하여 내리는 나의
뜻이 잘못된 것이며, 이것이 진리가
아니요, 세상에 너희들이 살아가는 모
든 삶의 대답이 여기 없으며, 하늘에
오르는 길의 대답이 없거든, 너희들이
나의 법전을 버리고 가도 내가 말하지
아니할 것이니라.
29 세상의 이치요, 그 모두가 나의 법전
에 들어 있으며, 정녕 너희들이 육의
세상의 삶이요, 하늘에 오르는 그 비
밀까지도 다 나의 법전에서 답을 얻을
수 있으니,
30 이 귀하고 소중한 것을 너희들이 버리
고 떠난다는 말을 하지 말라.
31 떠나고 간들 너희들이 어디 가서 이
진리를 깨달을 것이며 하늘에 오르는
길을 알 수 있더냐?
32 혼탁한 속에 헤매지 말라.
33 너희들이 지금 익은 감을 먹고 맛을
보고 있는 것이거늘, 그 익지 않은 떫
은 감이요, 피어 있는 꽃을 보고 헤매
고 있는 그와 같은 세상이요, 그 백성
들 속에 너희들이 들어가고자 한다면
그리 가도록 하라.
34 나는 더 이상 너희들을 만류하지는 아
니할 것이니라.

10,124 번째 하나님 말씀

2004년 3월 27일 12시 45분

1 사랑하는 나의 아들아!
2 "네, 아버님! 말씀하옵소서."
3 너희들이 나에게 과연 불평불만을 할
수 있는가?
4 너희들이 죽는 것이 사는 것보다 더
낫다는 그와 같은 무서운 말로써 나
여호와에게 치받을 수 있는 것인가?
5 그것이 너희들은 나의 법전에 기록하
는 그 뜻을 읽고 들음으로 너희들이
정녕 얼마나 방자하고 오만한 것이며
은혜를 모르는 백성인지를 알 것이니
라.
6 이제 나의 성전에 모여드는 깨우친 나
의 아들을 따르는 제자 너희들은 들으
라.
7 너희들이 과연 이 깨우침이요, 나의
아들을 통하여 내리는 강론이 듣기 어

려우며, 이를 지키고 행하고 살기가
너무 고달프고 어렵다면,
8 너희들은 조용히 이곳을 떠나면 되는
것이요, 나의 성전을 떠나면 되는 것
이니라.
9 그러니 너희들이 그와 같은 마음을 가
지고 조용히 떠나면 될 것을,
10 나의 백성들 앞에 너희들이 네 불편함
이요, 네 어려운 마음이요, 네 심기가
불편한 것을 나의 아들딸에게 전함으
로 그들의 마음까지 흔들어 놓으며
그 마음을 건드려 놓는 그와 같은 행
위를 하지 말라.
11 너희들이 조용히 떠나면 되는 것이거
늘, 어찌하여 너희들이 사탄의 가르침
을 전하며 그 마음을 흔들어 놓아 나
의 아들딸까지 흔들어 놓고 무너지도
록 만드는 그와 같은 행위를 하는가?
12 정녕 너희들이 나의 성전이요, 나의
아들을 통하여 내린 나의 법전이요,
그 강론이 너희들에게 피와 살이 되지
아니하며 너희들에게 깨달음이 없으
며 이는 사탄의 가르침이라 생각한다
면, 너희들은 조용히 나의 성전을 떠
나면 되는 것이니라.
13 그것이 바로 너희들이 내 품에 와 있
는 자, 나에게 올 수 있는 자가 나의
품을 떠나게 되는 것이며,
14 그 떠나는 순간 너희들이 어떠한 길
을 가며 어떠한 곳에서 너희들이 내
품에 다시 돌아올 수 있겠는가?
15 그것은 영원히 너희들은 다른 길에서
올 수 없음이니, 볼 수 없다는 것을 너
희들은 알게 될 것이니라.
16 떠날 때 조용히 떠나라.
17 너희들이 불평하며 고달픔을 견디지
못하겠거든, 남의 마음이요, 그 이웃
의 형제요, 바로 가고 깨우쳐 가는 나
의 아들딸의 마음을 건드려 놓지 말며
흩트려 놓지 말고, 조용히 성전을 떠
나는 그와 같은 마음 자세로 가라.

10,125 번째 하나님 말씀

2004년 3월 27일 12시 49분

1 사랑하는 나의 아들아!
2 "네, 아버님! 말씀하옵소서."
3 너희들이 너희 성전이요, 너희 교회
요, 너희들의 성당에 오는 자만이 구
원을 받는다는 것은 바로 무엇이더냐?
4 너희들만이 구원을 받으며, 내가 편협
한 하나님이요, 편협한 마음으로써 버
릴 백성과 구할 수 있는 백성을 구분
한다 그리 말하는 것이 아니더냐?
5 모세를 통하여 그 백성을 애굽의 땅에
서 구출하는 것, 그것 때문에 너희들
이 그 백성만을 생각하며, 선택된 백
성이라 너희들이 그리 생각하나,
6 그 착각이요, 그 깨달음에서 너희들은
모두를 벗어나야 될 것이니라.
7 나 여호와는 모두를 사랑하며, 너희
모두를 아낀다는 것을 너희들은 알아
야 될 것이니라.
8 어찌하여 나 여호와가 편협한 하나님
이요, 국부적인 사랑만을 하는 하나님
이라 그리 생각하느냐?
9 그러니 작은 교회요, 작은 성막을 지
어 놓고 너희들이 울부짖는 종교 집단
이요, 지도자들이 얼마나 잘못되었으
며 잘못 가르치는 것인가를 너희들은

알아야 될 것이니라.
10 그러니 얼마나 어리석은 백성들이냐?
11 너희들이 너희 장소에 와야 구원을 받
는다 말한다면,
12 그는 나 여호와가 너희들만을 사랑하
며 만백성을 사랑하지 않는 하나님이
요, 창조주라 너희들이 그리 말하며,
나를 욕되게 능멸하는 것이라는 것을
알라.
13 내가 그리하여 나의 아들을 통하여 내
리는 새로운 성경이요, 법전에는 종파
가 없으며, 모든 백성들에게 그를 전
해 줘, 그들이 깨우치도록 역사하는
것이니라.
14 그러니 피부색이요, 너희들이 삶의 환
경에 관계없이 내가 48권까지는 모든
나라의 특성과 그 나라의 뜻에 맞도록
기초적인 작업을 이루도록 하는 것이
그 뜻이요,
15 그리하여 너희들이 48권이라는 나의
법전은 너희들의 풍습과 생활로써 적
용하여 깨우쳐 너희들이 정녕 하늘에
오르는 길에 역사하며,
16 나의 뜻을 따라오고자 하는 백성은
정녕 내가 하나로 내리는 동양의 작은
나라의 언어요, 내가 직접 내린 이 법
전에 기록된 글씨와 그 뜻이 아니면
절대 너희들이 깨우칠 수 없도록 내가
만든 것이 아니더냐?
17 나의 법전이 정녕 나 여호와의 뜻이
요, 내가 역사하는 것이 아니라면,
18 너희들은 이 모두가 흐트러져 여러 가
지 형태로써 그를 전할 수 있으나, 나
여호와의 뜻은 오로지 한 길이요, 하
나이기 때문에 그리할 수 없음이니라.
19 너희들이 성서를 가지고 각국의 언어
로써 각국의 뜻으로 번역하여 너희 마
음대로 쓰고 있는 것이 잘못된 것이
요, 그것이 나 여호와의 뜻이 아니요,
내가 역사하는 방법이 아님을 알라.
20 나는 48권이라는 나의 법전은 각국의
너희들의 언어와 풍습으로써 설명할
수 있도록 하나,
21 그 다음서부터는 내가 절대 그를 허용
하지 아니하며, 나 여호와 창조주가
내린 동양의 작은 나라의 글씨요, 작
은 나라의 뜻이요, 그 의미가 바로 내
뜻이거늘,
22 여기서 너희들이 퇴색되며 바꿔 쓸 수
있으며 변경해 쓸 수 있으며 변질되어
너희들이 사용할 수 있는 것은 절대
아님이니,
23 그리하여 너희들이 오늘 같은 험악한
세상이 되었음이니라.
24 내가 감이라는 과일나무 하나를 가지
고 설명했듯이, 모든 너희들이 구약이
요, 신약은 너희들이 감꽃이요, 그 감
이 파랗게 익어 가며 떫어서 먹지 못
하는 그와 같은 형국에서 헤맨 것이요,
25 열매를 보지 못했으니, 그리하여 너희
마음대로 열매를 상상하고 너희 마음
대로 머릿속에 그려,
26 그것이 하늘에 오르는 길이요, 감이
요, 정녕 나 여호와의 뜻이라 하여 너
희들이 혼란한 세상을 만들었으니,
27 그 모두를 다스리는 익은 감을 내가
너희들에게 형체를 보여 주며 모습을
보여 주며, 먹고 맛을 보고 듣고 만지
도록 하는 것이 나의 법전임을 알라
그리 전하라.

10,126 번째 하나님 말씀

2004년 3월 27일 20시

1 사랑하는 나의 아들아!
2 "네, 아버님! 말씀하옵소서."
3 나의 사랑하는 아들딸 너희들은 내가
너희들을 아름답게 각자 개성 있게 다
모두를 창조했음이니,
4 너희들이 그 아름다운 모습을 가지고
살다 너희들의 그 모습 그대로 나에게
오르라 하는 것이 나 여호와의 뜻이니
라.
5 그러나 너희들이 지금 어떠한 형국이
라 했더냐?
6 무서우리만큼 사나운 짐승의 형국으
로 너희들의 모습이 다 바뀌졌으며 일
그러지고 찌그러졌다 내가 그리하지
아니하였더냐?
7 그러니 내가 그와 같은 말을 하나 너
희들은 그를 알지 못하며,
8 네 모습을 네가 보면서 정녕 너는 그
와 같이 사는 것이 아니요, 인간의 형
태요, 아름다운 네 모습을 지니고 있
다 그리 생각하는 것이니라.
9 그러니 너희들이 너희들의 그 마음이
요, 얼굴의 그 형태의 형상을 보아야
만 그 의미를 알 것이니라.
10 그러니 지금 너희들이 그 마음이 어떤
것이며, 네가 가지고 있는 네 모양의
형상이 과연 아름다운 모습이요, 그리
고 내가 만든 아름다운 네 개성을 그
대로 지니고 있는가?
11 결코 너희들은 그와 같이 지니지 아니
하였으며, 그 마음도 갖지 못하였음이
니,
12 이제 너희들이 네 마음과 네 얼굴의
모습을 지금 들여다보는 것을 내가 너
희들에게 깨우쳐 줄 것이니, 그리행하
도록 하라.
13 너희들이 네 모습을 비춰 보는 그 거
울 앞에 서서 네 모습을 한번 비춰 보
며,
14 그 속에서 네가 가장 추하고 흉한 모
습으로써, 찌그러진 모습이요, 그리고
구부러진 모습이요, 인간의 가장 추한
모습의 형태를 한번 지어 보라.
15 짐승의 형태를 지어 보든, 너희들이
가장 미워하는 그 짐승의 형태든, 너
희들이 어떠한 형태든 너희 자신이 가
장 흉악하고 미운 꼴로써 네 모습을
만들어서 거울에다 한번 비춰 보도록
그리하라.
16 거기에 비치는 가장 미운 모습으로 만
들어진 것이 네 마음이요, 네 얼굴의
모습이요, 네 형체라는 것을 너희들은
알아야 될 것이니라.
17 지금 내가 나의 아들을 통하여 그 제
자들에게 전함이니, 너희들의 마음이
어찌 생겼으며, 너희들의 얼굴 형태가
찌그러져 짐승의 몰골보다도 더 험악
한 형국이라 하였으나 너희들이 그를
믿지 아니함이니,
18 지금 네 마음이요, 네 형국을 보려거
든 너희들이 거울 앞에 서서 가장 흉
한 모습으로써, 가장 추한 모습으로
써, 가장 보기 싫은 흉한 모습으로써
네가 모형을 한번 지어 보고 거울에
비쳐 보라.
19 네가 가장 흉한 모습으로써 너희들이
갖춰진 그 거울에 비치는 그 모습이

네 본연의 마음이요, 네 본연의 얼굴
이요, 네 형체라는 것을 너희들이 그
리 믿으면 될 것이니라.
20 그러니 그와 같은 형국으로 그 험악한
모습이 바로 너희들의 지금의 마음이
요, 네 얼굴이니, 그와 같은 형국으로
과연 너희들이 나에게 오를 수 있는가?
21 그와 같은 나의 아들딸을 내가 반길
수 있겠는가?
22 그리고 만백성이 그와 같은 자를 사랑
하며 그와 더불어 가기를 원하겠는가?
23 내가 나의 아들을 따르는 제자들이요,
나의 법전을 읽고 깨우친 백성 너희들
에게 명함이니,
24 너희들의 마음이요, 너희들의 얼굴이
요, 그리고 너희들이 변해진 그 모습
을 보고 싶거든, 그리고 그 네 속마음
을 보고 싶거든,
25 너희들이 거울 앞에 서서 가장 흉측스
러운 모습으로 한번 너희 자신을 만들
어 보라.
26 그리고 그 비치는 모습이 바로 네 지
금의 형상이요, 네 마음이라는 것을
그리 전하라, 사랑하는 나의 아들아!
27 그것이 너희들의 모습이니, 그는 너희
들에게 깨우쳐 주는 것이며, 그는 엄
연한 사실이며,
28 거기서 더 흉하고 더 추하면 추했지,
그보다 덜한 모습이 너희들이 아니라
는 것을 알라 그리 전하라.

10,127 번째 하나님 말씀

2004년 3월 27일 20시 04분

1 사랑하는 나의 아들아!
2 "네, 아버님! 말씀하옵소서."
3 나 여호와는 사랑의 본체라 그리 말하
지 아니하였더냐?
4 그러니 사랑이라는 것은 부족한 나의
백성들이 스스로 모두를 채우며, 그리
하여 너희들이 채우기 위하여 사랑을
베풀며, 그 사랑을 베푼 만큼 너희들
이 완성된 모습으로 변화된다 내가 그
리 말하였느니라.
5 또한 나의 사랑은 무엇이더냐?
6 너희들이 그와 같이 너희 자신을 채우
는 그 사랑을 베풂으로 인하여 사랑의
눈을 뜨게 됨이니라.
7 그러니 너희들이 사랑의 눈을 뜨고 이
세상을 본다면, 이 세상의 그 아름다
움을 너희들이 상상할 수도 없을 것이
며, 그리고 세상의 이치요, 그 모두를
너희들이 알 수 있는 것이니라.
8 그러나 사랑의 눈을 갖지 아니하고 너
희들이 이 세상을 본다면, 너희들은
그 아름다움을 모르며, 그곳에 얼마나
위대함이 있는가를 모르며, 너희들이
하늘의 이치요, 땅의 이치를 전혀 알
수 없는 것이니라.
9 그리하여 너희들이 더욱 성장하는 백
성으로서 변화되는 것은 사랑으로써
너희들이 마음을 가지며, 사랑의 눈을
떠 세상의 그 아름다움이요, 세상의
그 이치를 알 때, 너희들은 성장하는
그와 같은 백성이요,
10 성장하는 백성이 곧 나에게 오를 수
있는 길인 것이니라.
11 그리고 하늘에 오르는 길을 올 수 있
으며, 그 길을 따라오는 백성으로 변
화되어 있다는 것을 너희들은 알아야

될 것이니라.
12 그러니 너희들이 그때가 되어서만이,
너희들이 사랑의 눈이 뜨여 성장하고
더 성장하여 하늘에 오르는 길이요,
참진리의 길을 따라오는 그와 같은 삶
을 살 때,
13 인간이 너희들의 죄악이 무엇이며, 네
가 짓고 사는 것이 어떠한 죄며, 네가
지금 살아가는 것이 어떠한 형태인가
를 볼 수 있으며, 자신을 볼 수 있는
그와 같은 역사함을 얻는다는 것을 너
희들은 알아야 될 것이니라.
14 그러니 너희들이 사랑이라는 것을 행
함으로써 너희 자신이 아름답게 변하
며, 너희들이 사랑의 눈을 뜰 때 모두
를 다 볼 수 있는 그와 같은 지혜를 얻
게 됨이니, 그리하여 사랑이 모두를
다 이루는 것이라 함을 잊지 말라, 사
랑하는 나의 아들딸들아!
15 사랑을 행하지 아니하고 사랑을 접어
두며 사랑을 모르는 그 백성은 아무것
도 알지 못하는 자요,
16 제가 짓고 있는 그 죄의 생활도 모르
며, 제가 짓고 있는 그 악의 뿌리도 모
르며,
17 제가 어떠한 길을 지금 달려가고 있는
것인가, 그 아무것도 분별할 수 없는
그와 같은 백성으로 전락되어 간다는
것을 알라 그리 전하라.

부 록

【하나님께서 가르쳐 주신 운동】

천재지변이 일어날 때, 동물이나 미물들은 미리 알고 대피하지만, 인간은 알지 못하고 큰 화를 당합니다. 하나님께서 인간에게 가장 높은 지혜를 주시고 완벽하게 창조해 주셨기에 동물들보다 더 잘 알 수 있지만, 욕심으로 마음이 혼탁해져서 한 치 앞을 보지 못하는 것입니다.

마찬가지로, 인간은 누구나 스스로 필요한 운동을 해서 건강을 지킬 수 있도록 하나님께서 만들어 주셨습니다. 우리의 머리에서 우리 몸에 필요한 동작을 해 달라고 끊임없이 신호를 보내지만, 인간이 혼탁하게 살아서 그 신호를 알아채지 못합니다. 그러니 자연스럽게 자기 몸이 원하는 그 신호를 따라서 운동하는 것이 하나님께서 가르쳐 주신 운동 방법입니다. 바로, 우리의 영이 육을 이끄는 운동입니다.

▶ 하나님 운동법

1. 눈을 감고, 발을 어깨너비로 벌리고 바르게 선다.
2. 몸에 힘을 풀고, 허리를 숙이면서 손과 머리를 아래로 내린다.
3. 허리를 펴고 싶을 때, 천천히 펴면서 하고 싶은 동작을 하면 운동이 시작된다. (사람마다 다르다.)
4. 멈추지 말고, 어떤 동작이든지 자기 몸의 느낌대로 계속 이어서 한다.

▶ 참고 사항

① 눈을 감은 상태로 아무 생각 하지 않고, 자기 몸의 느낌대로 움직입니다.

② 마음을 비우고, 욕심을 버리고, 지난날의 잘못을 반성하면서 몇 차례 시도하다 보면, 자기도 모르게 하고 싶은 동작이 끊임없이 생깁니다.

③ 운동 장소는 방 안이든 운동장이든 관계없으며, 걷거나 달리고 싶을 때는 눈을 떠도 됩니다.

④ 매일 40분 이상, 주 4회 이상, 3개월 이상 하면 음식 조절에 들어갑니다.
- 음식으로 생긴 병은 음식으로 치료하게 되며, 어떤 음식을 먹어야 하는지 스스로 알게 됩니다.
(자기 몸에 필요한 음식만 먹고 싶어집니다.)

⑤ 사랑하는 사람과 함께 운동하면 서로 치료해 주기도 합니다.

⑥ 운동을 하다가 몸의 어느 한 부분을 계속 손으로 자극한다면 그쪽에 이상이 있는 것이니, 의사에게 상담을 받고 적절한 치료를 받으면 됩니다.

⑦ 다이어트 및 기타 건강관리에 효과적입니다.

⑧ 꾸준히 운동하여 영이 맑아지면, 자신의 과거와 미래를 스스로 보게 됩니다.

누구나 스스로 하실 수 있습니다.

간행사

《새로운 성경》은:

· 새로운 성경은, 하나님께서 선량하고 선한 자를 선택하여 십계명을 암송하도록 하시고, 십계명을 암송한 다음에 음성으로써 들려주시는 말씀을 듣고 그대로 카세트테이프에 녹음해서 받아쓴 책입니다.

· 90분짜리 녹음테이프 700여 개에 달하는 말씀으로, 1999년 8월부터 2004년 7월까지 총 160권(권당 288쪽)을 완성하였으며, 그 이후에도 현재까지 계속 말씀을 내려 주고 계십니다.

· 새로운 성경은 "하늘을 두루마리 삼고 바닷물을 먹물 삼아 쓰고 써도 다 못 쓴다"는, 끝없이 방대한 하나님의 말씀이 두루마리로 직접 내려오는 것입니다. 이러한 새로운 성경은 구약과 신약을 폐하려는 것이 아니라 "인봉된 성서의 비유의 뜻"을 상세히 설명하여 완성하고자 하나님께서 직접 내려 주신 말씀입니다.

《새로운 성경》의 구성:

· 제 목: 2013년, 160권 모음집을 발간하면서, 본 도서의 제목을 "하나님! 말씀하옵소서"에서 《새로운 성경》 으로 명해 주셨습니다.

· 단행본: 각 권당 288쪽(신국판) 책이 160권까지 시리즈로 출판됩니다.
(모음집은 단행본을 16권씩 묶어서, 총 10부로 구성됩니다.)

《새로운 성경》의 성경적 근거:

· 신약 성경 [요한복음] 16장 13절에 "진리의 성령이 오시면 그가 너희를 모든 진리 가운데로 인도하시리니 그가 자의로 말하지 않고, 오직 듣는 것만을 말하며" 하신 말씀처럼 하나님의 음성을 들은 것만 기록하였으며,

· "장래 일을 너희에게 알리시리라" 하신 말씀과 같이 개인, 나라, 인류의 "장래"일을 하나님께서 알려 주시는 것만 기록하여 책으로 만들었습니다.

《새로운 성경》의 기록 방법:

· 1999년 8월부터 하나님께서 저에게 들려주시는 음성을 기록하였습니다. 처음에는 제가 들은 말씀을 불러 주면 저의 아내가 기록하여, 2000년 1월 29일에 1권 초판이 세상에 나왔습니다. 2000년 4월부터는 주시는 말씀을 받아 녹음기에 기록하기 시작하였습니다.

· 녹음을 시작하면서 하나님의 말씀을 받는 데 가속도가 붙었고, 2001년 5월 3일에 1부(1~16권까지)를 인쇄하여 출판하였으며, 2004년 7월까지 총 160권 분량의 말씀을 받아 기록하였습니다.

하나님께서 저에게 주신 것은:

· 첫째, 만백성을 상대로 내려 주시는 "기도", 둘째, 수시로 내려 주시는 "묵상", 셋째, 개인의 과거, 현재, 미래를 알려 주시는 "개인 기도", 넷째, 개인의 건강을 위해서 내려 주시는 "음식 처방", 다섯째, 하나님께서 가르쳐 주신 "운동"등이 있습니다. 이 중에 첫 번째, "기도"를 책으로 편찬하였습니다. 사람의 생사, 개인의 미래에 관한 천기는 수록하지 말라 하셨습니다.

강론 안내:

· 하나님께서는 지금도 매일 저에게 새로운 하늘의 비밀의 말씀을 내려 주고 계십니다. 수시로 내려 주시는 말씀을 정리해서 제자를 육성하라는 말씀에 따라 매주 강론을 하고 있습니다. 누구나 무료로 들으실 수 있습니다. (book160.com)

《새로운 성경》을 읽는 분들에게 드리는 선물:

· 개인 기도: 개인의 과거, 현재, 미래에 관하여 말씀을 내려 주십니다.

· 음식 처방: 사람은 음식을 먹고살다가 건강을 잃으니, 음식과 운동으로 건강을 되찾는 방법을 알려 드립니다. 단, 하나님이 계심을 믿고, 십계명을 지키겠다고 진실로 서약하는 분들께 알려드립니다.

《새로운 성경》의 은혜와 기적:

· 새로운 성경 전160권은 16권씩 묶어서 총 10부의 모음집으로 구성됩니다. 모음집 한 부를 읽고 깨우치는 자에게 하나님께서 다음과 같은 기적이 있다고 하셨습니다.

· "첫째, 그가 죽어 하늘에 갔을 때 그의 죄를 묻지 아니하며, 구원을 받는 위대한 은혜가 있으며, 둘째, 그의 소원과 소망이 이루어지고, 셋째, 죽은 자(부모, 형제, 자식, 사랑하고 은혜 입은 분)의 이름으로 구입한 책을 읽고 누군가 한 사람이 깨우칠 때, 그 죽은 자가 지옥에서 천국으로 구원을 받게 되며, 넷째, 유산, 중절 수술 등으로 태어나지 못한 아이를 위하여 구입한 책을 보고 한 명이 깨우쳤을 때, 그 아이가 사람으로 다시 한 번 태어나는 은혜를 받는다."

· "새로운 성경"을 3회 이상 정성을 다해 정독하는 자, 성서의 비밀을 알게 되고, 세상의 이치를 알게 되며, 세상을 지배하고 통제할 수 있는 지혜를 다 얻게 된다고 하셨습니다. 이 책은 만백성이 정독하고 이웃에게 전하여, 평생 가슴에 묻은 슬픔과 고통의 짐을 벗고 미래를 위한 힘찬 삶을 살아가도록 하는 책입니다.

끝으로

· 하나님께서는 흰 눈이 세상을 덮듯이 새로운 성경을 온 세상에 전하라고 하셨습니다. 《새로운 성경》 을 각국어로 번역해서 온 인류에게 구원의 길을 깨우쳐 주고, 그 수익으로 가난하고 어려운 백성을 구제하여, 만백성의 영과 육을 함께 구원하는 선지자의 임무를 수행하라고 저에게 명하셨습니다.

· 하늘에서 내려 주신 말씀의 보화를 만백성에게 나누어 주는 것이 선지자의 임무라고 하셨습니다. 새로운 성경을 통해서 얻는 재물을 사용할 곳도 하나님께서 일일이 명해 주십니다. 모든 재물은 저의 자의로 쓸 수 없고, 하나님께서 명하시는 대로만 쓰여집니다.

· 어떤 명분으로든 십일조나 각종 헌금을 거두어들이지 말라 하셨으며, 국내뿐 아니라 각국에 성전과 단독 서점을 운영하며, 한국의 많은 젊은이들을 전 세계에 지도자로 내보내라고 하셨습니다.

· 우리는 세계적으로 새로운 성경을 보급하며 어려운 이들을 돕는 역사를 해 나갈 것입니다. 지금까지 비록 몇 명 안 되는 제자들과 함께 이러한 일을 역사했지만, 앞으로도 계속 하나님께서 기뻐하시는 일들을 해 나갈 것입니다. 부족한 저희에게 여러분들의 지혜와 성원을 보내 주시기를 바랍니다. 많은 분들의 참여와 도움을 간절히 기다립니다. 감사합니다.

한국어로 내려온 《새로운 성경》 단행본을 출간하며
2016년 4월 10일

발행인 **김 용 철**

한국어로 내려온

새로운 **성 경** · 9부 · 제135권

지은이 하나님 말씀
대역자 김용철

초판인쇄 1쇄 2017년 4월 3일

펴낸 곳 도서출판 하얀마음
등록번호 제 10-2107호 (2001년 2월 14일)
주소 서울시 노원구 덕릉로86길 5, 2층
전화번호 02) 313-1114
팩스 02) 393-5554
전자우편 book160@hanmail.net
편집위원 조나영 김미향 이석교
제작지원 이기종

도서상담 1600-7527
ISBN 978-89-5875-235-6 (04230)
978-89-5875-100-7 (세 트)

값 10,000원
잘못된 책은 구입하신 곳에서 바꾸어 드립니다.

※이 책은 10부로 제작되며, 각 부 16권씩 총160권으로 구성됩니다.※

1부	2부	3부	4부	5부	6부	7부	8부	**9부**	10부
1권	17권	33권	49권	65권	81권	97권	113권	129권	145권
2권	18권	34권	50권	66권	82권	98권	114권	130권	146권
3권	19권	35권	51권	67권	83권	99권	115권	131권	147권
4권	20권	36권	52권	68권	84권	100권	116권	132권	148권
5권	21권	37권	53권	69권	85권	101권	117권	133권	149권
6권	22권	38권	54권	70권	86권	102권	118권	134권	150권
7권	23권	39권	55권	71권	87권	103권	119권	135권	151권
8권	24권	40권	56권	72권	88권	104권	120권	136권	152권
9권	25권	41권	57권	73권	89권	105권	121권	137권	153권
10권	26권	42권	58권	74권	90권	106권	122권	138권	154권
11권	27권	43권	59권	75권	91권	107권	123권	139권	155권
12권	28권	44권	60권	76권	92권	108권	124권	140권	156권
13권	29권	45권	61권	77권	93권	109권	125권	141권	157권
14권	30권	46권	62권	78권	94권	110권	126권	142권	158권
15권	31권	47권	63권	79권	95권	111권	127권	143권	159권
16권	32권	48권	64권	80권	96권	112권	128권	144권	160권